广西大学"211工程"三期重点学科建设项目资助

广西大学中国—东盟研究院文库
主编 ◎ 阳国亮

汉河与溪流
——中国与东盟语言文化论丛

陈雅灵 ◎ 著

经济管理出版社
ECONOMY & MANAGEMENT PUBLISHING HOUSE

图书在版编目（CIP）数据

汉河与溪流/陈雅灵著. —北京：经济管理出版社，2012.6
ISBN 978-7-5096-1995-7

Ⅰ.①汉… Ⅱ.①陈… Ⅲ.①华人—中华文化—研究—马来西亚 Ⅳ.①D634.333.8

中国版本图书馆 CIP 数据核字（2012）第 129292 号

组稿编辑：曹　靖
责任编辑：宋　娜　白　冰
责任印制：杨国强
责任校对：陈　颖

出版发行：经济管理出版社（北京市海淀区北蜂窝 8 号中雅大厦 11 层 100038）
网　　址：www.E-mp.com.cn
电　　话：（010）51915602
印　　刷：北京银祥印刷厂
经　　销：新华书店
开　　本：720mm×1000mm/16
印　　张：14.25
字　　数：205 千字
版　　次：2012 年 6 月第 1 版　2012 年 6 月第 1 次印刷
书　　号：ISBN 978-7-5096-1995-7
定　　价：39.00 元

·版权所有　翻印必究·

凡购本社图书，如有印装错误，由本社读者服务部负责调换。
联系地址：北京阜外月坛北小街 2 号
电话：（010）68022974　　邮编：100836

中国—东盟研究院文库
编辑委员会

主　编：阳国亮

编　委：（以姓氏笔画为序）

　　　　乌尼日　李寅生　张　军　张晓农　宋亚菲
　　　　杨克斯　唐文琳　唐德海　阎世平　商娜红
　　　　黄牡丽　谢　舜　曾冬梅　雷德鹏　黎　鹏

总　序

阳国亮

　　正当中国与东盟各国形成稳定健康的战略伙伴关系之际，我校以经济学、经济管理、国际贸易等经济学科为基础，整合法学、政治学、公共管理学、文学、新闻学、外语、教育学、艺术等学科力量，经广西壮族自治区政府批准于2005年成立了广西大学中国—东盟研究院；同时将"中国—东盟经贸合作与发展研究"作为"十一五"时期学校"211工程"的重点学科来进行建设。这两项行动所要实现的目标，就是要加强中国与东盟合作研究，发挥广西大学智库的作用，为国家和地方的经济、政治、文化、社会建设服务，并逐步形成具有鲜明区域特色的高水平的文科科研团队。几年来，围绕中国与东盟的合作关系及东盟各国的国别研究，研究院的学者和专家们投入了大量的精力并取得了丰硕的成果。为了使学者、专家们的智慧结晶得以在更广的范围内展示并服务于社会，发挥其更大的作用，我们决定将其中的一些研究成果结集并以《广西大学中国—东盟研究院文库》的形式出版。同时，这也是我院中国—东盟关系研究和"211工程"建设成果的一种汇报和检阅的形式。

　　中国与东盟各国的关系研究是国际关系中区域国别关系的研究，这一研究无论对国际经济与政治还是对我国对外开放和现代化建设都非常重要。广西在中国与东盟的关系中处于非常特殊的位置，特别是在广西的社会经济跨越式发展中，中国与东盟关系的发展状况会给广西带来极大的影响。因此，中国与东盟及各国的关系是非常值得重视的研究课题。

　　中国与东盟各国的关系具有深厚的历史基础。古代中国与东南亚各国的经贸往来自我国春秋时期始已有两千多年的历史。由于中国与东南亚经贸关系的繁荣，秦汉时期的番禺（今广州）就已成为"珠玑、犀、玳瑁"等海外产品聚集的"都会"（《史记》卷69《货殖列传》）。自汉代以来，经三国、两晋、南北朝至隋唐，中国与东南亚各国的商贸迅速发展。大约在唐朝开元初年，唐朝在广州创设了"市舶使"，作为专门负责管理对外贸易的官员。宋元时期鼓励海外贸易的政策促使中国与东南亚各国经贸往来出现了前所未有的繁荣。至明朝，郑和下西洋加强了中国与东南亚各国的联系，把双方的商贸往来推向了新的高潮。自明代始，大批华人移居东南亚，带去了中国先进的生产工具和生产技术。尽管明末清初，西方殖民者东来，中国几番海禁；16世纪开始，东南亚各国和地区相继沦为殖民地；至1840年中国也沦为半殖民地半封建社会，中国与东南亚各国的经贸往来呈现复杂局面，但双方的贸易仍然在发展。第二次世界大战以后，受世界格局的影响以及各国不同条件的制约，中国与东南亚各国的经济关系经历了曲折的历程。直到20世纪70年代，国际形势变化，东南亚各国开始调整其对华政策，中国与东南亚各国的国家关系逐渐实现正常化，双方经济关系得以迅速恢复和发展。20世纪80年代末期冷战结束至90年代初，国际和区域格局发生重大变化，中国与东南亚各国的关系出现了新的转折，双边经济关系进入全面合作与发展的新阶段。总之，中国与东盟各国合作关系由来已久，渊源深厚。

发展中国家区域经济合作浪潮的兴起和亚洲的觉醒是东盟得以建立的主要背景。20世纪60—70年代，发展中国家区域经济一体化第一次浪潮兴起，拉美和非洲国家涌现出中美共同市场、安第斯集团、加勒比共同市场等众多的区域经济一体化组织。20世纪90年代，发展中国家区域经济一体化浪潮再次兴起。在两次浪潮的推动下，发展中国家普遍意识到加强区域经济合作的必要性和紧迫性，只有实现区域经济一体化才能顺应经济全球化的世界趋势并减缓经济全球化带来的负面影响。亚洲各国正是在这一背景下觉醒并形成了亚洲意识。战前，亚洲是欧美的殖民地；战后，亚洲各国尽管已经独立，但仍未能摆脱大国对亚洲地区事务的干涉和控制。20世纪50—60年代，亚洲各国民族主义意识增强,已经显示出较强烈的政治自主意愿,要求自主处理地区事务,不受大国支配,努力维护本国的独立和主权。亚洲各国都意识到,要实现这种意愿,弱小国家必须组织起来协同合作,由此"亚洲主义"得以产生。东盟就是在东南亚国家这种意愿的推动下,经过艰难曲折的过程而建立起来的。

"东盟"是东南亚国家联盟的简称,在国际关系格局中具有重要的战略地位。东盟的战略地位首先是由其所具有的两大地理区位优势决定的:一是两洋的咽喉门户。东南亚处于太平洋与印度洋的"十字路口",既是通向亚、非、欧三洲及大洋洲的必经航道,又是南美洲与东亚国家间物资、文化交流的海上门户。其中,世界上每年50%的船只通过马六甲海峡,这使得东南亚成为远东制海权的战略要地。二是欧亚大陆"岛链"重要组成部分。欧亚大陆有一条战略家非常重视的扼制亚欧国家进入太平洋的新月形的"岛链",北起朝鲜半岛,经日本列岛、琉球群岛、我国的台湾岛,连接菲律宾群岛、印度尼西亚群岛。东南亚是这条"岛链"的重要组成部分,是防卫东亚、南亚大陆的战略要地。其次,东盟的经济实力也决定了其战略地位。1999年4月30日,以柬埔寨加入东盟为标志,东盟已成为代表全部东南亚国家的区域经济合作组织。至此,东盟已拥有10个国家、448万平方公里土地、5亿人口、7370亿美元国内生产总值、7200亿美元外贸总额,其经济实力在国际上已是一支重要的战略力量。再次,东盟在国际关系中还具有重要的政治战略地位,东盟所处的亚太地区是世界大国多方力量交会之处,中国、美国、俄罗斯、日本、印度等大国有着不同的政治、经济和安全利益追求。东盟的构建在亚太地区的国际政治关系中加入了新的因素,对于促进亚太地区国家特别是大国之间的磋商、制衡大国之间的关系、促进大国之间的合作具有极重要的作用。

在保证了地区安全稳定、推进国家间的合作、增强了国际影响力的同时,东盟也面临一些问题。东盟各国在政治制度等方面存在较大差异,政治多元的状况会严重影响合作组织的凝聚力;东盟大多数成员国经济结构相似,各国间的经济利益竞争也会直接影响到东盟纵向的发展进程。长期以来,东盟缺乏代表自身利益的大国核心,不但影响政治经济合作的基础,在发生区域性危机时更是无法整合内部力量来抵御和克服,外来不良势力来袭时会呈现群龙无首的状态,这对于区域合作组织抗风险能力的提高极为不利。因此,到区域外寻求稳定的、友好的战略合作伙伴是东盟推进发展必须要解决的紧迫的问题。中国改革开放以来的发展及其所实行的外交政策、在1992年东亚金融危机中的表现以及加入WTO,使东盟不断加深了对中国的认识;随着中国与东盟各国的关系不断改善和发展,进入21世纪后,中国与东盟也进入了区域经济合作的新阶段。

发展与东盟的战略伙伴关系是中国外交政策的重要组成部分。从地缘上看,东南亚是中国的南大门,是中国通向外部世界的海上通道;从国际政治上看,亚太地区是中、美、日三国的战略均衡区域,而东南亚是亚太地区的"大国",对中、美、日都具有极重要的战略地位,是中国极为重要的地缘战略区域;从中国的发展战略要求看,东南亚作为中国的重要邻居是中国周边发展环境的一个重要组成部分,推进中国与东盟的关系,还可以有效防止该地区针对中国的军事同盟,是中国稳定周边战略不可缺少的一环;从经济发展的角度说,中国与东盟的合作对促进双方的贸易和投资、促进地区之间的协调发展具有极大的推动作用,同时,这一合作还是以区域经济一体化融入经济全球化的重要步骤;从中国的国际经济战略要求来说,加强与东盟的联系直接关系到我国对外贸易世界通道的问题,预计在今后15年内,中国制造加工业将提高到世界第二位的水平,中国与海外的交流日益增强,东南亚水域尤其是马六甲海峡是中国海上运输的生命线,因此,与东盟的合作具有保护中国与海外联系通道畅通的重要意义。总之,中国与东盟各国山水相连的地理纽带、源远流长的历史交往、共同发展的利益需求,形成了互相合作的厚实基础。经过时代风云变幻的考验,中国与东盟区域合作的关系不断走向成熟。东盟已成为中国外交的重要战略依托,中国也成为与东盟合作关系发展最快、最具活力的国家之一。

中国—东盟自由贸易区的建立是中国与东盟各国关系发展的里程碑。中国—东盟自由贸易区是一个具有较为严密的制度安排的区域一体化的经济合作形式,这些制度安排涵盖面广、优惠度高,它涵盖了货物贸易、服务贸易和投资的自由化及知识产权等领域，在贸易与投资等方面实施便利化措施，在农业、信息及通信技术、人力资源开发、投资以及湄公河流域开发五个方面开展优先合作。同时，中国与东盟的合作还要扩展到金融、旅游、工业、交通、电信、知识产权、中小企业、环境、生物技术、渔业、林业及林产品、矿业、能源及次区域开发等众多的经济领域。中国—东盟自由贸易区的建立既有助于东盟克服自身经济的脆弱性，提高其国际竞争力，又为我国对外经贸提供新的发展空间，对于双边经贸合作向深度和广度发展都具有重要的推动作用。中国—东盟自由贸易区拥有近18亿消费者，人口覆盖全球近30%；GDP近4万亿美元，占世界总额的10%；贸易总量2万亿美元，占世界总额的10%，还拥有全球约40%的外汇。这不仅大大提高了中国和东盟国家的国际地位，而且将对世界经济产生重大影响。

广西在中国—东盟合作关系中具有特殊的地位。广西和云南一样都处于中国与东盟国家的接合部，具有面向东盟开放合作的良好的区位条件。从面向东盟的地理位置看，桂越边界1020公里，海岸线1595公里，与东盟有一片海连接。从背靠国内的区域来看，广西位于西南和华南之间，东邻珠江三角洲和港澳地区、西毗西南经济圈、北靠中南经济腹地，这一独特的地理位置使广西成为我国陆地和海上连接东盟各国的一个"桥头堡"，是我国内陆走向东盟的重要交通枢纽。广西与东盟各国在经济结构和出口商品结构上具有互补性。广西从东盟国家进口的商品以木材、矿产品、农副产品等初级产品为主，而出口到东盟国家的主要为建材、轻纺产品、家用电器、生活日用品和成套机械设备等工业制成品；在水力、矿产等资源的开发方面还有很强的互补性。广西与东盟各国的经济技术合作具有很好的前景和很大的空间。广西南宁成为中国—东盟博览会永久承办地，泛北部湾经济合作与中国—东盟"一轴两翼"区域经济新格局的构建为广西与东盟各国的合作提供了很好的平台。另外，广西与东南亚各国有很深的历史人文关系，广西的许多民族与东南亚多个民族有亲缘关系，如越南的主体民族越族与广西的京族是同一民族，越南的岱族、侬族与广西壮族是同一民族，泰国的主体民族泰族与广西的壮族有很深的历史文化渊源关系，这些都是广西与东盟接轨的重要人文优势。自2004年以来,广西成功地承办了每年一届的中国—东盟博览会和商务与投资峰会以及泛北部湾经济合作论坛、中国—东盟自由贸易区论坛、中越青年大联欢等活动,形成了中国—东盟合作"南宁渠道",显示了广西在中国—东盟合作中的重要作用。总之,广西在中国—东盟关系发展中占有重要地位。在中国—东盟关系发展中发挥广西的作用,既是双边合作共进的迫切需要,对于推动广西的开放开发、加快广西的发展也具有十分重要的意义。

中国—东盟自由贸易区一建立就取得了显著的效果。据中国海关统计,2010年中国与东盟双边贸易额达2927.8亿元,比上年增长37.5%。当然,这仅仅是一个良好的开端,要继续深化中国与东盟的合作,使这一合作更为成熟并达到全方位合作的实质性目标,还需要从战略上继续推进,在具体措施上继续努力。无论是总体战略推进还是具体措施的落实都需要以理论思考、理论研究为基础进行运筹和决策,因此,不断深化中国与东盟及各国关系的研究就显得尤为必要。

加强对东盟及东盟各国的研究是国际区域经济、政治和文化研究学者的一项重要任务。东盟各国及其区域经济一体化的稳定和发展是我国构建良好的周边国际环境和关系的关键。东盟区域经济一体化的发展受到很多因素的制约,东盟各国经济贸易结构的雷同和产品的竞争,在意识形态、宗教历史、文化习俗、发展水平等方面的差异性,合作组织内部缺乏核心力量和危机共同应对机制等因素都会对区域经济一体化的进一步发展造成不利影响。要把握东盟各国及其区域经济一体化的走向,就要加强对东盟各国历史、现状、走向的研究,同时也要加强东盟区域经济一体化有利因素和制约因素的走向和趋势的研究。

我国处理与东盟各国关系的战略、策略也是需要不断思考的重要问题。要从战略上发挥我国在与东盟关系的良性发展中的作用,形成中国—东盟双方共同努力的发展格局;要创新促进双边关系发展的机制体系;要进一步深化和完善作为中国—东盟合作主要平台和机制的中国—东盟自由贸易区,进一步分析中国—东盟自由贸易区的下一步发展趋势和内在要求,从地缘关系、产业特征、经济状况、相互优势等方面充实合作内容、创新合作形式、完善合作机制、拓展合作领域,全面发挥其积极的作用。所有这些问题都要从战略思想到实施措施上展开全面的研究。

广西在中国—东盟关系发展中如何利用机遇、发挥作用更需要从理论和实践的结合上不断深入研究。要在中国—东盟次区域合作中进一步明确广西的战略地位，在对接中国—东盟关系发展中特别是在中国—东盟自由贸易区的建设发展进程中，发挥广西的优势，进一步打造好中国—东盟合作的"南宁渠道"；如何使"一轴两翼"的泛北部湾次区域合作机制创新成为东盟各国的共识和行动，不仅要为中国—东盟关系发展创新形式、拓展领域，也要为广西的开放开发、抓住中国—东盟区域合作的机遇实现自身发展创造条件；如何在中国—东盟区域合作中不断推动北部湾的开放开发、形成热潮滚滚的态势，这些问题都需要不断地深入研究。

综上所述，中国与东盟各国的关系无论从历史现状还是发展趋势来看都是需要认真研究的重大课题。广西大学作为地处中国与东盟开放合作的前沿区域的"211工程"高校，应当以这些研究为己任，应当在这些重大问题的研究上产生丰富的创新成果，为我国与东盟各国关系的发展、为广西在中国—东盟经济合作中发挥作用并使广西跨越式发展作出贡献。

在中国与东盟各国关系不断发展的过程中，广西大学中国—东盟研究院的学者、专家们在中国—东盟各项双边关系的研究中进行了不懈的探索。学者、专家们背负着民族、国家的责任，怀揣着对中国—东盟合作发展的热情，积极投入到与中国—东盟各国合作发展相关的各种问题的研究中来。"宝剑锋从磨砺出，梅花香自苦寒来"，历经多年的积淀与发展，研究院的组织构架日臻完善，团队建设渐趋成熟，形成了立足本土兼具国际视野的学术队伍，在学术上获得了一些喜人的成果，比较突出的有：取得了"CAFTA进程中我国周边省区产业政策协调与区域分工研究"与"中国—东盟区域经济一体化"两项国家级重大课题；围绕中国与东盟各国关系的历史、现状及其发展，从经济、政治、文化、外交等各方面的合作以及广西和北部湾的开放开发等方面开展了大量的研究，形成了一大批研究论文和论著。这些成果为政府及各界了解中国—东盟关系的发展历史、了解东盟各国的文化、把握中国—东盟关系的发展进程提供了极好的参考材料，为政府及各界在处理与东盟各国关系的各项决策中发挥了咨询服务的作用。

这次以《广西大学中国—东盟研究院文库》的形式出版的论著仅仅是学者、专家们的研究成果中的一部分。文库的顺利出版，是广西大学中国—东盟研究院的学者们在国家"211工程"建设背景下，共同努力，经过不辞辛苦、锲而不舍的研究所取得的一项重大成果。文库的作者中有一批青年学者，是中国—东盟关系研究的新兴力量，尤为引人注目。青年学者群体是广西大学中国—东盟研究院未来发展的重要战略资源，青年兴则学术兴，青年强则研究强，多年来，广西大学中国—东盟研究院致力于培养优秀拔尖人才和中青年骨干学者，从学习、工作、政策、环境等各方面创造条件，为青年学者的健康成长搭建舞台。同时，众多青年学者也树立了追求卓越的信念，他们在实践中学会成长，正确对待成长中的困难，不断走向成熟。"多情唯有是春草，年年新绿满芳洲"，学术生涯是一条平凡而又艰难、寂寞而又崎岖的道路，没有鲜花，没有掌声，更多的倒是崇山峻岭、荆棘丛生；但学术又是每一个国家发展建设中不可缺少的，正如水与空气之于人类，整个人类历史文化长河源远流长，其中也包括着一代又一代学者薪火相传的辛勤劳动。愿研究院的青年学者们，以及所有真正有志献身于学术的人们，都能像春草那样年复一年以自己的新绿铺满大地、装点国家壮丽锦绣的河山。

当前，国际政治经济格局加速调整，亚洲发展孕育着重大机遇，中国同东盟国家的前途命运日益紧密地联系在一起。在新形势下，巩固和加强中国—东盟战略伙伴关系，不断地推进中国—东盟自由贸易区的健康发展是中国与东盟国家的共同要求和共同愿望。广西大学中国—东盟研究院将会继续组织和推进中国与东盟各国关系的研究，从区域经济学的视角出发，采取基础研究与应用研究相结合、专题研究与整体研究相结合的方法，紧密结合当前实际，对中国—东盟自由贸易区建设这一重大战略问题进行全面、深入、系统的思考；并在深入研究的基础上提出具有前瞻性、科学性、可行性的对策建议，为政府提供决策咨询，为相关企业提供贸易投资参考。随着研究的深入，我们会陆续将研究成果分批结集出版，以便使《广西大学中国—东盟研究院文库》成为反映我院中国—东盟各国及其关系研究成果的一个重要窗口，同时也希望能为了解东盟、认识东盟、研究东盟、走进东盟的人们提供有益的参考与借鉴。由于时间仓促，本文库错误之处在所难免，敬请各位学者、专家及广大读者不吝赐教，批评指正。

是为序。

（作者系广西大学中国—东盟研究院院长）

2011 年 1 月 11 日

目 录

绪 论 ·· 1
从"丁、昆、子、孙"或"我、吾、君、臣"看汉语文化 ············· 3

东南亚华语字词探源 ·· 11
"坤"、"勐"、"波"与泰国或老挝古政机制关系之探考 ············· 13
邦、曼、孟、挽——"缅、泰、老"与"傣、壮"地名文化
纽带 ··· 18
从壮、泰、傣语人称与称谓看汉语文化今昔 ······················· 25
來与麥的错位及汉—缅同源词的探讨与思考 ······················· 31
闽语"洞葛"、"雪文"及马来华语"峇峇娘惹" ·················· 36
南洋英语的粤味或闽腔汉词透视 ····································· 42
"无、勿、弗、不"考 ·· 48
越南"昆"文化 ··· 51
越南语否定词"空" ·· 56
壮—泰或傣的贝侬、布僚文化 ·· 60

东南亚人名与称谓文化 ·· 65
"苏丹、严端"等,马来元首称谓或头衔文化及其不同转写或
译名之透视 ··· 67
从"帽"(貌,Maung)到"屋"(吴,U)看缅甸人名
文化 ··· 71

菲律宾华人姓氏里的闽式中西合璧文化之透视与解读 …… 78
老挝或泰国称谓词"昭"和"娘"等之解读与探讨 …… 82
马来、印尼、文莱人名的亲子符号"bin"、"binti"及其官名
或称谓之译读与探索 …… 89
南洋"甲必丹"、"亭长"、"敦"、"拿督" …… 98
越南人名的连宗叙谱形式 …… 110
召、达、布等柬埔寨称谓中的"昭穆"文化 …… 116

"亚细安"华文 …… 119

"亚细安"华文奇葩 …… 121
菲华文学的春华秋实 …… 128
菲律宾不同时期的华文教育、华报、华文文艺 …… 133
老牛的十八乐章
——柬埔寨郑书平的《沧桑拾遗》 …… 146
"越南华文文学"的脚步与视野 …… 149
缅甸新文学与海外华人的"文化融合"运动 …… 153
品读越南西贡作家刘为安先生的华文 …… 156
泰国华商司马攻的微型小说 …… 160
文莱华文现状、前景与回顾 …… 165
犀鸟的乡愁
——读马来华文作家沈庆旺的《哭乡的图腾》 …… 171
越华"80后"诗人曾广健 …… 175

汉越文化林 …… 179

工尺谱间的乐章
——读越南古汉文献《鼓琴新旧集》 …… 181
汉喃《翘传》诗风与青心才人原作之词韵 …… 190
汉字白读与越南语之思考 …… 197
喃遗网与越南古汉文献开发前景及研究意义 …… 203

绪 论

从"丁、昆、子、孙"或"我、吾、君、臣"看汉语文化

汉字"人丁"、"壮丁"的"丁"字，在中国古代就有成年男子的意思。传说，古时候四十为丁，隋朝时定为二十一岁，唐天宝年间则为二十三岁，宋朝男子二十岁为丁，六十岁为老，成丁后要服徭役、纳丁税（人头税）。汉字"丁"相当于越南语称呼天神、帝王、教主等的"德"及壮语冠于男子名的"特"，如"特永"、"特雄"；"đức Chúa cha"（德主吒※，圣父）、đức bà（德妃，圣母）、"Đức Chúa Trời"（德主天，即上帝）、"Đức Giê－hô－va"（德支胡巴，耶和华）等。括号内，前半部分是汉字式的越南文"汉喃"。"cha"指父亲，其汉喃应上"吒"下"父"组合字；"Trời"即"天"，汉喃应写作"上"下加"天"或"天"下添"上"。丁字在《华—越字典》里有相似的解释，如"Người con trai đến tuổi trưởng thành"，意思是"成年男子"。这里的"con trai"，即汉字"昆仔"，意为"儿子"，其中的"trai"源自汉字"仔"，其读音相当于该字读作"牛仔"时的"zai"音，只是调不同罢了。

两广人把儿子叫做"仔"（zai），壮话是"lwgsai"，泰语字音为"lwgcai"。这几种话语，如用汉字表示，可以是昆仔、仔、仂筛（壮字为'男才'组合）、仂猜。从发音来看，越南语的"con"，虽说听起来颇似汉语"公"，而不是汉语的"昆"（kun）；但就语音分析或发音理论，它们是相关相连的区域异同或变异关系。前者开头辅音可以写作不送气的"k"，后者可以写为送气的"kh"，或两者用汉语拼音写作"g"与"k"。无论怎么写，它们都是一对，"k"与"kh"用的是送不送气

理论;"g"与"k"则借用了汉语拼音。就汉字式的越南文"汉喃"而论,"昆仔"的确切写法是"子"字偏旁的"昆"与"男"字偏旁的"來",如图1。但"昆"边不加"子",在汉喃里也是同样的意义,都是"đẻ con"(生子)、"con cái"(儿女,汉喃见图2)、"bà con"(妃昆、亲戚、乡亲)等三个意思。从这个意义来说,汉字"昆",也是汉喃该字的简写形式。简写在汉喃里很常见,如越南语"có"(有)的汉喃正体或规范形式是借汉字"固"的音与汉字"有"的义,组合成一字(见图3),但往往只用"固"表示。类似情况如指"与……,同……"的"còn",其汉喃是"存、群"组合字,也往往以"群"代之。

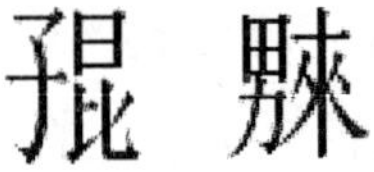

孭 㑥　　孭 妨　　𥘹

图1 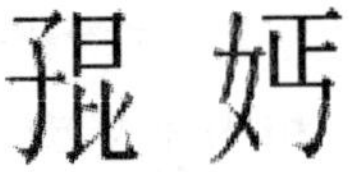　　　　图2 　　　图3

在泰国男子名字里,叫某某"猜"或"猜"某某的,就很常见,如"维猜"、"瓦猜"、"威腊猜"、"乃猜"、"猜纳隆"等。泰语的"猜"或壮语的"筛",亦即变音的"仔"(zai),或该字音的区域变体,用它们构成词语或名字都被赋予"仔"(zai)的特征或意义。而带"猜"字音的泰语名字就像是给男子贴上"仔"的标签,或者还兼有疼爱之意,可见,"昆仔"现象是岭南粤文化及骆越与壮—傣文化的明显标志,乃至该汉字文化的扩展与延伸。温州瓯越文化里也有类似的标志,比如"姆"字,往往用于男子名的尾字,如"岩姆"、"荣姆"、"鸿姆"等。姆,或姆姆,也用于对子女或他人孩子、婴儿等的呼唤或说、道等。在越南语里,汉字"昆"得到了空前的发展,以至加上"子"或赋予"子"的意义却依然写为原字的汉喃"昆"乃至整个昆文化大家族。人、动植物或事物均可以冠之昆、述之以昆。航天飞机、宇宙飞船都以"昆"字打头,电脑鼠标与老鼠叫"昆老鼠"(con chuột),昆虫是"昆蚊子"(con muỗi)、"昆飞蛾"(con thiêu thân)、"昆珊瑚虫"(con san hô)等具体的带昆的名字,就连纸老虎也在"仲昆"之

例。就称谓来看，汉字的"昆"相当于泰语的"khun 坤"或日语的"君"（くん［kun］、きみ［kimi］），及至汉字"您"演化或延伸为泰语的敬称"than"（探），汉语"生"或"子"、"孙"成为日文通用称呼"さん"及书面称呼"樣"（さま，sama）等。樣，在日语里有"您"（あなた）及"他"（あのひと、あのかた）两个意思。后者可以写作"あの人"、"あの方"，即"那人"、"对方"。一般都认为"樣"（さま）是从"さん"演化过来。

"さん"（san）的来历有两种可能：一是直接从"生"变为"さん"，如宋、元戏剧中的人物"张生"、"李生"或两广粤语称呼词"……生"等，前者主要指书生，后者即"先生"；第二种来源是"子"或"儿子"与"孙"的综合与提取。或许前者更有可能，因为日语"さん"是个活用词，"先生"、"小姐"、"小"、"老"等，可全囊括。汉语"子"或"儿子"的同源词很多，如中古缅语指"儿子"的字音"saa"，或乌拉尔诸语言及印欧语言的同源词，如俄语"сынов"、丹麦语的"Sønner"、德语"Söhne"、冰岛语"sonu"、英语"son"等，它们只有一个意思"儿子"，即汉语的"孙"、"孙子"或"子孙"与"孙儿"的提取与组合。可见日语さん与汉语中子、儿，尤其"孙"有关，さん又与太古汉语乃至北欧等语言等有直接联系，或者不妨把さん看作是出自中国的"外来语"。

汉语"孙"的本义是指儿子的儿子，可引申为子孙后代，即子子孙孙，因此，以汉语"孙"（sun）的字音代"儿"或"子"也是比较合理的。子字在古代是中性的，指儿女，现专指儿子；要表达两者时，要么"儿女"，要么"子女"，当说到子孙、子嗣、子弟时，还是包括女性。子的引申义是植物果实、动物卵及小而硬的东西，如种子、菜子、瓜子、鱼子、子鸡、子畜、子城、小凳子、子弹、棋子。此外，还表示与"母"相对，如子金（利息）、子母扣、子音（辅音）等。子，也相当于"初"，是地支的第一位，如子丑寅卯、子时、子夜。子，表示"人"，用于称呼、描述，如女子、男子、才子、士子（读书人）、舟子（船夫）、大个子、小胖子等。子，用于尊称，相当于当今的老师、前辈、学者、教授等，如孔子、墨子、夫子、先秦诸子。当然，

"子"还有其他意义，或只是词头、词尾部件，如子爵、出乱子、锤两下子、打拍子、摇扇子。子（包括仔）与儿或夫与子（包括家、者），有时候难以区分，或可有可无，或交替使用，或去、换均不行，如温州话中咸鱼儿（用小鱼腌的咸鱼）、矮凳儿、小个儿、人人儿（长得特别小的人）、丐儿、细儿（小孩子）；粤语中而家（现在）、细仔、戚仔、靓仔；闽南话中少年家（年轻人）；汉语中行家、商家、店家，作家、画家、听者、作者等。"子"字的称呼用意，在日语里则演化为万能称呼"さん"（san），如田中さん（田中先生）、惠子さん（惠子小姐）、劉さん（老刘或刘先生，对长者）、張さん（小张，对小者或同辈）。さん，也音译为"桑"（读若"上"），置于姓名之后，相当于英语的"Mr."或"Miss."，汉语的"君"、"兄"或"弟"以至越南语的"嬰"（anh，哥哥）与"奄"（em，弟与奄组合为：弟，女与奄组合为：妹）等。其爱称或昵称形式是"将"（ちゃん），如姉ちゃん（姐姐）、兄ちゃん（哥哥）、純子ちゃん（纯子小姐）、赤ちゃん（婴儿）等。ちゃん的罗马拼音是"chan"，但实际使用时，已转化为相当于汉语的"将"，而不是相当于"呛"的字音。ちゃん，也被看作是小称，因为さん所隐含的"小"或"小辈"等就包括小称，而它与德语小称"chen"的联系也并非偶然。

"儿"、"者"、"家"及"氏"，除了别的意思之外，主要指"人"或与人及其国等从属关系有关。北欧语言或西欧语言往往以 or、er、re 等表示相当于"儿"的某类人、某职业者等，如丹麦语与瑞典语的"描儿"（maler，målare）即"画家"、"教儿"（lærer，lärare 是"教师"、"教儿君"（lærerinde，lärarna）为"女教师"。汉字"君"在日耳曼语言里代表女性，如英语的"queen"、瑞典语"kvinna"（女子）、"kvinnan"（君者，单数本式，相当于女者）。Nan 或 na 是瑞典语女性的标志，男性为 nen，相当于汉语"者、子、儿……们"，如"民者"（mannen）、"君儿"（kvinnor，复数本式，相当于女子们）"君儿者儿"（kvinnorna，复数者式），其中"民"（man）即"男子"，可见"民"字的去向、源流或同源关系。瑞典语等，表示"者"或"子"的，还有"et"、"en"等，如屋者（huset，单数者式）（husen，复数者式)、语者(ordet,单数者式)(orden,复数者式)等。表示职业等、某某"家"的,以"ia"或"ja",如爱沙尼亚语的"谣家"(laulja,歌手)、"卖家"(müüja,售货员)。汉语"氏",也是个同源词,斯拉夫语人名、地名的某某"斯基",用拉丁字母表示为"sk-",即某某"氏"或相当于"某某的"从属关系。如 dansk(丹麦的)、kinnesisk(晋子氏,中国的)。爱沙尼亚语里甚至还有与中国某个村落、角落相似的说法,如把食堂叫做"食落"(söökla)、医院叫"衰落"(haigla)。该语言中有关"儿"的表达方式,也很值得探讨,如鲲儿(kalurI,渔夫)、知儿(teadurI,学者),且其句式也颇似汉语文言文,如 Ta sööb kala——他食之鲲鲲,他/她吃鱼,Ta kala sööb——他/她把鱼吃。带鲲句的爱沙尼亚语似乎把我们带到了遥远的"太古汉语"时代。

  鲲的本义既指鱼苗、小鱼,也指大鱼,由于庄子在其《逍遥游》里的夸张描述,凡读过庄著的后人一般都认为,鲲不过是一种大得出奇的传说中的鱼,或能变成大鸟的鹏。鲲,也被写成"鹍",如"游鹍独运"(南朝·周兴嗣《千字文》),后人改版为"游鲲独运"。可见古人对鲲与鹏的界限本来就很模糊,或者认为鲲即鹏、鹏就是鲲,或者鲲原本就能"展翅在高空、翱翔于万里"。如"察蟭螟于蚊睫,观鲲鹏于北溟"(南朝·梁武帝《孝思赋》),到底是"观鲲"还是"看鹏",是看两者,还是观身兼鲲与鹏、"图南未可料,变化有鲲鹏(杜甫《泊岳阳城下》)"的怪物?

  从苏辙的诗"鲲移鹏徙秋帆健"看,作者分明是在秋帆点点的水边观望了游鱼与迁徙的飞鸟。这"鲲"很可能指水里游的一切鱼,包括大鱼与小鱼;这迁徙的鸟也未必是大鹏。既然鱼可以叫做鲲,吃为"食",那么古人把吃鱼叫做"食鲲"或"食鲲鱼",也极有可能,包括爱沙尼亚人的"食之鲲鲲",或者越南语的"馣魸"(ǎn cá,正规汉喃字是食与安及魚与个或丐的组合字,见图4、图5),把它们归之于一源,也未尝不可。这里的"c"相当于不送气的"k",如"cá"转写为"ká",就更清楚。cá,在越南语里指鱼、鱼类,也指像鱼类的生物,如:cá háu(魸猴—小海豚)、cá bay(魸飛—飞鱼),"魸"在此暂替鱼与丐的汉喃组合字。魸(cá),通常冠于具体鱼名之前,如魸白(cá bạc，银鱼）、鲉墨（cá mực，墨斗鱼、鱿鱼）、鲉嫩（cá non，鱼苗）等。当"鲉"（cá）独用时，一般置于"昆"（con）之后，如"cá"在《汉喃在线词典》的解释：con cá（昆鲉—鱼），cá ngựa（鲉馭—海马）。这"昆鲉"，可说是"昆"与"鲲"的组合词组，说它是"鲲"或"鲲鱼"都可以。

䲔䲔   䲔鲉

图4 　　　　　图5

在汉语里，鲲既是想象的鱼，也是具体的鱼，这是不能否定的。当鱼前冠鲲时，完全可以看作是鱼的一种，尤其是大鱼如"鲲鱼朝发昆仑之墟，暴鬐于碣石"（宋玉《对楚王问》）。有人把鲲当作"鲸"或"鳏"，从发音理论讲"鳏"、"鲲"甚至"混"在方言里都有混淆的可能，如带壮话口音的人往往把"一捆"说成"一滚"、"空的"就像说"公的"，闽南话把鲲读为"浑"。昆明两字在温州既说成"堪民"（kan min）字音，也说"干民"（gan min）的类似音，但说到昆虫时就不能说"干虫"（gan jyiong），还是要说"堪虫"。鲲，作为具体的大鱼，其形体及活动情况或许可比作鲸或海豚、大鲨鱼之类，如"黑河，北极也。其水浓黑不流，土云生焉，有黑鲲鱼，千尺如鲸，常飞往南海"（《初学记》卷三十引晋王嘉《拾遗记》）。就"昆"本义来看，指大，如昆仑、昆弟（兄弟、好友），昆仲、昆季、昆玉（称人兄弟的敬辞）；指小，如子孙、后嗣、昆裔（子孙后代）、后昆等，包括越南语的昆仔（汉喃"仔"为"男"与"來"的组合字，意思是"儿子"）、昆妎（妎，应写为女字旁边加"盖"，意为：女儿）、昆頭（长子）、昆嫡（亲生子）、昆顈（黎民、白丁）、昆杜或昆赭（赤子）、昆哈（歌女、戏子）、昆种（畜种）、昆莲（莲，为女字旁，指丫头、女佣）、昆信（人质）等；指群、众多，如昆虫等。

从日语汉字"君"的发音"くん"（kun）与"きみ"（kimi）看，前者相当于"昆"，后者作为人称代词相当于"你"。如山田君、稻作

君，就发音为"山田昆、稻作昆"，而不是"山田 kimi、稻作 kimi"。日语人名后加"君"的称呼，犹如我国的人名后加"兄"或"先生"，如李君、张君，现代则用"桑"（さん，san）表示。古代君字主要指君主、君王及用于领主封号等，如平原君、长安君、信陵君等，最后才作为尊称或一般的称兄道弟用字，此时的君就相当于"兄台您"、"大哥你"，可替代第二人称。"君"的双重意义，在日语则体现在两个不同的读音上，犹如"君"囊括了"昆"。或许汉字"君"，上古时期就读作"昆"（kun），那么其同源词，如英语的"queen"（女王）及瑞典语"kvinna"（女子）等与"君"字义和"昆"字音有联系，也就不难理解了。有关汉语君或昆，作为尊称，其所隐含的第二人称"你"或"您"，可用泰语"坤"（khun）解释。泰语"坤"的作用及读音，可完全等同于"昆"，只是译音习惯不同罢了。泰语"坤"既是"先生"、"小姐"、"您"等尊称，又是一般的第二人称"你"，如："Khun baa"（伯母）、"Khun Wee"（维先生）、"Khun Wannaa"（婉娜小姐），Khun za bai nai kab? 最后句子，译作你要去哪里或您要去哪里都可以，只要针对不同的情况、身份等。

臣，是宫廷官员们对皇上的自称，与"君"相对，这里的君已不是一般用于称呼的"君"，而是自称为孤、寡人或朕的"君主"。越南语第一人称里除了"臣"，还有"卒"，其汉喃形式分别由"吾、石、卒"（三字合为一字）、"臣、卒"（两字合一）、"亻、石、卒"（三字合一）等三种形式表达，读作"tôi"，有仆役、勤务员之意，字形见图6。tôi 里的"臣、卒"犹如将古老汉语文化与其等级观念等熔于一炉。孤或寡人，原先很可能是一般人的自称，被君王们用为谦称之后，似乎成为统治者专用了。从全国方言第一人称音源来看，闽南语的"我"（gua 或瓯江沿岸口音的闽语 wua），很可能与汉字"寡"有直接联系。壮话 gou（我），或许等于"孤"，其第二人称"mwngz"（你或您），也可能与汉语"民"有关。"民"，也当作"人"，尤其是男人，在很多外语里成为"man"的同源词。闽南语第二人称还是古汉语"汝"（音如 li 或 lw），闽南语的"寡与汝"或壮话的"孤与民"，在你我彼此对话里随时换着位，也就没有专用不专用的说法了。就汉语文化的扩展延伸乃至继承而言，越南语"tôi"的不同汉喃字形式完全可以帮助我们更好地理解汉字"我、吾、君、臣"等有关古汉语人称文化的深层内涵，同时也激起我们对当今汉语之传承和延续问题的深思。

有关汉语文化的流变等多方面情况将在后文中继续探讨。

吾碎、𥂀、俾

图6

东南亚华语字词探源

조선야금사개관

"坤"、"勐"、"波"与泰国或老挝古政机制关系之探考

在泰国，"坤"（Khon或Khun）是最常用的尊称，如"坤妩"（伯母）、"坤伢"（奶奶）、"坤仳"（姐姐或哥哥）、"坤韦猜"（韦猜先生）等。坤，在现代泰语及云南傣语里都指封建官僚或小贵族的爵号，在古代，坤的含义是帝王，如素可泰王国最初的国王均称坤。公元1357年的素可泰王国时期第三号碑铭说：哪一位坤的行为合乎佛法，这位坤就能长久馑勐（gyin mueang，即食邑）。坤，或坤銮（Khunlnan），都指帝王，如坤暹（Khun Siam）即暹罗王。老挝、云南傣族和印度的阿萨姆邦往往称他们传说中的最高领袖为坤。老挝的《南掌纪年》说，老挝的第一个王国銮勃拉邦的始祖是坤波隆。掸邦的《大傣史志》说，傣人第一个国王孟柳的始祖是坤鲁和坤莱两兄弟。阿萨姆邦古籍《阿洪布兰吉》说，傣人的始祖是坤銮和坤赖，可见说的是一回事。"坤波隆"与"坤銮"的区别在于前者可以看作是其成年生子后的名字加尊称，后者可以理解为大王或銮先生，因为"波"有"父亲"或"叔、伯"的意思，如傣族的"波龙"或"波隆"，即"大伯"；"波光"意思是"阿光之父"，当名字用。生子之后的母亲也同样以子名为尾字，如广西山村老年妇女的名字为黄妈清、石乜平等。

勐、孟、曼等，在傣语里除了指县、市和国家，也指某一地方，如：勐老（Muang Lao，老挝）、孟失（Muang se，失去的地方，昆明）、曼金（Muang Kin，地名，新平）。在泰语里"勐"也指国家或城市，如：勐泰（Mueang Thai，泰国）、勐京（Mueang Jing，中国）、勐

广州（Mueang Guangzhou，广州、广州市）。但傣语指村子的字音"Ba：n"也写作"曼"。Ba：n，即壮语的 Mbanj，泰语的"沐邦"（Muban）或"沐"（Mu）都是村的意思。沐，是泰国最低行政机构也是自然村，然后是他们叫做镇的城市"乡"或"区"（Tambon），乡上面是县（Amphoe），县上面是省，即"张越"（Changwat，府），每个府都以其首府（Mueang）的名称作为该府的命名。如素可泰府（Sukhothai）来自其首府名称素可泰直辖县（Amphoe Mueang Sukhothai）。村（沐或沐邦）是 Changwat（府）下面细分的基层机构。府，是泰国一级行政区，泰国境内共有 76 个一级区，包括 75 个"张越"（Changwat，府）与直辖市的首都曼谷（Bangkok）。府底下又分为更小的次级行政区 Amphoe（县）与 King Amphoe（次县）等，这是全国的"大划分"。勐（Mueang）本身也有"府"即"省"的意思，在地图里通常写作"Muang"如：Muang Phrae（帕府）、Muang Nan（难府）、Muang Phayao（帕尧府），作为省城首府的标志，每个首府几乎都冠有"Mueang"或常见的英文拼写"Muang"。

一村之长叫做"沐波"，当然，还可以叫做曼波、挽波、万波等。波，即"伯"或"父"的地域口音，如傣语、泰语的"po"或越南语的"bố"等均指父亲。这"沐"分明是从表示村的"Muban"分化而来的。Muban 不仅分化或演绎出 Mu、Ma，Bang、Ban 等，甚至 Pang 或 Prang，在地名里通常汉译为"挽"、"万"、"邦"等，如 Bang Rakam（挽拉甘县）、Noen Maprang（能挽邦县）、Ban Tak（万哒县）、Amphoe Ban Dan Lan Hoi（万兰喃蟹县）等，它们原先都指"村"。可见这样的县城等，都是由村发展起来的。如中国广东番禺，这"番禺"原先就是古越语"村庄"的意思或译音。泰国首都曼谷则是由村落发展成为大都市"那空"（Nakhon）的。曼谷，也叫做"天使之城"（Krung Thep Maha Nakhon）。这里的"空"（khon）即"坤"，如佛统（那坤巴统，Nakhon Pathom）、那空那育（Nakhon Nayok，坤西育）、那空是贪玛叨（Nakhon Si Thammarat，洛坤）、呵伩（Nakhon Ratchasima，那空叨差是玛）等。其中的"空"或"坤"都是"Khon"。那空（Nakhon）或帕那空（Phra Nakhon）均有都市的意思，如大城府（Phra Nakhon Si

Ayuttaya)。大城府,也叫做阿育他耶府,是一个有着悠久历史的古老故都,华人习惯称为"大城府"。该府作为大城王国的首都时,其文化、艺术、商品贸易等都非常发达,可惜遭入侵的缅军纵火导致彻底破坏,现在只剩部分宫殿遗迹、珍贵佛像和精美雕刻等供人凭吊。

国王叫做"坤"或"坤銮",可说是"坤"和"銮"字义的极大延伸与发挥。坤,从土,申声,八卦之一,象征"地",基本意思是大地,或河山之灵。如《说文》中"坤,地也,易之卦也",《左传·庄公二十二年》中"坤,土也",《宋书·乐志》中"山岳河渎,皆坤之灵"。其引申义是母亲、衣食、用物等,如《易·说卦》中"坤为地、为母、为布、为釜、为吝啬"。坤的最重要意义是坤德。如坤元,即坤的元始之德,指大地滋生万物之德;坤母(地,火);坤后(地);坤珍(象征大地的符瑞);坤轴(想像中的地轴);坤维(指西南方,也指大地正中;通"地维",指大地的四方);坤垠(西南边陲)等。"坤"字,也可以说是对帝王之德的要求。如《易·坤·象》中"地势坤,君子以厚德载物"。在现代汉语里,恐怕只有在"扭转乾坤"这个词组里才用到它。至于坤的女性用意:坤造坤宅(女家、女宅)、坤表(女表)、坤鞋(女鞋)、坤旦、坤伶、坤角儿等,就更不会使用了。乾坤,也指男女。旧时联姻,称女家为坤宅,男家为乾宅。评剧中女伶串演旦角,叫坤旦;男子串演旦角,叫乾旦。坤舆,指大地,如《易·说卦》中"坤为地……为大舆"。孔颖达疏"为大舆,取其能载万物也"。后因以"坤舆"为地的代称。"坤"与"銮坤"的通用,也让"坤舆"与"銮舆"起到异曲同工的功效,当帝王有"坤"之大德时,其驾御大地,乘坐坤舆、銮车之上,也就顺应天地之意了。这也是傣、泰人所谓的行为合乎佛法的坤能长久馑勐(食邑)的道理。

形声字"銮",从金,䜌(luán)声,本义为古时皇帝车驾所用的铃,以至"銮车"、"銮驾"、"銮回"等,成为帝王出行的代名词,如果单用可指皇上。"銮"字,在老挝也指"皇",同时亦通"銮",如塔銮,也叫"塔銮",两者都指大塔,前者主要指皇塔。塔銮位于万象东郊塔銮广场,作为佛教圣地,塔銮乃至塔銮广场在老挝人民心目中被视为神圣之地,每年佛历12月(公历11月)间都在此举行塔銮盛会,是民间规模最大的庙会，也是全国最隆重、最盛大的宗教节日。1957年还在这里举行过规模盛大的2500年佛诞祭礼。后来在一年一度的塔銮盛会期间，曾在塔銮广场举行"塔銮国际博览会"。在老挝语中，"銮"意为"大"、"皇家"和"巨大"。塔銮意为皇塔或大塔，始建于公元737年，也有说建于3世纪、4世纪初及6世纪等的。起初只是建于一个四方形的石墩上的小塔，1566年澜沧国王塞塔提拉在小塔的基础上建筑大塔，并在大塔周围建造了纪念佛祖30种恩泽的30座小塔。大塔建成之后，被国王命名为"帕塔舍利洛迦朱拉玛尼"，意思是佛祖骨塔，塔下埋有佛祖的舍利骨。由于这座塔是国王所建，所以老挝人习惯称它为"塔銮"。塔銮在18世纪时曾多次遭到破坏，现存的塔銮是1930年按着原来样子重新修建的。在王国时期，塔銮节仪式由国王或王储亲自主持节日的第一天，国王率领文武官员前往塔銮膜拜，聆听高僧诵经，在塔銮佛寺举行布施斋饭仪式。此外，还在塔銮广场搭起彩台，由国王主持对有功的臣民进行颁奖，并邀请各界贵宾和各国使节观看赛马等传统节目。"帕塔"也是大塔的意思，如帕那空（大城，Phra Nakhon）。"帕"（Pha 或 Phra）有"大"的意思，如有些壮族、傣族地区在指父亲的"t'a"或"t'au"前面加"帕"，构成表示"祖父"的"帕大"（Pat'a）、"帕切"（Pat'au），这里的"t"发不送气音，相当于汉语拼音"d"。帕（Phra）、銮（Luang）、坤（Khon），也是泰国国王封赐贵族爵位的三至五级。贵族一至二级是，一级：昭帕耶（Chao Phraya，也译为昭披耶）；二级：帕耶（披耶，Phraya）。塔銮的全名是 Pha That Luang（帕塔銮）。塔銮等建筑群，也叫塔銮寺（Wat That Luang）。字音"Wat"是老挝语、泰语及柬埔寨等国的共同词语"寺"，如泰国哇它銮寺（Wat Tha Luang Temple）、坡帕塌寺（Wat Pho Prathap Chang）、那空春寺（Wat Nakhon Chum）、老挝细刹吉寺（Wat Sisaket）、斯孟寺（Wat Simuong），柬埔寨塔山寺（Wat Phnom）、乌那隆寺（Wat Unalom）等。作为地名，该字音通常译为"越"。如泰国彭世洛府的越勃县（Wat Bot）；马来西亚的沙拉越，马来语为：Sarawak；越南的"越"，越音为"việt"等。銮，在老挝与泰国也作为地名，如琅勃拉邦（Luang Prabang）、琅南塔（Luang Nan Tha）、泰国大城府的叻磨銮县（Lat Bua Luang）、那空銮县（Nakhon Luang）等，只是译名不同罢了，都有"大"的意思。勃拉邦（Prabang）中的"勃拉"（Pra），即"帕"（Phra），本来就有"大"的意思；"bang"为指"村"的"Muban"的分化，指"村"、小城邦等。因此，Luang Prabang 即可意译为"大皇村"、"大村"、"大城邦"等。銮，在傣族，过去也是贵族封号，而其作为"大"的用意，也与傣族或壮族的"龙大或波龙"（伯父、大伯）、"乜龙"（伯母、大妈）、"龙哥或仳龙"（大哥）中的"龙"相同。

　　就有关词义的探考来看，从坤到波，也就是从帝王到人民百姓。帝王没有人民则做不了帝王，村子没有农户就成不了村子，更不用说壮大或升格为乡镇、县城乃至都市"勐"或"那空"等。把基层村官叫做"沐波"，最能体现对"衣食父母"的依赖与重视，是当时的首选。而作为帝王、族长、土司、最高统治者要在民众中树立威信，规定人们称之为"坤"也不过分。从词义的扩展与延伸来看，坤、銮、勐、邦、波等词的运用开阔了我们对"汉河"的视野，同时也促使我们对其支流的更多关注，并在此基础互相吸取与互通有无。

邦、曼、孟、挽——"缅、泰、老"与"傣、壮"地名文化纽带

所谓地名文化，在本篇里专指有着共同标志或特征的国家或民族的地名文化。邦、班、曼、挽、勉、勐、孟等汉字，堪称为壮—傣或壮—泰，及部分壮—缅文化的地名标志与纽带。

就汉字而言，"国"是"邦"的基本意思，如友邦、邻邦、邦交等。"邦"也相当于"邑"，就分封国的大小来看，被封为"邦"比封为"国"更大。不过这样的邦、城邦、邦邑或国，可能还不如今天的村庄大。在壮语里，邦（mbanj）就是村、庄、寨、屯的意思，即板、班、满、晚、摆、蛮、慢、反、饭、挽、盘、万等。前者为通常意译，后者是不同地方壮话音译。如晚乐（mbanjloz）、班谷（mbanjgot），即乐村、谷屯，或是乐屯、谷村。邦、板等字串里的"晚、慢、挽"等，包括"孟、勐"，可以看作是 mbanj 的派生或分音形式 ban、man、muang、vuan 等的类似字音。如云南孟连、孟遮、勐荞、勐醒、勐腊、勐海，缅甸孟彭、孟温、孟林、孟科、孟萨，老挝孟乌代、孟夸、孟郎、孟松等。在老挝地名里，Bang 通常对译"邦"，Ban 对"班"，Muang 对"孟"，及 Pak 对"巴"或"北"，如：琅勃拉邦（Louang Phra Bang）、班纳欣（Ban Nahin）、孟蓬洪（Muang Phôn-hŏng）、巴色（Pak Sé）、北汕（Pak Sane）。巴或邑，在壮话里指"石山"，也借指"鱼"。因为其字音"bya"与壮字指鱼的"鱼"与"巴"组合字相同。Bya，作为壮语地名，意译为"山"，音译为岜、巴、八、吧、把、霸、坝、百、白、保、标等。这些对译字，也包括指"石头"的另一个字音"baq"。还有指山坡的"bo"，通常对译为埠、坡、卜等，有时

也与以上相混，乃至与指"人"的"boux"（父、布、甫），也有与之相混的。

老挝语的"琅"（louang），地图上通常写作"Luang"，可对应泰语的"銮"，或傣语指"大"的字音"lung"、"loŋ¹"，或壮语指"高"、"大"、"山麓"、"山谷"的"hung"，"rungh"，如："达洪"（Dahhung，大河）、高任（Runghgwnz）、大垒（Runghlui）。傣语中"粒龙"（noi⁵loŋ¹，大粒儿）、"父龙"（po⁶loŋ¹，大伯，伯父）、"碗龙"（van⁵loŋ¹，大碗）、"班宽孟龙"（ba:n³ kwa:ŋ² məŋ² loŋ¹）即"大地方"，直译是"村广，地方大"。壮话指"大"或音译"大"，除了"宏"、"红"、"龙"等，还有"老"也表示"大"，如布老（Mboqlaux，大泉或大水）、达涝（Dahlaux，大河）。"mboq"指泉水，通常音译为"布"或"波"，常与"boux"相混。"laux"，即汉语"老"，被借以表示"大"。Dah，指河流，一般音译为"达"或"旦"，前者容易与指悬崖峭壁的"dat"相混。如果对译的是越南语地名，"达"不是"多"，就是"石头"，如达科、达捏、达勃拉、多益、大叻等。

来自巴利语的"勃拉"（phra），即泰语"帕"，也有大、宏伟、崇高、至尊等意思。如 Phra Pathom Chedi（佛统大塔），Phra That Phanom（塔帕侬宝塔），Phra Nakhon Si Ayutthaya（大城直辖市），phra⁸ai²ja⁸ka²（祖父），phra⁸pi⁷tut⁷ttha¹（王姑），Phraya Rasdanupradit Mahissara Phakdi（拉斯达爵爷）。Phraya，直译是"佛爷"，当尊号用。拉斯达在1890～1909年间统治过普吉岛，先由泰王赐封予王公贵族和大将。由于其卓越贡献，后来又被泰王朱拉隆功大帝赐给 Phraya 尊号。老挝的"琅勃拉邦"，也可意译为"大村"或"大城邦"，甚至"特大城邦"。

"孟"和"勐"，有不同的写音形式，"Muang"是泰语和老挝语的英语转写形式，"Mueang"是泰式英语形式，均囊括在其同源同义的傣语字音"məŋ²"。在傣语里，"孟"（məŋ²）有两种形式："məŋ²"与"veŋ²"。前者主要指：地方、国、城市、县、区；后者指城，如 Məŋ² Lau²（老挝），Məŋ²Kɛu¹（越南），Məŋ² Se¹（昆明市），məŋ² se¹（失去的地方），Məŋ² La¹（勐腊县），məŋ² la¹（茶坝子），Məŋ² Kin⁵（新平）；Veŋ² Tseŋ² Huŋ⁶（允景洪，黎明城）、Veŋ² Kau⁴（首府，首都）。

Məŋ² 或 Veŋ² 等字音,在华文地图上标作"孟"、"勐"、"勉",甚至"万"、"曼",它可大可小,可指国家、城市、县、区,甚至山间盆地。在泰语里,Mueang 主要指国家、直辖县,也指一般城市或县,如"孟泰"(Mueang Thai,泰国)、"孟京"(Mueang Jing,中国)、"孟广州"(Mueang Guangzhou,广州市)、Mueang Ratchaburi(叻丕直辖县)、Mueang Sam Sip(曼三十县)等。那么,老挝的"孟蓬洪",也就可以理解为大蓬市、大蓬县或大蓬区等。

通常"曼"或"邦"只对译"Bang",如"曼谷",就是对译其英文简称"Bangkok"。这里的"邦"可说是升级了,或者说"Bang"本来就可以等于 Mueang。至于 Bang,为什么会译成"曼"、"挽"、"晚"、"万"等,那是"武步音变"现象,其音变原因包括"语音分化"、"发音习惯"及上古汉语音素的影响或残留等。所谓的"武步音变",即 w 读作 b,包括 f 读如 b,著名的例子可见日语汉字"武"(bu)、"夫"(bu)与"晚"(ban)、"万"(ban)。就村庄一词的现代壮语形式"mbanj"来说,分音或异读,甚至译词与"məŋ²"(mueang)相混,是常有的事。傣语指村庄的"ba:n³"或"va:n³",往往对译"曼",如曼迈(Ba:n³ Mai⁵,新村),曼弄枫(Ba:n³ Noŋ¹ Foŋ²,池浪村),曼龙寨(Va:n³ Luŋ¹,大村),驮龙寨(Va:n³ Ho¹ Ka:t⁹,街头村)等。泰语地名对译情况也是这样,如 Bang Bo(挽莫县),Si Mueang Mai(是曼迈县),Amphoe Ban Na San(万那汕县),Amphoe Ban Na Doem(曼那能县),Amphoe Chai Buri(猜武里县)等。Amphoe 或 Ampoe 是泰国"府"(Changwat)下面的起始单位,指"县"或"大区",与 King amphoe(专区)并列,然后才到社区(tambon)及村(muban)。府,通常分为若干个"amphoe",但在地名上不一定有县或村社等标示。

从"Bang Bo"对译为"挽莫"来看,"b"与"m"或"w",就有相混或互通现象,这与傣语的"b"、"v"对译"m"情况相同。"b"发音如"w"的最明显例子是泰国地名的这个"武里"、那个"武里",如巴真武里(Prachinburi)、信武里(Singburi)、甲民武里(Kabin Buri)、暖武里(Nonthaburi)、春武里(Chon Buri)等。所有的"武里"即巴利语指城市的"buri","bu"对译"武"是受古汉语的影响。不仅泰语,"武"、"夫"、"文"、"问"等汉字在日语也是"bu"、"bun"、"mon",如武士（ぶし,busi）、丈夫（じょうぶ,giyobu,健康,结实）、文化（ぶんか,bunka,文化,文科）、問題（もんだい,mondai）。"問"的上古汉语字音是 mwns,其缅甸语同源词 mran（询问）,还有温州话"问题"（mandhi）,都可以印证。这种现象也可用语音转换理论来解释,比如,西班牙语 viva（生活、生命）、vive（生活、居住）,读作 biva、bive、Madrid（马德里）读如 maeri；印度影片《流浪者》（āvārā）读作"ābārā"等。类似情况,在柬埔寨语、马来西亚语、印尼语、文莱语地名里都有,如棉兰（Medan）、明古鲁（Bengkula）、泗务（Siba）、安汶（Ambon）、马德望（Bǎtdâmbâng）、波萝勉（Pre Veng）。这里的"Veng",即傣语"Məŋ²"或泰语与老挝语的共同转音形式"Muang"的另一种形式"Veŋ²"。

泰语地名里有很多对译为"廊"或"侬"的"Nong"、"Don",如 Don Tun（廊敦县）,Nong Ya Plong（侬亚邦县）,Nong Suea（廊素县）,Nong Khae（廊坑县）,Don Phut（廊甫县）,Nong Don（廊侬县）,Amphoe Don Sak（廊塞县）等。从对应字音看,"侬"即"廊",或"d"等于"n",实则是间接对应"l",甚至"m",如 Amphoe Doi Saket（雷沙革县）Amphoe Hang Dong（陨隆县）,Amphoe Doi Tao（黎豆县）,Amphoe Doi Lo（黎罗县）,Amphoe Bo Kluea（磨格县）,Amphoe Soi Dao（首脑县）,Amphoe Mueang Nakhon Si Thammarat（洛坤府城）等,就是直接对应的。这里如果去掉每个"Amphoe",就会看得更清楚,"Doi"对"黎"或"雷","Bo"对"磨","Dao"对"脑","Dong"对"隆"或以上提到的"廊"等,其对译情况与壮—汉地名对译用字大致相同。在柬埔寨语里,"隆"对译"rông"、"lom"、"rom",如三隆（Sam Rông）、隆发（Lom Phắt）、森莫诺隆（Senmonnorom）等。那么,"廊"作为地名又指什么呢？这得在越南语里寻找答案。

廊,在越南语里,过去指"乡",现在指农村的自然村,如廊坫、廊店、廊村、廊邺等,均指"农村",这是越式表达,也是越南使用汉字及汉喃时期的表达形式,其字音或现代越南文都是"làng xóm"。只有说"农村"(nông thôn)时,才是汉式表达。廊,在越南,也相当于"邦",如越南西贡法属时期的"邦办"(bang biện),就是乡长,"邦佐"(bang tá)是治安长。邦或廊,乃至曼、孟、挽等,这些以 mbanj、məŋ²、mueang、ba:n³、va:n³ 等字音演化或对应的字、词作为城邑、城邦、村落,乃至国、封地等,起先可能没有多大区别,或者仅仅是指称的差异,或者由于村落的扩大,需要有新词去指称、命名等。那么,像壮语指村子的 mbanj 这样的词,也就很有可能被分化为:man ban 或傣语形式 məŋ² ba:n³、məŋ²va:n³ 等。泰语指村的"muban",完全可以看作是壮语"mbanj"的翻版,它添了"u",增加了音节。其指城市、大区、县乃至国的"mueang",很可能是在 muban 的基础上进行分化,又添加与组合的。就壮语指泉水的"mboq"而论,这 mb 不过是带鼻音的 b 罢了,以至该词音译为:布、波、坡、卜、普等,发不了这个音,或习惯按 moq 处理的某些壮语方言区则音译如磨、莫、摸、么、幕、孟、猛、闷、务,意译大致有汶、闷、泵、井、河、泉、水等。汶,指水,不仅在粤语地区,四川、山东等地都有,如汶川、汶水、大汶河等,其字音可"wèn"可"mén",两个音都可以指水,粤地或壮语地区倾向于后者。汶,也指心中昏暗不明,于是就有"闷"的意译。汉字"渀"(bēn、bèn),指水急,泉水涌出的样子,对壮语"mboq"是最佳的译词,可惜却不知道用。与水有关的汉字其实很多,纯粹指"水"本义的汉字,如壮语"淰"(raemx),越南语"渃"(nuóc)。前者通常意译为:林、冷、隆、兰、淋、念,甚至里、弄。如东里(Raemxdung)、弄相(Raemxsieng)等。渃,在越南语里既指水,也指国家,如渃浽(nuóc nôi,水)、渃炊(nuóc sôi,开水)、渃滝(nuóc sông,河水)、渃家或渃茄(nuóc nhà,国家)、渃法(nuóc phép,法水,圣水)、渃湄(nuóc mưa,雨水)。汉字"渃",作为河流名称,读若"ruò",如四川的"渃水"或湖北的"渃溪"。作为地名,读作"rè",如四川古地名"渃水"。"渃"的中—越声母"r"与"n"的不同,可能不仅仅是地域差异,而是相关相连的古汉声源互补样本。比如广西南宁的别名"念(淰)宁"的壮文形式:Raemxndin 与 Naemxndeng,这里的 Raemx、Naemx 都表示"淰",但后者可音译为"南"。其两种字音形式可能与上古汉音有关，如复合辅音的重叠与分合、分化等。类似情况比比皆是，如"其"的上古汉音 gw，温州话 gyi（其，他，她）、迄（hei，那），闽南话迄（hit，那），缅甸语 hw$^{1(}$（那），上古汉语爾（尔，mljĕlh），当今汉语"尔"（er），其缅甸语同源词 hnii^2（这），泰语或傣语 ni^8（这）。"水"的上古音汉音 qhljǔl，缅甸语 khwje^3（汗，水珠）、re^2（水），藏语 rtsi（水）等。"水"的温州话 shi、瑞安话 səɓ、闽南话 zuì。可见，从上古汉语 qhljǔl 到当今汉语 shui（水）的字音演化轨迹。

字音的演变，也会产生歧义，甚至误导，音译或语音转写不当，也会出现类似的情况。"念宁"的"Naemxndeng"形式本来就可以音译为"南宁"，意译为"水城"，但正了名之后的壮语形式"Namh"（土）与"ningh"（孤零零）组合的"Namhningh"，只能是"土城"，甚至"一座孤零零的土坡"。Raemxndin，可能是"Raemxnding"的误写，"nding"是"红"的意思，即便是"红水城"也比"土城"好。壮语"Mbanj"（村）的"杂译"情况就更邪乎，有时与指泉水的"mboq"、指人的"boux"、指山坡的"bo"等，同译为"大"，如大觉（Mbanjgyak）、大旁（Mbanjmboengq）、大甫（Mbanjbouj）、大山脚（Mbanjlajbya）；大铭（Mboqnding）；大廖（Boleuh）、大维（Boviz）；大邦（Bouxbaenq）、大翁（Bouxong）等。其次是龙、马、天、孟、陇、孔、布、那等，如马弄（Mbanjndoeng）、马赖（Mbanjlae）、马平（Mbanjbid）、龙头（Mbanjdaeuz）、龙表（Mbanjbiu）、龙梅（Mbanjmoiz）、天富（mbanjgyang）、孟洞（Mbanjdungh）、陇梯（Mbanjdeiq）、孔马（Mbanjma）、布黎（Mbanjlaez）、那要（Mbanjcaj）等。更常见的现象是，与"mboq"一样对应"新"，如新红（Mbanjmoq）、新六（Mbanjmoq）、新窖（Mbanjmoq）、新造（Mbanjcauh）、新村（Mboqyiengz）等。这里，"新村"的实义是"羊泉"，"mboq"指"泉水"，"yiengz"为"羊"。还有，以上的"大铭"（Mboqnding）是"红泉"的意思。实际上，"moq"才是真正的"新"，它的"红"、"六"、"窖"等对译字，只能说明"mb"与"nd"可以不区分，或界限很模糊，甚至还可能受"j"等（包括其他音调符号）声调的影响而产生音变。至于怎么变，Mbanj还有些什么对译字，已不是本文的中心或要点。重要的是探索Mbanj的主要对译汉字"曼"、"邦"、"孟"、"挽"等所走过的文化轨迹与文化内涵，包括古汉语言语音和方言与周边国家的语言关系，从而探求其对汉语文化的传承乃至其中更多的启示。

从壮、泰、傣语人称与称谓看汉语文化今昔

壮语、泰语或傣语人称与称谓词源，十之八九来自汉语或古汉语。其汉词的沿用及有关古汉称谓礼节之承继与延伸或变异，乃至人称称谓的可屈、可伸等，堪称为溯古、通今的多层面汉文化镜子。

在中国古戏里，"儿"或"孩儿"，是子辈对父母的自称；身为皇子、王儿的要自称"儿臣"。壮话"仂"（lwg），即汉语"子"，有孩子、子女、小、颗粒等意思，构成"lwgsai"（男孩、儿子）"lwgsau"（女孩、女儿）。Lwg 的字音来自上古汉语"息"（slwg）或"＊slμg"，前者为现代壮语拼法，后者按国际音标。息子、息女，小儿、小女、犬子等，是古汉语对别人指自己儿女的谦称。与汉字与汉文化有关的日语，也是这样，如儿子—息子（むすこ，musko）、女儿—娘（むすめ，musme），这里的"娘"（むすめ），可说是"息娘"的省略形式。汉语，"休养生息"，指繁殖、滋生。"息子"，本义指亲生儿子，"子息"，指子嗣，儿子，也泛指儿女。如"母亲又多子息，更受了不少的累赘。"（郭沫若《山中杂记·芭蕉花》）"恭之子息长大，为之娶妇，买田宅产业，使立门户。"（《三国志·蜀志·张裔传》）"寡妻无子息，破宅带林泉。"（唐·贾岛《哭孟郊》诗）"虽然咱有家私，我这眼前无一个子息。"（元·杨文奎《儿女团圆》第一折）"老身年逼桑榆，又无子息，止靠着半子终身。"（清·李渔《奈何天·媒欺》）指亲生子，如"〔张秀携〕问畅曰：'卿有儿死否？'畅曰：'有息子涵，年十五而死。'"（北魏·杨炫之《洛阳伽蓝记·菩提寺》）"翱始生时，叔氏弃殁，爰殡於野，年周四甲；岂无诸亲，生故或迫，亦有息子，旅宦京

国。"（唐·李翱《叔氏墓志》）"老母无抚兮，少妇失依；赖有息子兮，可望其隆。"（宋·曾巩《王君俞哀词》）在方言里，"息子"也指曾孙，如"三州谓曾孙曰息子。"（章炳麟《新方言》附《岭外三州语》）可见，子息、息子的词义，都不单一。弄清汉字的方言词义和在非汉语中的词义，有助于我们更好地理解汉词更多的层面与内涵。比如在汉语的古代王侯自称之谦辞，孤、朕、寡人、不谷，或官员与一般人自称臣、仆、愚、蒙、不才、在下、下走、下官、鄙人等，在壮、泰、傣等语里就不一定一一相对或引用、借入等。就"孤"而论，没有对比时，我们只知道它是帝王们的谦称，对比之后，是不是谦称，或是谁用的自称等都值得深思。

汉字"孤"用于闽南话及壮语的"我"，字音分别为"gua"（闽语泉州音）或"wua"（闽语浙江苍南音）、"gou"。该词在壮、泰、傣等语里均有自大、高傲、霸道等意味，其泰语字音为 goo，傣语为 ku^1，是不雅、自负的自称。就壮话来说，在上司或长辈面前，过去不用孤，而是用谦称"hoiq"，即"奴"或"奴隶"其方块壮字写作"灰"或"亻、厂、火（三者组合字）"。据有关专家考证，"hoiq"一词在广西德保、靖西等地的壮话里，起先是儿媳对婆婆的专用谦称，后来扩大为一般谦称，但根据相关汉语词源来看，专用与广泛使用的先后现象，还不能一概而论。如今，孤（gou）已作为现代壮语标准自称，被广泛使用，但在广西山区乡村或桂西（广西西部）百色等地谦称还用"灰"（hoiq）。在古壮字文献里，也很少用"孤"（gou），一般用"灰"（hoiq），如灰奇马（hoiq gwih max，我骑马）、灰点定（hoiq diemdin，我起程）、双灰（song hoiq，我俩）。"Hoiq"，源自"果"或"婐"（wǒ）的上古汉语字音"kʰooi"、"krooi"或"kwooi"。婐，也写作"果"，有"侍候"的意思，及至引申为奴仆、下人等。该词在傣族语言、泰语、泰国的石家语里都有奴隶的意思。孟子在《孟子·尽心下》说，舜做了天子之后"被袗衣，鼓琴，二女果"，这里的"果"即"婐"。可见壮、泰、傣等语，均发挥了"果"或"婐"，或"果"通"婐"时的引申义。在石家语里，该词与 caw^3（主人、主子）相对，相当于旧中国的卑称"奴才"、"小人"。谦称，是中国文化的重要表现，尤其是汉语文化的重要表现，如对他人称自己的妻子为拙荆、贱内、内人、山荆，称自己的儿子为小儿、犬子，称女儿为息女、小女等。壮族女子自称"灰"，也好比中国古代女子自称妾、臣妾、奴、民女等。古壮文借汉字"灰"表达晚辈对长辈、上司、主人、头人等的谦称，可说是借音不借义。

"Hoiq"是"灰"的壮语字音，也是现代壮文该字的拼写形式，其字尾"q"表示声调。灰，在傣语里读作 $xði^3$，这里的"x"相当于"h"，用现代壮文可拼写如 hoij，其与壮词的区别也就是声调不同罢了。$Xði^3$，是傣语的卑称，本义是奴隶，指：我，鄙人。卑称用于百姓对大领主、贵族、官员；下级对上级；晚辈对长辈等下对上的自称。其复数形式由：tu^1（我们）加 $xði^3$（奴隶）构成"$tu^1 xði^3$（我们）"。傣语除了卑称，还有三种形式的谦称，如：to^1（体、个）xa^3（奴隶）我；phu^3（位）xa^3（奴隶）我，我们；tu^1（我们）xa^3（奴隶）我们；to^1（体、个）xa^3（奴隶）tu^1（我们）我们。这些谦称的用法除了对官员、上司、上级之外，也用于对同等地位者表示客气。为了便于比较，这里，xa^3还可转写为壮文形式"haj"，或汉字"哈"。那么，以上谦称或卑称，两种自称就可归纳为"灰、哈"自称。

壮、傣的"灰、哈"自称，也好比古人自称"仆"。仆，是中国古时候男子指自己的谦称，并非仆人对主人的自称，如"仆所以留者，待吾客与俱。"（《战国策·燕策》）"仆非敢如是也。"（司马迁《报任安书》）"卿试视仆，今所谓新学界有如仆其人者乎。"（徐枕亚《玉梨魂》第十一章《情耗》）仆，在日语里读作ぼく（boku），至今还是男性自称用语，在相对正式的场合，用于比较亲密的平辈之间或对后辈使用。Boku，是日语罗马拼音，读音接近于汉语"帛姑"。因此，从字音看，日语的"仆"（ぼく）或许可等同于汉语的"不谷"（不穀）或"仆"与"孤"的组合。而汉语"孤"，也许不仅仅是"孤家"、"孤王"等古代帝王的自称且该自称算不算谦称，也值得怀疑。孤，还用于州牧、地方官等一方之长，民间可能也用，其用于壮族与傣族乃至域外泰族的泰语自称等，就是确凿的例证。所谓的帝王谦称，实际上是帝王借用民间自称用词，装成非高高在上的样子。一般人的自称一旦被统治者所用，就成为帝王们专用而变得谁也不敢动用了。帝王们自己作贱，称孤道寡，也是捞资本。老子说："故贵以贱为本，高以下为基。是以侯王自称孤、寡、不谷。此非以贱为本邪？"（《老子》卷三十九）所谓的"不谷"，即不善、不美、不事生产等。古人认为，不结果实，不生养儿女都是不善、不美的。"不穀"的本义是不结果实，犹如水稻只有谷壳。人没有子女，也叫"不穀"，与孤、寡意思相通并用，用以比喻没有德行，所以绝后。帝王以此自警、自谦。汉字"孤"，除孤独、孤单之外，也指孤高、独特之义。孤，同"辜"，还有辜负之义。作为自称，在泰语或傣语及石家语里，意味着高傲、自大、自负等，属于不雅的人称词。在傣语里，孤（ku^1）是自负称。除了"孤"，还有主要用于书面语的"吾"（ku^2）与"高"（kau^1），都是傣语，指"我"的自负称。可见，汉字"孤"并非谦词，即使自称"朕"，也未必高贵，如"谟盖都君，咸我绩；牛羊父母，仓廪父母，干戈朕，琴朕，弤朕；二嫂使治朕栖"（《孟子·万章上》）。谟盖，即"谋害"，这是舜的弟弟一象说的话，意思是"谋害舜都是我的功劳，（舜若被害之后）牛羊分给父母，粮仓分给父母，盾和戈归我，琴归我，雕漆的弓归我，两个嫂嫂让她们侍候我就寝"。这里几个"朕"均指"我"。可见，尧舜时代谁都可以用"朕"自称。如"古者尊卑共称朕"（蔡邕《独断》）；《尔雅·释诂下》中"朕，我也"，郭璞注"古者贵贱皆自称朕"。朕字的上古汉音为 *rlμm，其泰语同源词 riam，原意指兄弟，泰文诗词常用其为自称，尤其用于男子对情人的自称。以兄弟自称或称兄道弟，在旧中国很常见，如兄弟、兄弟我、仁兄、贤兄、贤弟及人名后加兄，相当于日语的某某君，不过"君"字中国以前也用。兄弟与君的不同是前者有"手足"、"你我"之义，后者相当于"您"、"先生"或"先生您"。

泰语或傣语的"仳侬（pi nong）、长幼、哥弟、姐妹"，在口语里也当自称用，即哥哥我、姐姐我，或弟弟我、妹妹我等。在对话里，"仳侬"与"你、我"差不多。当对同辈尊称"仳"时，此时的"仳"已相当于"坤"。坤（Khun、Khon），是泰语第二人称敬语词"您"，也引申为"先生"或"小姐"，但用于家人、长辈时，只表示尊敬，如坤维乃（khun Veinai，维乃先生）、坤仳（khun pi，哥哥或姐姐）、坤伢（khun ya，奶奶）、坤妃（khun paa，伯母，阿姨）等。总之，"坤"的用法很活，转译时，可译、可省、可添、可减等视语境而定。坤，也相当于"昆"，但后者在泰语或傣语里是指人的，如 Xa³（奴隶）pin¹（是）kun²（人）?εu⁵（游）məng²（地方），即我是闲逛地方的人。Xa³（奴隶）通常与 tsau³（主人）相对，如 Tsau³ pin¹ phai¹（主人是谁）？即您是哪位？Xa³ 与 xðiᶾ 都是卑称"我"，xði 有时候也用于下对上的应承语，相当于唯唯诺诺、点头哈腰的"是！是！"或越南语的"Da!、Van van."及日语的はい等，如傣语的一句对话 Mwng² fau³ sing¹ ku¹ di¹ di¹ nə²！意思是你好好看守我的狮子！回答：是！是！（Xðiᶾ！Xðiᶾ！）答句的字面意思是奴隶！奴隶！或卑称我！我！Xðiᶾ，按壮语，可转写为 hoij。日语的应承词"はい"（hai），也相当于粤语"系呀！我知啦！"（Hai ya! Nho ji la!，是啊！我知道了！）中的"系"（hai），其在此等特定的场合与源于古汉语的"果"或"婐"等表示"奴婢"含义的傣、泰词 xðiᶾ 具有异曲同工的效果。如果说话的是主人、上司，那么用 xðiᶾ 回答时，即等于说我的上司或我的主人。如 Bau⁵ tsai⁶ ha²（是不是呀）？Tsai⁶ hðiᶾ（是！我的主！）！Xðiᶾ，作为询问词，也是这样，如 Mε⁶ long¹ pai¹ ti⁶ nai¹ xðiᶾ ha²？意思是伯母去哪里了（我的伯父）呀？说明 xðiᶾ 不仅仅是自称，而且还是很活的谦词。

　　傣语的"主人"（tsau³），当"您"用时，相当于泰语"坤"。但"坤"也当非敬称的"你"用，以及当"先生"或"小姐"等日常礼貌称呼词。坤的最高形式是"探"（than）、"卡布"（khrap）或"卡"（kha）。坤，也相当于"朋"或"伴"，如石家语同辈自称 phaan³、越南语称呼他人、对方时用 bạn 等。所谓的卑称或谦称，也不是绝对的。Xðiᶾ 或 Xa³，在当今傣族语言里，部分谦词已逐渐失去所谓的谦卑意义，比如，傣语芒市话人称代词现在只有平称，且 xa¹、xə¹ 等均在平称之列，如 ha:ng¹ xə¹（我俩）、song¹ xə¹（你俩）、song¹ xa¹（他俩）等。但这还不是普遍现象，如源于汉字"孤"的壮语 gou（我），在当今壮语里已经没有自负的意思，同样来自汉字"民"的 mwngz（你），在壮话里也已没有丝毫的卑贱意味。然而，在景洪傣语里，"孤（ku¹）"还是自负称、"灰"（xðiᶾ）是当地的卑称、"民"（mwng²）是那里的鄙称。

"民"的鄙义，源于远古汉语，"民"通"萌"，有冥蒙无知的意思。萌或甿的上古汉音为 mraang，甿指田民。《说文》以萌比民："民，众萌也。"段玉裁注："古谓民为萌，汉人所用，不可枚数。萌犹懵懵无知貌也。"民，也通氓，指外来者，如"民，氓也。土著者曰民，外来者曰氓"。(《广雅》)

有关泰语人称文化，还有很多，如汉语词：吾人、予（raa）、僚（rau）、余（kajiao）、鄙人、小人我（kaanoi），以及贫僧、贫道（atama）、弟子（kaparajao）等，有待于今后同"探"、"卡布"等泰语人称敬语用词一并探讨。自称或称谓原本都是平级，其级别的产生是由于统治阶层的出现，以及贫富阶层的产生，人也就被划成了等级。人称与称谓的等次，也好比打在人身上的等级烙印，会不知不觉地遵循，尽管有时候为了礼貌违背心愿强迫自己被归入或屈居于某一等级。就尊老爱幼、上下有别而论，自称与称谓的等次，也是和谐、和睦、和美的基础与保障，是中华文化的美好部分，应该继承与发扬，乃至改进，等等。这方面，壮、泰、傣等语可说是走在前沿。在他们那里，可看，可赏，可溯，可鉴。

"來"与"麥"的错位及汉—缅同源词的探讨与思考

"來"与"麥"的错位使用,早已成为习惯,以及"來"简化为"来","麥"写作"麦","來"与"麥"的来龙去脉、造字本义等更是鲜为人知。"來"原本指"麥","麥"却是"來",和"來"既指麦也指来,为了区别,又造出"麥"当来去的来使用,以至在某一时期又站错了位……

麥,为形声字。有说它从夂(zhí),来声;有说其从夕,来声,但前半部都没有说对。"麥"字的部首必定为"夊"(suī)才对,即从夊,来声。无论是从字形看,从该字与"來"错位使用看,还是从夊的字义看,都是这样。比如"夊夊",亦即"绥绥",两字古时相通,都用于描述慢慢走路的样子,如《玉篇·夊部》:"夊,思佳切,行迟儿。《诗》云:'雄狐夊夊。'"夊夊,今本《诗·齐风·南山》作"绥绥"。

从"來"与"麥"的上古音 m·rωω、m·rωωk 来看,它们的区别仅仅是有没有尾巴"k",两者互借互易就极有可能。《说文通训定声》说"往來之正字是麥,菽麥之麥正字是來,三代以还,承用互易"。就泰语来说,"来"的字音与温州话"麦"字几乎相符,用汉语拼音表示,两者均相当于"má",如 Khun má há krai(您来找哪位)?壮话的"回来"就是"ma",来去的"来"则用另外一个词"daeuj"表示,其方块壮字为"来"与"多"的组合字。这"daeuj"字音很可能来自汉字"迢",该字在温州地区瑞安乡间的字音是"dhuo",当"来"、"回"或"去"讲,如迢归(dhuo gai),即回家(往家赶路);迢垟里

(dhuo ye li，去田间，去种地)。这或许可以证明"來"与"麥"的主声母原先均为"m"。壮话、温州话、闽南话、两广粤语及现代越南语都不同程度地保留了古汉语字音，包括上古与中古汉语字音，而与壮话有不少共同之处的泰语也不例外。

麥，在藏缅语里是"种子"的同源词，发音如 mjω 或 mlω（缅甸语）、mjuk（浪速语，使用于景颇族浪速支系）、mji（载瓦语）、li（景颇语）、lωi（僜语，西藏察隅话）。就语音的分化与组合、生成乃至增减等，趋向顺口的演化现象来看，要么去掉尾巴或音节，甚至去头、双辅音改单辅音等；要么再添加元音、增加音节。那么 m·rωω 与 m·rωωk 就可以相当于 ma·rωω、ma·rωωko、mu、mu·rωωka、ma、rωω 甚至 ma、ma、mu、mu 或者 ma、mu、ma、mo 这样的形式都有可能。双辅音，也叫复辅音，古汉语有很多这样的字、词，比如篱笆的篱为"b·rel"、笆是"praa"，"不律（prǔt）谓之笔"（见《尔雅·释器》）。笔字，也与毛发有关，或笔字本身就含有毛发之意，如古汉语"髪（pǒt）"、缅语"phut"、南岛语或原始澳泰语的"纤维、胡须"（m/b［u］lut）及印尼语的"胡须"（bulut）等。

古汉语不仅有 pr、br、mr 等双辅音，元音也有与辅音组成相当于双辅音作用的词，如有熊国、有熊氏、有苏氏等，其"有"就不当有讲，也不发"有"（you）的音，只是一个开头音"u"，其作用或许可以理解为英语词"wrap"（卷、包、隐藏）、"wrong"（不正确的、错误的）等前面的"w"。从 w 很快过度到 r，读不确切的，听起来就像 rap、rong。从"雅"、"亚"原本是"a"音来看，"有"字的现代读音，可能是后来演化的，比如越南语与韩语至今还是"a"。闽南语的"有"字，今天还是"u"，如"听有无？/Thiaⁿ ū bô）？"即：听懂了吗？"有……无"，可说是闽南语的特色问句，如有啥物问题无？/Ū siáⁿ – mi′h būn – tôe bô？（有问题吗？）、有侬（人）卜（欲）发言无？/Ū lang beh hoat – giân bô？（有人要发言吗？）、犹有票无？/Iáu ū phiò bô？（还有票吗？）、恁遮有咧卖原子笔无？Lín chia ū leh bōe goân – chú – pit bô？（你这儿有卖圆珠笔吗？）等。回答是有啊（Ū ā）。陈述句的"有"则位于最后，如迄本册伊有。/Hit pún chheh i ū./他有那本书。这里的

pit（笔）或越南语的"bút"与古汉语的"不律"（prǔt）是相通的。"有"的后置及有关问句等句式，也可以比作古汉语的"……之有"或"……有乎"句。闽语句式，也好比把"有何贵干？"说成"有贵干何？"或"有贵干之何？"等。

从 prǔt 字音写为"不律"来看，"不"的字音古今就有差异，而闽南语的"无、没"发音为"bô"，却相当于"不"；其用到确切的"不"时则用发音为 n' 或 m' 的"毋"，如"毋通讲"（别讲!）、"毋是"（n'-sī 或 m'-sī，不是）。汉语"无"与"毋"或"不"乃至"否"，远古时候的声母可能都是 m 或 mb，甚至后者的"音变"f，如壮话"mbouj loek（不错）、mbouj ndaej（不行）、mbouj youq rans（不在家）"。其中，mbouj 的实义为"否"，如"托＊七日否光"（下七天不晴，借意及个别借音壮字），其实义壮字形式为"独"字立于"下"上，代表音为 Doek 的第一字；七，音为"caet"，原形；日、云组合，音"ngoenz"为第三字；否，音"mbouj"，第四字；最后是，音为"rongh"的光、亮组合字。以上即古壮文的两种壮字形式，也是壮文原始资料、诗歌、手抄本等的常见形式。壮语里也有实音为汉语"否"的字"fouz"（词尾 z，表示语调），指无、没有，如影片名《Lajjmbwn Fouz Caeg》（天下无贼）。可见，"无"读作 bô、fou、mo 或分出"不"，甚至无、毋、不、否，四字互借、混用、错位、错音等也都有可能。或者，母、毋两字原本就同音为"mu"，在汉语方言里就有这类现象，比如两广白话（粤语）要说汉语"我不知道"、"我不知道啊"这样的话时，听起来就像说自己是"母鸡"或"鹅母鸡鸭"之类，其实是说成"我毋知"（Ngo m'ji）或"我毋知呀"（Ngo m'ji ya）。汉字"无"的声母为"m"或与"m"有关，也可从汉译佛经得到证实，如"南无阿弥陀佛"的"无"（mó）就不读"wu"。

壮话发"mb"时，几乎听不出 m 音，只感到生硬、紧凑、唐突的"b"音，因此，借相近音、不借义时，"mbouj"的壮字也就成为"布"，如"布兰养尔巾"（不知怎样吃）、"布足"（不足）、"布可"（不苦）、"布叉"（不差）等。看来，远古汉语"无"或"不"等，说如 mo、mbo、bo 等类似音，是有可能的，比如粤语"摩海"，即"不是";"摩有（mó yau）"为"没有"。可见"不"与"没"，也是相混使用的。据粤音"系"当"是"讲时发音如"hai"，"摩海"还可写作"没系"。"没"字，在河北方言里也有发音为 mó 或 mǒ 的，如说"没了"、"没有"，听起来像"抹了"、"磨油"。除了"磨油"，还有"卖米（m'ai mii，泰语指'没有'的字音）"、"补眉"（否眉，mbouj miz，壮文指"没有"）等。"眉"为壮字，表示"有"，"否眉"的"否"，通常写为"眉"字头底下添"冂"，相当于把"有"字掏空成为"冇"。

"没了"或"没有"，在温州话里用"冇"（n'ao）表示，如"冇父吧"（n'ao vuo ba，去世了、再也见不到了）、"有冇"（有没有）。"冇"的字音，可说是"没"与"有"的提取、组合音，在汉语词典里该字拼作"mǎo"。就"没"、"沉没"、"埋入"、"淹没"等汉语或缅语，甚至藏语字词来看，"冇"或"没"字的声母为 n 或 m，两者都有可能，如上古汉语音 mωωt（没）、nuups（内）、nuut 或 nuuns（纳）、njǔp（入）；缅甸文 mrup⁴（沉没、埋入、潜水）；藏文 brub、mup（被推翻、被毁的）；缅文 nas⁴（沉没、淹没）、ŋup⁴（ngup⁴，陷入）。"没"的温州话书面音为"mø"，其他如汉语普通话为"mai"的字音都是"ma"，如买卖（m'a ma）、迈步（m'a brø）、麦秆（má gv）等。

來，不仅与麥错位，与"多"也有混的时候，如温州话"几来番钿"（gei lei fa dhi，多少钱）、有几来大（有多大）等。此字音"lei"，也是该字作为"来去"（lei qu）或"来回"（lei vai）的"来"本义时的书面白读，而不是其口头语"来去"（l'i k'ei）的"l'i"。壮字通常以"來"与"多"的组合字表示"多"，有时也直接借汉字"來"表示，如"几來更"（geijlai gaen，多少斤）、"杀否來咯"（Ca mbouj lai lo，差不多了）、"定来乙来任"（Din laiyaek laiyinz，脚印多又多）等。几来，即"几多"，是古汉语的表达习惯，粤语今天还讲"几多"什么的。就音源来看，"多"可能与"邪"有关。"邪"除了本义：邪气、邪道、不正（同斜）、通徐（表示缓慢）、同玡（指琅玡山）、同耶（用于疑问）等之外，也通"餘"。"餘"的上古汉音 k·lǎ 与"多"上古音 k·laal 或缅语 kwang³（剩下、剩余）如出一辙。"多"的古音也作

taai，相当于当今汉字"呆"的字音。从标音规则与发音效果看，此处"t"亦即汉语拼音"d"。

　　看来，"多"的"来"读或來与麥的错位，绝非偶然，其来历也不一般，读作 lǎ、la、ta、lai 及至分化、同源于 kai、kan、lan 或温州音 lei、l'i 等字音都有可能，如古汉语中念（k·lǎs，深、甚、期待）、加（kraal），缅语中 lang¹（等待、盼望、想、欲、希望等）、kai³（过分、添加）、kaj²（饱满、过多）、kraj²（丰富、充足）、raj²（古语，多数）等等。念，在《说文》解释为"嘾"，如"念，嘾也"。段玉裁注："嘾者，含深也。含深者，欲之甚也。"lang 也转写为 laŋ，为了与现代壮文、越南语等拼写一致，本文、本著的"ŋ"字音一般写作 ng。"來"当"多"用，在温州，"來"与"多"的组合字，从字体、读音或意义看，大致反映了这类字词的原本"音容体貌"及其演变规则，可惜该字没有引入汉语字库，与够、豿、夥、膗等列为一处，为丰富当今汉语、华文听凭派遣、使用。针对"多"或与"多"有关的组合字、词的更多情况有待于专篇继续探讨。

闽语"洞葛"、"雪文"及马来华语"峇峇娘惹"

闽南语文化与马来文化有着深远的交往历史。早年远渡南洋的闽族先辈"峇峇娘惹"们把闽语文化种子撒向彼岸，为马来语的发展及马来词语的完善做出了卓越的贡献，同时也把马来文化与马来词语带进闽地。"洞葛"、"雪文"、"道郎"或"老顶（楼顶）"、"涂库"、"三版（舢板）"等词语就是例证。

马来文化，主要指以马来语为交流媒介的文化，包括印尼与新加坡的马来文化。马来词语是个广泛概念，"峇峇娘惹"一词，从后半"娘惹"（Nyonya）来看属于印尼语，但广义的马来语就包括印尼语。就闽语借词来说，"楼顶"（$lao^2 tiŋ^3$，指楼上）、"涂库"（$thə^3 k'ə^5$，仓库）、"杉板仔"（$san^1 pan^3 na^3$，舢板）、"烘炉"（$haŋ^1 lə^2$，火炉）这样的闽语词，无论进入马来语还是印尼语，都成为老顶（loteng）、涂库（toko）、三版（sampan）、昂路（angglo）等。字音模仿闽语，词义全借，括号内是马来文、印尼文的共同形式，括号外为马来或印尼的华文译词。马来词语"道郎"（tolong，救助，请帮忙，劳驾），"洞葛"（tongkat，西式手杖或文明杖）；厦门话"雪文"（$sat^5 bun^{24}$）或印尼闽语"雱文"（$sap^{32} mun^{11}$），均借自印尼—马来语（印尼语或马来语）"sabun"（肥皂）。在上海、浙江等地，老一代人把"手杖"叫做"思得克"；肥皂为"洋皂"、"番皂"，乃至客家话的"番碱"等。闽语中的外来词通常都音译，"峇峇娘惹"也属于这种情况，这样的词语按字面很难解释。汉字"峇"，字音为 kè 与 bā，前者指山洞、山窟，也指捶铁声"岌峇"（jíkè）；后者用于音译地名及与地名、人名等有关的场所、王朝名称或事物等词语，如峇厘岛（巴厘岛）、峇厘舞（巴厘舞）、峇都茅、峇眼亚占、峇都兰樟、峇都丁宜、峇央峇鲁巴刹、峇冬王朝、新加坡哥本峇鲁巴刹等。"巴刹"（pasar），也有写作"峇刹"或"巴沙"的，是一个来自波斯的马来语词，意思是市场、集市，相当于中国的菜市、交易商场或食街等，有店面、摊位的集中贸易场所。"巴刹"即"市场"或"集市"，印度尼西亚、马来西亚、新加坡，甚至泰国都有规模相当的巴刹市场。有关巴刹里的规模、货物分类等，堪称"巴刹文化"，如"干巴刹"、"湿巴刹"等。而"去巴刹"也成为新加坡人打招呼的常用词语。

"巴刹"也作为地名，如巴厘省首府登巴刹（Denpasar），意思是"北面的集市"。登巴刹也是一个名副其实的集市，20 世纪 60 年代被发展为旅游区之后，取得迅速的发展，其主要街道 Gajah Mada 为商业最活跃的一条街。峇冬王朝统治时期的 1902 年 9 月 20 日，那里曾经爆发震惊世界的反抗荷军侵入的布布丹·峇冬（Puputan Badung）战役。那一天峇冬亲王与人民一起，与入侵的荷军英勇奋战，血洒战场。20 世纪 70 年代竖立于 Gajah Mada 街尾十字路口的"四面神"（Katur Muka）石雕像，象征和平、和睦、和谐、和善，就是纪念这场和平保卫战的。布布丹（Puputan）是峇厘话，意为"为保卫乡土，宁可死于战场"。

"峇厘"与"巴厘"的不同，或"峇"与"巴"的差异，一般都认为是旧译名与新译词的差别，也就是所谓的繁体汉字被简体汉字取代的问题。作为地名，选用"峇"的初衷是突出地貌特征，从这一点来说，简体字远远不如被贬为繁体字的"正体字"，虽然"峇"不等于"巴"的正体。有关地名"巴厘"，我国 20 世纪五六十年代还用"峇厘"，那时有关巴厘舞的画册、画作等，题的名就是"峇厘舞"，比如黄独峰 1961 年有关画作，及 1957 年发表的有关画片等。如今，"峇"字还作为地名译词，或"峇"字还在沿用，也成为闽语与港澳台华语及至海外华语的统一标志。网络搜寻"峇厘"，更多的是有关"峇厘岛"的游记、报道等。这些游记多半是印度尼西亚、马来西亚或新加坡青年华人写的，也有台湾地区青年写的。2004 年印度尼西亚海啸灾难，国外网第一时间发布有关峇厘岛灾情的信息，中国国内以"巴厘"为搜索词，了解不到更多的情况；知道用"峇"的就看到很多，这是汉字不统一导致的不同结果在信息搜寻方面的明显反映。

"峇"的引申义是"先、先来者、开拓者、刚才"等，如温州话"峇刚"（die gan，刚才）、"走来峇"（z'au lyi bǎt，已经来了）；越南语"峇頭"（bắt đầu，开始、开端）；闽语马来词"峇汝"（ba³³lu³³，刚刚，新）。那么，"峇峇娘惹"（Baba Nyonya），指南洋华人先民、开拓者，就很贴切。峇，也相当于"人"及指人的"巴"或"子"，甚至"父"或"排行"，如黎语海南保定话或通什话：峇民（pha³ma：n¹，男人）、峇瞎（pha³pla：u¹，瞎子）、峇聋（pha³ɫok⁷，聋子）、峇哑（pha³ŋom¹，哑巴）、峇疯（pha³ti¹，疯子）、峇跛（pha³ze：ŋ⁵，跛子）、峇（pha³）或峇咤（pha³za⁴）均指父亲。黎语"峇"，作为排行，相当于"老"，如峇一（pha³ tshew³，老大）、峇二等（pha³ɫau³deŋ³，老二等，第二等）、峇三连（pha³ fu³ li：n³，第三连）、峇八组（pha³ gou¹tu³，第八组），pha³ pa¹dui²（第五队）等等。可见"峇"的作用不少，就马来语与闽语对译来说，任何一个发 ba 或 pa 的词或音节都可以对译"峇"或"巴"，及至以"峇"、"巴"的汉字形式借入，或以其字形与字音形式输出，然后再转写。至于"峇"与"巴"，也不是随便可以替换的，比如马来语"bali"（船舱），成为闽语音、义不变的"峇厘"（ba²li²），就不能为"巴厘"，否则会与地名 Bali 的译名相混，尽管前者作为地名译词在港澳台地区或南洋等海外华文里还有使用。

"峇峇娘惹"是印尼语"Baba Nyonya"的音译，通常指印度尼西亚土生华人，尤其指15世纪初定居在满剌伽（马六甲）、满者伯夷国和室利佛逝国（印度尼西亚）及淡马锡（新加坡）一带的中国明朝移民后裔，包括更早定居那里的唐人或宋人。这些唐宋明人后裔的文化在一定程度上受到当地马来人、印尼人或其他非华人族群的影响。男性称为"峇峇"（Baba），女性称为"娘惹"（Nyonya）。峇峇，也指娶当地女子者，但广义的峇峇，并非专指娶当地女子者，所谓的"三代成峇"，即指在南洋生活三代之后，自然可以"成峇"，同样能适应当地的生活。在印尼语里，Nyonya 的字面意思是"夫人"，有人建议将 Nyonya 减去一个字母，成为介于"小姐"（nona）与"夫人"（Nyonya）之间的

Nongya，以便用于专指语言、服饰等被马来人同化了的女性。满者伯夷国位于今日泗水西南，是13世纪时东爪哇的一个王国，其名称译自爪哇语"Madjapahit"或马来语"Majapahit"，《元史》称之麻喏巴歇，《明史》称其为满者伯夷，既是国名，也是国都名称。满者伯夷国于1293~1500年曾经统治马来半岛南部、婆罗洲、苏门答腊和巴厘岛。哈亚·乌鲁克（Hayam uruk）在位（1350~1389年）期间为鼎盛时期，其统治下领土范围远至泰国南部、菲律宾及东帝汶。"峇峇娘惹"一词，连音带义被借入客家话，读如"pa^{22}pa^{44}ŋiəoŋ^{22}ŋia^{44}"，这里的"p"不送气，相当于"b"，"ŋ"可转写为"ng"。可见该词还是以Nyonya的词形借入。因此，不管是否有两种写法，但在一定的情景里都指被马来人同化的华人女性。"Baba"，或许可以看作是"bapak"（先生，您，也指"爸爸"）的变体，意指语言、服饰被马来人同化了的男性华人。峇峇娘惹20世纪60年代之前在马来西亚的身份是土著（Bumiputra），后来又被划归为华人（马来西亚华人）。当今峇峇娘惹在马来西亚宪法上的身份与19世纪后期移居那里的"新客"没有两样。从"峇峇娘惹"一词，我们读懂了华人的拼搏与艰辛、他们的付出与融入，乃至他们的归属问题、前进方向等。

在语言特征上，峇峇娘惹说的是峇峇话。所谓峇峇话，也叫"华人马来语"，确切地说是峇峇马来语与峇峇华语，后者也叫做峇峇闽语、峇峇福建话或峇峇闽南话等。因此，峇峇马来语里有很多汉语词、汉语发音习惯与汉语语法等与一般马来语或印尼语不同，如：

峇峇马来语：Dia gua punya tang-oh.（他是我的同学）

印尼语：Dia teman sekalas saya.（意思同上）

闽南语：伊是阮同学啦（I sī gún tang-oh lah）。

"阮"（gún）指"我的"，是闽南语的标准说法。闽语词"gua"（我）与马来语词"拥有"（punya）搭配，表示"我的"，还有直接用闽语词"同学"（tang-oh）等，尤其是直接用汉语家属称谓，如叔、伯、姑、姨等，都是"峇峇马来语"的特点。峇峇句里"同学"一词即使换成"teman sekalas"，也还是"峇马"或"峇印"句式。

峇峇闽南话或峇峇福建话与一般闽语中的闽南方言的区别不是很

大，主要是马来词、英语词等外来词多一些。如峇闽语中"伊实叨坡峇鲁来唐山，定牙在学校（他刚刚从新加坡来，住在学校）"，一般闽语："伊新加坡峇汝来中国，滞仝学校。"前后句的区别主要是用词。"峇鲁"与"峇汝"，只是译词不同，其词源即马来语、印尼语指"刚刚、新"的"balu"。实叨坡或淡马锡，都指新加坡。海外华人喜欢以实叨坡称新加坡。淡马锡，至今还是新加坡的代名词，用于该国一些学校或公司名称等，如淡马锡理工学院（Temasek Polytechnic）、淡马锡控股公司（Temasek Holdings）、淡马锡中学（Temasek Secondary School）等。唐山，指中国故土，也作为中国的代名词，说粤语或闽语的华人比较喜欢用。马来语、印尼语"定牙"（dinggal）与闽词"滞仝"（tī hia），都指"居住"，可说是一对同源词，且到底谁借谁的，已追究不清。这里，"t"发不送气音，相当于汉语拼音或马来语、印尼语中的"d"。在闽南语里，"陈"读作"Tan"，听起来像"丹"，而"陈"在马来语或印尼语里也是这样，其拼写形式就是闽语的"Tan"。

　　狭义的福建话，一般就指闽南话，而闽语中最富有代表性的方言，也是闽南话。说闽语福州话的人，也被俗称为"福佬"；说闽南话者，也叫做说福建话的，还有"河洛人"等，包括台湾或海外说闽南语者。从这一点来看，峇峇娘惹也是"河洛人"的后代。与国内"河洛人"一样，他们的骨子里除了闽越文化，还有商殷人的中原文化等，包括原始信仰及古汉文化或语词习惯等。唯一不同的是，峇峇娘惹们与当地土著"交寅"（结婚），一旦与当地人结婚，就必须皈依当地宗教、信仰等，而且还要丢掉姓氏，改姓对方的姓。可见峇峇娘惹们没有被改掉的多半是"河洛人"的祖传文化，包括母语、方言与思维方式的一些惯用的、忘不了的中华文化成分。峇峇们不仅讲峇峇话，也用拉丁字母拼写峇峇文，办峇峇文刊物，将中国文学作品翻译成峇峇文等。这种让马来人听懂十之八九、看得差不多明白的峇峇话与峇峇文，在南洋起到"普通话"与"通用文"的类似作用，其闽语词的转写形式有很多被直接借入为马来语词。可惜，如今那里说峇峇话者已越来越少，峇峇文也成为古董，主要原因是峇峇话没有取得"认可"，但峇峇话与峇峇文对马来语及马来文化的贡献是不可估量的。

峇峇娘惹们的峇峇话，可说是马来文化与闽语文化的桥梁。通过这座桥梁，古汉文化与古汉词语或闽越文化与闽词语等源源不断地输出，在海外各地开花结果，也将南洋词语不断引入，由"闽溪"缓缓流进"汉河"，不断充实汉语字库。

南洋英语的粤味或闽腔汉词透视

南洋包括马来群岛、菲律宾群岛、印度尼西亚群岛及中南半岛沿海与马来半岛等地，这是我国清代对中国以南沿海等诸地的统称。凡去这些地方均称"下南洋"。清朝时期也把江苏以南的沿海各地称为南洋，以区分江苏以北沿海的北洋，如南洋水师、北洋水师，即当时国内两大水师。祖辈等上一代人，也把去马来西亚或新加坡，叫做"下南洋"，尤其指后者。本文的"南洋英语"主要指新加坡和马来西亚两国境内的英语，本专题旨予对其带粤味或闽腔的、颇有特色的克里奥尔英语现象进行探讨。

克里奥尔（Creole）原意为"混合"，泛指世界上那些由葡萄牙语、英语、法语以及非洲语言等混合与简化而成的语言，如美国南部、加勒比地区及西非的一些地方所说的语言等都统称为克里奥尔语。因此，克里奥尔（Creole）或克里奥尔语（Creole Language），也就成为混合语言的代名词，原先指一种混合多种语言词汇、有时也搀杂一些其他语言文法的一种语言，也泛指所有的混合语。而新加坡、马来西亚两国的英语还不至于是克里奥尔语，只能算有克里奥尔现象。形成克里奥尔现象的主要原因是移民者融入的母语词汇及殖民者带进的统治国语言，如澳门的葡味粤语、香港或广州的夹带英语字词的白话，乃至这些地区的英语与粤词互掺、相混现象等。

粤味英语特点显示着粤语甚至壮话的发音习惯，比如把英语 b 发作汉语"波"或壮音 mb，乃至直接发为 m，如清乾隆年间《澳门纪略》中的葡语字词的汉语注音：麻无（bambu，竹子）、麻养（baiāo，苋）、簸打打（batata，番薯）、么芦（bolo，饼）等。两广说粤语者把打球叫做"打考"（球字的粤音听如考）或"打波"，球鞋为"波鞋"，这里的"波"即英语"ball"。马来英语的发音特点主要受马来语读音习惯的影响，比如英语词 cartoon，被吸收到马来语中读写如 kartun，不能读作 katun；dialogue 读写如 dialog，不能读为 dailog；class 读写如 kelas、glass 为 gelas 等。但英语作为外来词，也不是都这样处理，大多数仍保留辅音 bl、cl、dr 等连读，如 block 成为 blok、clinic 为 klinik，就不能读写如 belok、kelinik。第一音节拖长如"阿—棒"，可说是马来语最显著的特点，几乎任何单词都这样，读外来语或读外语均有此现象。在马来语里没有类似英语浊音 b，只有相当于粤音包括汉语普通话的"巴"、"波"之类。因此，即使保留了英语的相关辅音，但读或讲出来也是像"阿—棒"（abang，哥哥）、"奔—西"（pensil，铅笔）、"嘎姑拉多"（kalkulator，计算器）等，本地词与外来语都是马来味的了。

　　English 原本为其族人的自称，既指英语，也指英国人，早年汉语译名为英吉利氏，也译作"依氏"。新加坡英语变体或克里奥尔现象也有其专有名词"Singlish"，从该词外表就可看出是改了"英吉利氏"（English）的头，换成海狮上半身，成为星吉利氏、狮吉利氏或石叻氏。不过这半身海狮不是英语 Merlion 的上半，而是源于梵语的 Singapura（马来语）或 Singapore（英语）上半部分。新加坡是梵语"狮城"的谐音，当地华人大多称之为"石叻"或"石叻坡"，其货币也称为"叻币"，其本义为源自马来语的"海峡"（selat），因新加坡地小，也称之为星洲或星岛。Merlion 指代"鱼尾狮"，为新加坡独有，在英语词典里至今还未见编入，说它是英语，有点牵强。从表面看，Merlion 只能算作"海狮"，但从美人鱼（mermaid）的词义拆、合、会意及与以上重组，还是有那么个意思。新加坡的主要语言为英语、华语、马来语、泰米尔语。华语里，闽南语为最，其次为福州话、粤语等。闽南语是新加坡英语 Singlish 本地词的主要来源，其次为马来语，两者几乎各占一半，后者稍微少一些。此外，还有粤语、泰米尔语或古梵语词等也占少量。

　　Singlish 的发音特点主要表现为 t、d、p、b 不分或 r、l 相混，乃至长音短读及吃掉尾音等，比如 read 读如 lid；rent 读若 lend；pen 读作

"奔"（bən）；tint 为"丁得"（dind）或"丁"（din）；等等。不仅吃掉尾音，中间辅音也有不读的，如 coldproof（御寒的）读成 col'pru'；football 读成 fu'bo'等。尾音"吃掉"不读，主要是粤语的发音习惯，如粤语字音 dèk（的）、zit（节）、hip（协）等，这些词读到尾音时只是做发音口型动作，不出声音。至于效果好不好或动作做对了没有，只有以粤方言为母语者才清楚。两者的联系是都做了省音的动作，前者的"'"形式也好比日语的促音形式"っ"。这样的形式更突出音节及音节的分离感，乃至一个个音节生生硬硬、乒呤乓啷蹦跳出来。T 读作 d，也好比两广特点特浓的英语，把 Thanks（谢谢）说成"蛋-壳丝"。在句式方面，Singlish 喜欢用粤语的 la（喇）、là（啦）、lo（啰）、ga（汉字"口"与"架"的组合字）、bo（口与番组合字）、wo（口与呙组合字）、miè（咩）或闽南语的 heh（唏）、lah（啦）、ah（啊）、oh（哦）、leh（咧）ê（的）等语气词作句尾。

在口语里，闽语词及其句式通常直接用或个别转写为英语词，如 Góa ē-sái come in bōe？、Góa can come in bōe？或 I ē-sái come-in bōe？即原闽南语句子 Góa ē-sái ji'p-lai bōe？（我可以进来吗？）的改写与沿用。该闽语句亦可用汉字表达为：我会使人来否？"会使"（ē-sái），即"能，可以"，是一个固定搭配，如 ē-hiáu（会晓）即懂、明白等，如 Thia' ē-hiáu bōe？（听会晓否？即听懂了吗）、Lí ē-hiáu kóng Ang-mor-oē bōe（你会讲洋话吗）？"Ang mor"在闽南语里意思是"红毛"、"红番"，即西方洋人，泛指欧洲白种人，在新加坡英语里直接借入。红毛或番人什么的，这样的词在国内闽语里已经不见了，指英语则用"Eng-gú"。江南人也把太平军叫做"红毛反"或"长毛反"，可能因其信"洋教"有关。清朝时，"红毛"一词也专指荷兰人，但在粤地泛指洋人，如当时广东编的词语集《红毛通用番话》就是英—汉互译工具书，其对英语词的汉语译读堪称为粤味英语的蓝本。如：温（one，一）、都（two，二）、地理（three，三）、科（four，四）、辉（five，五）。《红毛通用番话》与《华英通语》及《英咭唎国译语》里的译读范例都有粤式英语的发音特点，后者也被认为是粤籍人士与洋人合编所致。从其英语一至十等数词来看，《英咭唎》与前两者最明显的译读不同是 one

读作"丸"、four 读如"阿"。其一样粤味的共同点也很明显，如把 t 发作 d、s 发如 x 等，如："ten"（十）一词，《红毛通》与《华英》译读为"颠"，在《英咭唎》读为"的"；six 的三者译读为息士、昔士、昔时，seven 译读如些文、心、些吒。然而这三本词典却作为当时全国通用"通番"工具书，可见，清朝克里奥尔英语有多"混"。如果"红毛"指所有西方洋人，英吉氏（English）泛指西方洋话，那么，闽南语的"Ang"（红）或许是取前半"English"之后的误写。但从新加坡《联合早报》统一译词的"Ang Mong Seng"（洪茂诚）与"Ang Mo Kio GRC"（宏茂桥集选区）等条目看，"洪"或"宏"等字音均读写如"Ang"，这可能与上古汉语语音有关，比如"翁"字，在闽南语或温州话里都是"Ong"，闽语的"王"也是"Ong"。Ang 与 ong 都添上 h，则成为 hang 与 hong，以及 ong 添 w 成为 wong，其声母的去、留、添置等情况，或许可以当作古今差别或地区差异看待。而这 wong 也在其"人名"英—华对译词条里，是"王"与"黄"的粤语音。因此，在南洋英语里，华人名字的拼音，就有粤音与闽音并存的现象，乃至汉语普通话拼音等三种情况，如"陈"字，就有闽音"Tan"、粤式"Chan"、普通话"Chen"等。

　　马来西亚或新加坡等南洋英语的闽腔，主要指闽语词、固定用语等包括句式的借入。闽语固定或专用词如 ū hoat thang（有法通）、m tāng（毋通）、pháiⁿ-sè（歹势）、sian（先）等。Sian，指先生、老师、医生，如"Chinese Sian"在新加坡英语里就指"中医"。Pháiⁿ-sè，意思是"不好意思"或"对不起"，在闽南语里很常用，如 Pháiⁿ-sè lah, Góa chin-chià'm'chai-iá?（歹势啦，我真正毋知影'不好意思，我真的不知道'）。"有法通"（ū hoat thang）意思是：能、能够、可以。M tāng（毋通），指别做、不可以、使不得等，如 Etè sīk e san , m tāng lam zòr hue sè（會褪色的衫，毋通濫做伙洗），意思是有些衣服会褪色，不可以放在一起洗。m tāng（毋通）也出现在新加坡、马来西亚或印度尼西亚等国的英语口语里，如 M tāng this way lah（别这样啦）！No'tāng buy ah, Chit niá too small.（别买啊，这件太小了）。No 即 not，也组成 buy or not（买不买）、come or not（来不来）、go or not（去不去）、

watch or not（看不看）等汉语句式的英语。Chit niá，即这领，指这件。闽南语词在 Singlish 里也构成派生词或进行时形式，及至套用句式等，如 Lí chhònging siá'（你正在做什么）? Góa khoà' ing – chheh.（我正在看书）或 You doing – what? I reading – book. 即源自闽南语 Lí leh chhòng siá'（汝咧创啥）? Góa leh khoà'–chheh（我咧看册）。任何动词或词组都可以这样，如 chú – chia'h（煮食），chúing – chia'h（正在做饭）；khoà' tiān–sī（看电视），khoà' ing tiān–sī（正在看电视）；khùn – chhí（睏醒）或 khùn khí–lai khùn（睏起来），khùning – chhí（正在起床）或 khùning khí – lai khùn（也是"正在起床"）。睏，即"睡觉"，如：khùning（正在睡觉）。派生词的构词方法如 – logy 或 ology 及 – nism 等，如 khiu' – khiu'（腔腔），即口音，构成 khiu – khiulogy（口音学）；thit – th'（佚佗），意思是"玩"，构成 thit – th'lism（享乐主义、thit – th'lang 或 thit – th'man（游手好闲者）等。

　　事实上，南洋英语的粤味或闽腔，已不仅仅在南洋或东南亚国家，海外华人社区里都有这种现象，如公司（Kongsi）、宗社（Chong Seah）、宗会（Chong hui）、公会（Koong Hui）、同乡会（Thong Heong Wooi）、同宗社（Tong chong Seah）、和社（Hoe Seah）、睦堂（Bok Tong）、四美堂（Soo Bee Tong）、安定堂（Ann Teng Tong）、忠孝堂（Teong How Tong）、延陵堂（Eng Leng Tong）、家庙（Kah Meow）、氏祠（See Soo）、宗祠（Chong Soo）等。公会，一般写作 Clan Association，也写为 Seah Association，Seah 即闽南语"社"。这里的公会、堂、宗社、和社等，甚至"公司"，都可以指当今华人的"会馆"、宗祠、家庙等。如 Cheah Si Hock Haw Kong Kongsi（谢氏福候公公司），就是"谢氏福候宗社"或"谢……会馆"；而"延陵堂"，写作 Goh Kongsi 时，也可以看做是吴氏宗祠。Kongsi 是典型闽南语词"kong – si"（公司），其闽语原义与汉语"公司"没有什么区别，其被借用之后，一般不用于正式的公司名称，是否指企业、商务实体等，要看情况，但在马来西亚或新加坡乃至海外华人英语里都很常见。如"during a police raid at a 'kongsi' located at the fish landing platform on the island."，"when the police raided the kongsi"——The Malay Mail，2011 – 02 – 12。总之，

Kongsi（公司）与 Tong（堂）、Seah（社）、Soo（祠）等词都可以替换，如 Ong Si Thye Guan Tong（槟城王氏太原堂），也可以为 Kai Meng Ong Beow 或 Kai Meng Ong Kongsi。

从汉语方言与古汉语的比较角度看，南洋英语里的粤味或闽腔汉词的借入与保留，是一件相当有意义的事，比如，上古汉语声母 b 与 m 或 w 与 g 的组合或分流问题、辅音省略问题，乃至日语的"美人"读为"bigjin"或"吴"读"go"、"武"为"bu"，文既是"mon"又是"bon"等，在新加坡或马来西亚等所谓的南洋英语里完全可以找到答案。如以上提到的：四美堂（Soo Bee Tong）或译名词条里的 Lin Boon Heng（林文兴）Lin Biow Chuan（林谋泉）、Gok Chok Tong（吴作栋）、Lee Bee Wah（李美花）、Buankok Bridge（万国桥）Bugis（武吉士）等，都是很好的例子。在另外一个条目里，"吴"也拼作 ng，这 ng 即当今的"吴音"或古今"越音"，也是其上古汉语语音的"ngwaa"的开头音。可见读作"ng"、"go"或"wu"，都由这个古音分出。"武"的上古汉音为"mǎ?"，其现代汉音与"文"一样是"w"，从这里的"boon"或日语字音"mon"来看，或许其上古汉音还有 m 与 b 的组合声母，且上古汉音的 m、b、w 与今音的转换或相混现象就很常见。从这个意义而论，新加坡英语 Singlish、马来英语 maglish 乃至中国式英语 Chinglish，虽说是 English 园地里的奇花异株，但其独特的美丽乃至存在价值远远超过其主体、母树。

"无、勿、弗、不"考

汉字"无"的字音值得探讨,其上古汉音或其他语言的相关字词都可以参考及比较。其与勿、弗、不、非等,除了否定用意,或许还有字音的联系。

"无"的上古汉音除"mǎ"之外,可能还有mba、mbu、mbo之类,如"无"与"莫"的中古音muo、mak,壮语指"不"、"否"的"mbouj",泰语否定词"迈"(maì),傣语表示"不"的 $məγ^5$、$mə^5$、bau^5、vau^5、vu^5,粤语"唔"(mh)、闽南语"毋"(m^-),温州话"毋"(nh)、"弗"(ff'u)、"勿、勠"(f'ai)等,包括"有"的否定词"冇"的粤、温两地形式"móu、n'ao",甚至"没"。"唔"或"毋"字的"mh、nh 及 m^-",可归入"无"的上古汉音之变体。泰语"maì"与壮语"mbouj",可以看作是汉语"mǎ"(无)的方言、地方口语等音变形式及分化与组合等。但万变不离其宗,声母还是 m。不仅"无"的上古汉音声母为 m,其同声母字武、午、勿、物等的上古声母也是 m。在温州话里,午、唔、悟、五、吴等字音都是"nh",只是声调有些差别。指"物"的温州话有两种,如事物(rrihvai)、实物(rraivai)、动物(dhongvai),物事(mərrih,末事,指东西)等。前者主要用于书面语,后者用于口语。"末事"是"物事"的转写形式,如何乜末事(a nyi mərrih,什么东西)、较调物事(玩具),或对幼儿说吃物物(chiməmə,吃东西)。把东西叫做"末事"(物事),一点也不奇怪,如闽南话中有啥物件(ū sím-miʼh-kiā^n,有什么东西)、啥物名(sím-miʼh miâ,什么名字),河北方言中吃嘛(chi mʼa,吃什么),做嘛(zuo mʼa,做什么),壮语中眉麻来(miz maz lai,有些什么)等。

傣语指"不"的 məγ⁵、mə⁵、bau⁵、vau⁵、vu⁵，包括泰语 maì，都可对译汉字没、不、无等。如 fa⁴ jaŋ² vau⁵ mwt⁸（天还没黑），vu⁵ li¹（不好），mə saŋ¹ heŋ²（没什么力气），vau⁵ ka⁵（不去），bau⁵ ma：i¹（不写），bau⁵ hu⁴（不知），bau⁵ tha³ 或 vu⁵ than⁴（不要），məγ⁵ kue¹（不管），məγ⁵ həγ⁴（不知），bau⁵ ma²（不来），bau⁵ mot⁷ sai¹（不干净）等。傣语 mə⁵ tsai⁶，vu⁵ tsai⁶，vau⁵ tsw⁶ 与泰语 mai chiai 都指"不是"。傣语 bau⁵ mi²、vau⁵ mi²，泰语 maì mi，壮语 mbouj miz 均指"没有"。在闽南语里，"不要"叫做"毋通"（m̄h tang），与傣语的"bau⁵ tha³、vu⁵ than⁴"如出一辙。毋，在闽南话或温州话里相当于"不"或"无"，如闽南话：毋是（m̄ – sī，不是），毋知影（m̄ chai – iáⁿ，不知道）；温州话中毋起落当（ng c'i lou dhuo，毫无意义），毋娘教（ng nhi guo，没教养），毋处寻（ng ch'i r'an，无处寻）等。汉字"无"，在闽南语里与"未"的作用相同，其字音有"bô"、"bōe"、"be"等形式，如听有无（Thiah ū bô，听懂了吗）？食饱未（Chiah pá bōe）或食了饭未（Chiah liau mai be），都指吃过饭了吗？有侬卜讲话无（ū lang beh kóng – oē bô，有人要讲话吗）？真久无看见啊（Chin kú bh khoàh – kì'ah，很久不见）。我未晓讲（Góa bōe – hiáu kóng，我不会讲）。此外还有"勿"与"会"的组合字（在本文以'勿-h'替代）也表示"不"，如印度尼西亚苏门答腊北部的闽语方言中我勿-h 记兮呷汝讲（gua be ki e ka lu gong，我忘记跟你讲），行勿-h 过去（kia be gue ki，走不过去），对勿-h 起阿兄（dui be ki a hia，对不起哥哥）。

闽南语"有"读作"ū"与该字的中古汉音 u ẇ 有关，或许"ū"就是"u ẇ"的前身"有"的上古汉音。如果把这种读音现象看做是"有一无"错位，那真是大错特错。就字音而论，壮语的"无"与日语的"不"相当于汉语的"否"与"弗"，如天下无贼（Lajjmbn Fouz Caeg）、宽阔无边（gvangqlangh fouz bien），不景气（ふけいき，fuke-ki）、不思议（ふしぎ，fushi – ngi）不幸せ（ふしあわせ，fushiawase）、不自然（ふしぜん，fushizen）、不亲切（ふしんせつ，fushinsezhi）。弗与勿，在温州话里是常用否定词，通常只用"勿"表示如勿倪好（f'u nhi hə，不怎么好），勿三勿四（f'u sa f'u si，不三不四），勿舍得

(f'u syi dyi，舍不得），勿走（f'u z'au，不去），覅走（fai z'au，别去），覅个（fai gai）、覅其（fai gyi）或覅（f'ai）：不要。温州话"要不要"，也说，"爱啊勿（覅）其"（ey a fai gyi），是一种套用句式。如走啊勿走（走还是不走），吃啊勿吃（吃不吃，吃还是不吃），着啊勿着（穿不穿，穿还是不穿）等。"啊"表示强调，试问、责问等，可以省略，但口气会不同。覅，也相当于闽南语"勿"与"爱"的组合字（在本篇以"勿-a"表示），或"勿"与"会"组合字（本文以"勿-h"替代）。闽语"勿－a"，字音"mai"，其与"爱"组成"ai mai"，等于"呷无"，表示"要不"；与"阿巴"组合，相当于温州话"爱啊勿"，如爱勿－a，汝勿－a 去啦。呷无，汝免去。意思都是要不，你还是别去了。汝去阿巴勿－a 去（你去还是不去）。"mai"，即"m ai"，是"勿"与"爱"的合音。可见，在闽语里，"勿"或"毋"的字音都是"mh"，它们与字音为 bo、be 的"无"、"未"等一起组成表示"不"或"别"的否定词字群。

越南"昆"文化

汉字"昆"在越南语里得到空前的发挥,其作用或使用方式及昆字一族的惯用形式等,堪称昆文化。

昆文化表现为,以昆指称,论昆述事,用昆描述乃至借昆衡量等等,如昆斋(con trai,儿子);昆丐(con gái,女儿);昆丐授(con gái nuôi,义女);昆丐溜(con gái rượu,宝贝女儿);昆貢*(con trống,雄的);昆长(con trưởng,长子);昆嫡(con đẻ,亲生子,亲生骨肉);昆季*(con út,小儿子、老生子、老儿子);昆他*(con thơ,幼儿);昆庶(con thú,次子、仲子);昆承嗣(con thừa tự,继承子);昆孤(con côi)或昆墓孤(con mồ côi)都指孤儿;昆信(con tin,人质);昆颠(con đen,黎民、白丁);昆奔(con buôn,商贩,市侩,贩子);昆洪貉(con Hồng Lạc),指鸿子貉孙(相传越南开国始祖为鸿庞氏和貉龙君);昆婴昆撑(con bé con bồng)或昆撑昆芒*(con bồng con mang),均指子女众多、拖儿带女,"芒"应写作提手旁,才算越南的"汉喃"字;昆酟(con dấm)指酵母;昆酉(con dâu,图章);昆憨(con đội,千斤顶);昆豸(con chạy,游标);昆术*(con chuột),指老鼠、耗子,电脑鼠标,"术"应添反犬偏旁。这里的"昆丐"(con gái),还有闺秀、姑娘、女子、处女、嫩幼的等意思,"丐"的汉喃字通常要添"女"字偏旁。与"昆丐"近义的词是"昆盖*"(con cái),指儿女或雌的("盖"为女字旁边)。

越南语的 giai 或 trai 的字义相当于汉字"仔",其后者"trai"的字音亦相当于"仔"的粤音或汉语词"牛仔"(niu zai)的"仔"(zai)。汉喃 con giai 的"giai"一般写作"男"与"隹"或"男"与"皆"的组合字。在汉喃文献里，con trai 的"trai"通常写为"男"与"來"的组合字，但在《汉喃词典》里，佳与斋及"司"上"來"下或"巴"上"來"下组合字等，均代表"trai"。"昆貢"的"貢"的汉喃应写如"男"与"貢"的组合字，"昆他"的"他"，还要添草字头。昆斋（con trai）或昆佳（con giai），都指儿子、男子。次子的别称是"昆胣"（con dạ）。长子或长房也叫做昆哿（con cả）；"哿"有尊长，长者，年长的，大的，正室，最大的等意思。"cả"写作"奇"或"奇"与"大"的组合字时，表示整个、全部、深等意思，如哿嬰（cả anh，长兄），核俸奇（cây cao bóng cả，树高影大），奇唉奇逍（cả ăn cả tiêu，大吃大喝，挥霍无度），奇廊（cả làng，全乡，[俗] 大家，所有的），奇年（cả năm，全年）。"năm"读若汉语"南"，汉喃通常写为"南"与"年"或"年"与"南"的组合字，其字音与表示"五"的喃字，"南"与"五"或"五"与"南"组合字相同。Năm 或 cả，是现代越南文的字形。Năm 既指"年"，又代表数字"五"，及至"cả"囊括"大"、"全"、"深"等所有词义。长子，也叫"昆頭"（con đầu），昆頭弄＊（con đầu lòng）指头胎儿或长子。"頭弄"，即"头胎"，指"胎"的正确汉喃字"弄"，是"月"与"弄"或上"弄"下"心"组合字。"cả"不能随便套用，比如长孙"召＊嫡孫"（cháu đích tôn），就不能"cả cháu"或"cả tôn"。Cháu 与 tôn，都有"孙子"的意思，前者是越南本地话，后者"tôn"为汉字"白读"。Cháu 的汉喃形式为"召"与"孫"的组合字，其字义也指"孩子"，如昆翁召＊吒＊（con ông cháu cha），指公子哥儿。"吒"（cha）指"父亲"，其的正确汉喃为"吒"上"父"下组合字。

　　汉喃，即越南汉字式的文字，包括借用汉字及改造汉字。昆的汉喃也写作"子"与"昆"的组合字，其字音"con"，也是现代越南文该字的拼写形式，该字发音效果相当于汉语"公"。在越南语里，"昆"的主要意思是表示"子"或"人"及相关指称等，如昆批（con phe，商贩，倒爷）；昆杜或昆赭（con đỏ，赤子，丫头，婢女）；昆隊（con đòi，婢女，丫鬟）；昆扡投（con đỡ đầu，义子）；昆特（con đực，雄的）；昆注昆伯 con chú con bác 叔伯兄弟，表兄弟；昆伯昆姨（con bá con dì) 或昆姨昆查（con dì con già），即姨表兄弟；昆姑昆舅（con cô con cậu，姑表兄弟）；昆妯（con dâu，儿媳妇）；昆姜、昆羌，或昆畺、昆疆、昆薑（con cung，宠儿、骄子）；昆媠塃（con chửa hoang）或昆塃（con hoang），指私生子，非婚生子；昆家（con nhà）、昆家宗（con nhà tông）或昆用*（用为纟旁，con dòng），均指世家子弟，华胄；昆用*召*燴（con dòng cháu dõi，公子王孙）；昆用*召*僅（con dòng cháu giống，贵族子弟）；昆壇（con đàn，儿女成群）；昆倘（con người，人、人类）；昆殁（con một，独生子）；昆門*（con mọn），指婴儿，門应写为"門"与"小"组合字；昆孵（con lọn）或昆伶（con ranh），指夭折婴儿、短命鬼；昆候（con hầu，侍女）；昆儉或昆險（con hiếm，独生子）；昆桂或昆莉（con nhài），即昆莜（con nụ）或昆於（con ở），指婢女，丫鬟、丫头；昆乳*（con nhỏ）或昆閉（con bé），指毛丫头、小妞儿，"乳"为"乳"与"小"的组合字）；昆涅（con nít，小孩子、娃娃）；昆授（con nuôi，干儿子、养子）；昆婿（con rể，女婿）；昆盈（con riêng），指前妻或前夫之子；昆對*（con rối），指木偶，對字应添纟偏旁；昆淶（con rơi，流浪儿、孤儿）；昆蓮*（con sen = conở），指丫头，"蓮"要添女字偏旁；昆生隊（con sinh đôi，孪生子、双生子）；昆芻*（con so）或昆頭弄*（con đầu lòng），均指头胎儿、头生儿，"芻"应添子字偏旁；昆牌（con bài），指牌、赌徒、赌棍；昆博（con bạc，赌徒、赌鬼）；昆媄（con mẹ）或昆媒（con mụ），指［卑］婆娘；昆苄（con rạ），指三胎以后的子女；昆稚（con trẻ，幼子）；昆羶（con chiên 羔羊，基督教徒）；昆羶疥*（con chiên ghẻ），意思是教徒中的败类，某组织的败类。这里的"疥"应写作"疒"与"几"的组合字。

昆，也指小、动物或抽象事物，如昆昆（con con，小巧玲珑）；昆［先昆（两字组合）］（con cón，利落）；昆合*（合要添犭）紙（con cọp giấy，纸老虎）；昆棋（con cờ，棋子）；昆儈（con cúi，棉卷、棉条儿）；昆塘（con dường），指道路、途径，如昆塘絲縷（con đường tơ lụa，丝绸之路）；昆種（con giống），指种畜，面或泥捏的畜、兽形玩具，畜、兽形图案等；昆種水并（con giống thủy tinh，［工］烧料）；昆蚵

(con hà, 凿船虫, 牡蛎); 昆奇容 (con kỳ giông, 变色龙); 昆勒 (con lắc, 钟摆); 昆勒達 (con lật dật, 不倒翁); 昆買 (con mái, 雌的); 昆其昆稽 con cà con kê 废话连篇, 噜里噜嗦; 昆眜 (con mắt, 眼睛、眼光); 昆蠛 (con mọt, 蛀虫, [转] 蠹贼, 败类); 昆麑 (con nghê, 麒麟) = 昆麒麟 (con kỳ lân); 昆乖 (con quay), 指陀螺, 辘轳, [电] 转子, 乖要添金字偏旁; 昆渃 (con nước, 潮水); 昆數 (con số) 指数目, 数字, 预算数字; 昆滝 (con sông, 河流); 昆榁 (con suốt, 纱锭); 昆使* (con sứa, 水母), 使为 "使" 上 "虫" 下组合、"虫" 或 "魚" 与 "使" 左右组合字; 昆造 (con tạo, 造化; 昆艚占推 (con tàu coi thoi, 航天飞机); 昆艚宇宙 (con tàu vũ trụ, 宇宙飞船); 昆尖 (con tem, 印花); 昆燒身 (con thiêu thân, 飞蛾); 昆萊 (con thuốc, 烟苗); 昆併 (con tính, 算术题, 数学题); 昆算 (con toán, 算盘珠); 昆苦 (concõ, 榫头); 昆公*唉磊貝罇鵒 (con công ăn lẫn với đàn gà), 指鹤立鸡群。这里的 "公" 应写作 "公" 与 "鸟" 的组合字。

汉字 "昆", 是个会意字, 从日, 从比, 表示两个人在日光底下并肩行走。本义为一起, 共同, 或相当于 "群", 如 "昆, 同也" (《说文》), "理生昆群" (《太玄·玄摘》), "格也乖而昆也同" (《太玄·玄错》), "昆仑旁薄幽" (《太玄中》), "噍 (jiū) 噍昆鸣" (扬雄《羽猎赋》)。昆友, 指兄弟和朋友; 昆仲, 指称呼别人兄弟的敬词; 昆玉, 对别人兄弟的敬称。昆, 指兄弟、哥哥或胞兄, 可说是昆的延伸义, 如 "昆, 兄也" (《广韵》), "昔有昆弟三人" (《列子》), "终远兄弟, 谓他人昆" (《诗·王风·葛藟》)。昆亦指子孙, 后代, 如 "虞魏之昆, 顾陆之裔。" (左思《吴都赋》)。昆仍, 即后代子孙; 昆孙, 指第六代子孙, 也泛指远孙。昆, 也指后, 然后, 如魂兮归徕, 正始昆只。" (《楚辞》) 昆, 作为敬称的美词, 后昆与玉的联系, 可能是由于传说中昆山玉石有关, 如 "火炎昆冈, 玉石俱焚。" (《书·胤征》) 昆, 指众多, 诸多, 如 "昆小虫, 抵蚳。昆, 众也。" (《大戴礼记》) 昆通崑、崐时, 也指高大。昆, 在汉语里也有固定搭配, 主要还是指人, 如昆裔, 后昆, 昆弟, 昆仲, 昆季等。昆弟, 比喻亲密友好, 如 "昆弟, 四体也,故昆弟之义无分"(《礼仪·丧服》)。在泰语或傣语里,昆,直接指人,如双昆(song khon,两人)、昆京(khon jing,中国人)、昆猜(khon chai,男人)、各昆(ko^{6}hun^2,各人)、穷昆(tok^{8}kun^2,穷人)、昆老(kun^2 thau^3,老人)等等。就指人而言,昆字在越南语里,可说大小或贵贱都指,如"昆欤"(con hát),就是歌女或戏子的卑称。所谓的卑称,不过是偏见罢了,欤(hát)或昆字本身是没有卑贱之分的。比如,京族的哈节,即歌节,唱哈即唱歌。Hát,指歌唱、唱戏或演戏,也指曲、剧、戏、歌、调等,如占欤(coi hát,看戏)、欤北(hát bắc,北调)、欤步(hát bọ),指从*剧,"从"应添"口"字偏旁;欤姑陶(hát cô đào,陶娘曲)。就功能的多寡而论,昆字在越南语里好比指边吟边唱边道白的说唱形式的"欤呐"(hát nói),及至与"欤"有关的更多描述形式。两者不同的是"欤"最多只能算是一个多义词或多义词头,而"昆"的词义用法及惯用形式等,是脱口而出、按需组合的。

越南语否定词"空"

"空……"或"抔……",是越南语的否定形式,尤其是前者。汉字"空",在越南语里表示"不"与"否"或"没"、"无"以及"零"等,包括"空"字本义。"空"的现代越南文为"không",其汉喃形式即"空"本字。"抔"(bất),仅次于"空",也是越南语否定词,表示"不"、"非",其本义是"拔"或"摘"。"空"与"抔"的作用也相当于泰语否定词"埋"(mai),后者字音或词义与汉语"没"或壮语、傣语的汉语词不、否、勿等有直接或间接联系。

汉字"空"通"孔",与窍、穴、洞等字义有关,其上古字音,孔为 khoonh,空为 khloong 或 khloongs,后者颇似当今"窟窿"两字。"空"与"孔"均见于金文。"空,窍也"(《说文》),"孔,间也"(《尔雅·释诂》),邢疏:"空,穴也。"可见这两个字确实与窍或穴等有关。孔,也只指"多"或"美好"等,如"孔,甚也"(《尔雅·释言》),"孔,嘉也"(《玉篇》),"令闻在旧,孔容翼翼"(《汉书·礼乐志》)。其缅甸语同源词 khòng^3(树洞,树槽),kòng^3(好,多)。后者还有"舅舅"的意思,与公或翁的上古汉音 kloong 与 qloong 相对。空或孔,用现代话可解释为"栖息地"、"窝"或"巢"乃至"屋"、"住处"或"居所"。但这窝里有没有鸟,或屋里住没住人,谁都说不准,这就是"空"的玄乎所在,它可以是空无所有,也可以"空石多窍,坐百人"(苏轼《石钟山记》)。在越南语里,"空"指本义时,与汉语用意相同或相差无几,如空中(không trung)、空间(không gian)、空幻(không ảo,空幻,虚幻)、空衔(không huyền,空幻)、空名(không,空名,虚名)、空仍(không dưng,凭空,无缘无故,平白无故）、空壇（không đàn，空谈）、空力（không lục，空军力量）、空畱（không lưu，飞行总量）、空氣（không khí，空气，气氛）、空門（không môn，空门）、空想（không tưởng，空想，乌托邦）、空運（không vận，空运）、空分（không phận，领空）、空權（không quyền，领空权，制空权）、空賊（không tặc，劫机犯）、空襲（không tập，空袭）、空戰（không chiến，空战）等等。"空"也指"零"，如空度（không độ，零度）。

作为否定词，"空"在越南语里得到了超级的发挥。"空"表示"不"或"无"，在汉字式的越南文汉喃里直接借用，如空之埤及（không gì bì kịp，无可比拟）；空之摘轉浽（không gì lay chuyển nổi，不可动摇，牢不可破）；空現麻摘（không hẹn mà nên，不期而成，不期而得）；空摘（không nên，不应，不宜，不成功）；空奚（không hề，未曾、从不、从未、决不、永不）；空奚之（không hề gì，没什么，没关系，无所谓，不打紧）；空欣空剑（không hơn không kém，不折不扣，恰如其分）；空乙*辰堯（không ít thì nhiều，多少，或多，或少）；空剑之（không kém gì，不下于，不次于，不亚于，不比……差；空虔*空弄*（không kèn không trống，不声不响，无声无息，偃旗息鼓）；空拷麻稱（không khoo mà xưng，不打自招）；空矯（không khéo，不小心，弄不好）；空及阻手*（手与西组合字）（không kịp trở tay，措手不及）；空（闌）麻享（không làm mà hưởng，不劳而获）；空（闌）浽（không làm nổi，干不了，不能胜任）；空理（không lẽ，难道）；空某凷（không mấy khi，不常，很少）；空没肘*坦襟*揝（không một tấc đất cắm dùi，无立锥之地）；空疑（không ngờ，想不到，出于意料）；空凝（không ngừng，不停，不断）；空仍（không những，不仅，不但）；空呐空哴（không nói không rằng，不言不语）；空忍*或空女（không nỡ，不忍）；空出*之（không ra gì，不像话，不像样，不成体统）；空盈（không riêng，不独，不单，不仅）；空牢（không sao，不妨，没关系，不打紧，无伤大雅）；空牢點吹（không sao đếm xuể，不可胜数）；空才带……得 không tài nào……được，无法能……）；空前或空錢（không tiền，空前，没钱）；空渗瓢兜（không thấm vào đâu，不算一回事儿，不顶事儿，无济于事）；空世（không thể，不能，不可）；空时限（không thời hạn，无期，无限，不定期）；空便（không tiện，不便）；空细（không tới，不到，不足，不及）；空嘖（không trách，难怪）；空挣块得（không tránh khỏi được，不可避免的，难免的）。空包徐（không bao giờ，从不，永不），"包徐"（bao giờ）指时间，相当于英语 when；空别澄（không biết chừng，说不定，也许，可能）。"澄"（chừng）源本指"限度"，有也许、大概等意思。"别"（biết），借用为"知道"，其汉喃通常写为"别"与"知"的组合字；空别调（không biết điều，不知趣，不识相，不知好歹）；空别某（không biết mấy，不太会，不太懂，不怎么清楚）；空坡变（không bờ bến，无限）；空补（không bù，无法比拟，完全不同）；空乾之（không can gì，没关系，不相干）；空更*麻飞（không cánh mà bay）指不翼而飞。这里的"更"应写为更、羽组合字，表示翼、翅膀。空勤（không cần，不需要）；空专（không chuyên，非专业的，业余的）；空固之（không có gì），指一无所有，没啥，没关系，不足挂齿等。"空固"（không có，没有），其疑问式"固……空（有……吗）？"是越南特点句式。汉字"固"，因其字音与越南语表示"有"的"có"相仿，而被借用为"有"。"固"或"固"与"有"的组合字，均为该词的汉喃形式，后者是其常用形式。

越南语里的汉语字词，只借音，不借义时，不仅不好理解，有时还会引起误导，"空"与其他汉词组合也是这样，如空群（không còn）指无存、无余，不复，不再等；空槐之（không dại gì，犯不着，不值得）；空兜（không dâu，无稽，荒诞）；空兜瓢兜（không đâu vào đâu，不着边际，漫无边际）；空头空堆*（không đầu không đuôi），指无头无尾，"堆"还应写如：堆、尾组合字。空撲末（không đẹp mặt，不名誉，不光彩）；空點齒（không đếm xia，无视，不顾，置若罔闻）；空典内（không đến nỗi，不至于）；空憝天*終（không đội trời chung），指不共戴天，"天"的汉喃正确形式是"天"与"上"的组合字。空同步（không đồng bộ，[无]异步的）；空代带（không đời nào，决不会）；空当（không đáng），意思是不值，不值钱，不值得，犯不上。"当"在越南语里与"价值"等观念的联系，是由于该词在汉语里源本就有

"等价"、"价值"等意思，如"當，田相值也"（《说文》）。日语以"值段"表示"价值"，其"段"字，可能也与"當"有关。与"抔"（bát）相比，"空"有不可替代的描述效果，如空梗（không gánh，［无］无负载）；空趣（không xu，不名一文）；空稱（không xứng，不配，不相称）；空敢（không dám，不敢，岂敢，不敢当）；空容（không dung，不容）；空得 không được，勿、不得、不能、不行、不成）等，如换成抔梗、抔趣、抔稱、抔敢、抔得等，就达不到"空"的效果，甚至不达意，尤其字音的修辞效果。"空……"，通常都是固定搭配，以上的"空敢"或"空得"，更不能转换。"空敢"是礼貌用语的固定搭配词，与"感恩（谢谢）"相对；"空得"也是一个很有特色的惯用词，它与表示"有"的"固"连用、构成"固得空"（có được không）？或"固……得空？"时，相当于粤语"嗒唔嗒"（得不得，行不行，可以吗）。

"空"，就是这样一个华字、亮词，它使言辞生辉，让句子余音袅袅，居它于首，或位其于尾，都铿锵锵、响当当。

壮—泰或傣的贝侬、布僚文化

壮话"贝侬"(beixnuengx)或傣语和泰语"仳侬"(pi nong),主要指兄弟或姐妹,也指亲戚、家人,包括朋友及所有关系亲密的人。如sam beixnuengx(三兄弟,三姐妹),lumj beixnuengx nei(像兄弟一样)。仳侬,在泰语里也相当于你我,或哥/姐你与弟/妹我,是一对相互转换的常用人称代词。汉字"侬",在方言里意思是"人",也当人称代词用,如早期上海话中我侬、你侬、渠侬、侬、吾侬、尔侬、何侬(ah nong,谁)。而在浙江金华、衢州、处州、丽水、温州等地,是直接把"人"说如"侬"或"侬"的不同口音"能"或"囡"等。在壮语、布依语、傣语、泰语、老挝语、越南岱—侬语、缅甸语及印度阿萨姆邦阿含语里,贝或仳指年长,侬为年幼。以贝侬相称,或称仳道侬,可说是贝侬们超越国界的语言文化共同特征。"贝侬"一词已成为当今壮族青年最爱用的自称,如上林贝侬、武鸣贝侬、隆安贝侬、在粤壮族贝侬、布僚贝侬,等等。贝侬、布僚文化包括有其词源、词意或用途的延伸及其文化内涵等。

"布僚"(boux raeuz)的原意是指壮家人或壮族自称,布(boux)在壮语里表示雄性、人的类别词头,僚(raeuz)是"我们"的意思,也单用为自称。Boux的广西太平土字是"布"与"父"的组合字,其大新壮词音为pho^6;其锡安土文为"父"上"波"下组合字,其靖西壮词字音为po^6。可见,boux在壮语里有方言、口音差异,不是固定不变的"布",却必定来自"父",甚至"爸"。父或爸字的上古汉语字音为bǎ、pǎ或bu及至中古的fu、pu等。如壮语boh(父,父亲);越南语bó(父);泰语pho(爸爸、父亲);缅甸语pha^1(父亲)、phe^2(父亲、男子)、phe² phe²（爸爸、爹爹）、bha¹（父亲，对长者尊称：大爷，也表示：雄性）、a¹bha¹（父亲，对长者的尊称：老大爷）等等，这些同源词几乎都有父亲、爹爹、大爷、男子等意思。"父，矩也。家长率教者，扶雨切。"这是《说文》对"父"字字义及字音的解释。父，也用于对一般长者的尊称，如"叟，艾，老也。南楚谓之父"——《方言》六。汉语"父"是文雅称呼，一般不单用，广西桂北白话，把"阿舅"、"阿伯"、姑父、姨父等称为"阿父"，将大伯、大叔、大舅父等唤做"大父"，以此类推至指叔父们的二父、三父等等。浙江温州、瑞安等地，也有类似的称呼，如阿大（父亲、阿爸）、大大（叔叔）、二大（二叔）、三大（三叔）。北京等地古今都有把叔叔叫做"大大"的，如清朝宫廷有一位取汉姓为"郎"的洋画师就被中国弟子唤做"郎大大"；现在电视节目里也有类似称呼。越南语指父亲，除了"bó"，还有"Cha"（读如汉语'扎'），其汉喃字为"吒"上"父"下组合字（在本篇暂用"吒﹡"替代）。该字音却与温州话"阿奼"（a'zha，阿姐）的"奼"字同音，这可能不是偶然的同音，而是一种相当于"阿大"与"阿奼"的颠倒、错位、互换等现象。

在绍兴、上海、温州等地的方言里，"大"是个多音多义字，有四个以上读音。从"父"的长者词义，以及可大、可小（当叔讲）等字义来看，"父"字也有与"大"类似的伸缩词义。来自汉字"父"的壮语 boux，就有这方面的功能，如广西靖西地名大邦（Bouxyaem）；百色地名大翁（Bouxong）、大罗（Bouxlaz）、小罗（Bouxloz）、小羊（Bouxyiengz）、布林（Bouxmbon）。"布"为音译，"大"或"小"亦可音译作富、付、甫等。可见 Boux 也用于地名。就效果来说，只有通"父"的"甫"是比较合意的替代词。

在越南语里指父亲"bó"的汉喃形式为"父"上"布"下组合字，也写作"甫"。"bó"与"cha"均指"父"，如 bó mẹ（父母，双亲）也可以 cha mẹ，但后者除了多用于口语之外，还有过于俗气或贬义之嫌，如 cha，既指父亲，也指"家伙"；吒﹡扛注了（cha cǎng chú kiết），指张三李四，那厮；吒﹡注（cha chú），指父叔辈，转指作威作福的人；吒﹡敬母曳（cha kính mẹ dái，俗语为敬父畏母；吒﹡内（cha nọi），俗语为老爷，老祖宗；吒＊傳昆綏（cha truyền con nói），俗语为父传子继，父子相传；吒＊苐昆倚（cha nào con ấy），指有其父必有其子；吒＊喂（cha ôi），表示痛苦、惊惧：老天爷啊！

汉语"妊"，指少女，古同"姹"，读如［chà］。该字在温州话里指"姐"，读若"扎"与现代越南语"cha"或其汉字式文字汉喃"吒＊"字音几乎相同。越南人把父唤做"吒＊"，好比浙江苍南人，把阿姐叫做"阿大"（a'dhuo）。类似情况，在壮话里也有，从壮语看，这大不是一般的"大"，而是女字旁的大，《康熙字典》里就有这个字，如"［女大（原文为组合字）］《字汇补》同奈切音，大姊称也。（见《康熙字典》女部第5条第1550页）"该字在《古壮字字典》里标音为 ta^6，也就是现代拼音壮文的 dah。Ta^6 与 dah 标音虽然不同，但读出来的效果却是一样的。Dah 用汉字表示，也写作"达"，表示少女、女青年等，单用于对同辈青少年女性的称呼，也作为青少年女性的词头或量词。壮话"达"（dah）的地区差别是"大"（daih），相当于汉语的"大"用于"大夫"时的第二种读音。如广西东兰、连山、河池等地的壮话，把姐姐叫做"达 dah"；横县、融安等地的壮话把姐姐唤为"大"（daih）。《康熙字典》的同奈切，却颇符合壮话的"横、融"音"daih"。在武鸣壮话里"第"就是 daih，还有声调不同的 daiq"外祖母"，或许后者也与"达"有关。

在壮语里"布"（boux）是最常见的词头。"达"与"特"可说是专用词头，分别构成女性、男性，如达侬（dahnuengx，妹妹）、达姐（dahcej，姐姐）、达英（阿英，女子名字），特哥（daeggo，哥哥）、特侬（daegnueng，弟弟）特光（阿光，男子名字）等等。"布"则构成"人"的量词，如名眉几贝侬（Mwngz miz geij beixnueng，你有几个兄弟姐妹）？壮语的"贝侬"（beixnuengx）与泰语的"仳侬"（pi nong）意思完全相同，只是使用方法不同，比如"贝"（beix），不作为对哥哥或姐姐的称呼乃至用于构成哥或姐的词头。泰语"仳侬"（pi nong），可以拆可合，构词更灵活。"仳"（pi）既可以直接用，也当词头，如仳（pi，姐姐）或坤仳（khon pi，哥哥或姐姐的尊称）；仳猜（pi qiai，哥哥）、仳嫂（pi sau，姐姐）等。嫂（sau），在壮话、傣文、泰语里均指姑娘、少女，如傣语字音四猜仳侬（si⁵ tsa：i² pi⁶ nong⁴，四兄弟）；仳及侬（pi⁶ kap⁷ nong⁴，哥哥和弟弟）；仳侬浩（pi⁶ nong⁴ xau¹）或仳侬考（pi⁶ nong⁴ khau¹），指亲戚们，按字面意思是"长幼他们"；嫂七昆仳侬（sa：u¹ tset⁷ kun pi⁶ nong⁴）或：囡七嫂（na：ng² tset⁷ sa：u），指七个姐妹。囡，在这里也指姑娘，其字音"na：ng²"与该词的温州话字音很相近。

壮语"布"（boux）不仅指"父"，也指"人"及"人"的类别或量词。如 bouxvunz（人）、boux song aen（每人两个）、boux duz（一人一只）、bouxcawj（主人）等。Vunz 的壮字为"伝"，如五布伝（Haj boux vunz），即五个人。为了表示人，"布"也写如"佈"。壮话的"达"或"特"可说是"贝"或"仳"的延伸或特写，亦即对某些"人"的特写。如孤女"达嘉"（Dahgyax）、孤儿"特嘉"（Daeggyax）、长女"达仍红"（dahlwghung）、姑娘"达嫂"（dahsau）、仙女"达仙"（dahsien）等。汉字"侬"也有"人"的意思，该字在闽里读作"郎"，这是发音的变异或与上古汉语音韵的分流有关。L 与 n 相混的现象，也是湖南方言的特点，如把人名"刘良良"唤作"刘娘娘"，把"狼来了"说成"娘来了"等。日本人喜欢用"郎"作人名，如"大郎"、"二郎"、"太郎"等。壮话"郎"（lan），多用于词头，也有"人"的意思，指侄子女、孙子女等，如郎牨（lanmbwk，侄女、孙女）、郎塞（lansai，侄子、孙子）、郎外孙（lanvaiseng，外孙）、郎圭（langwiz，侄女婿、孙女婿）等。

作为"人"的特写，壮话的"达"或"特"，也好比另一个可大可小的壮语词头"大"（dax），或"大"的特殊形式，包括构成长辈；daxau（叔叔）、daxboh（父亲、爸爸）、daxbuz（祖母、奶奶）、daxbuzgeq（老奶奶）、daxda（外祖父、外公）、dxdaiq（外祖母、外婆）、daxgimz（舅妈）、daxgoeng（祖父、爷爷）、daxgouz（舅舅）、daxheiz（姨妈）、daxmeh（母亲、妈妈）、daxsinj（婶婶）等，都可冠以"dax"。大的特殊形式可概括为壮式"贝"或泰式"仳"或"贝侬/仳侬"两字，可代表大小、长幼。贝侬或仳侬文化也是亲属称谓文化，但如今壮族的"贝侬"已不仅指兄弟、姐妹或哥们等，它已成为壮族称谓、称呼及壮民的特写,如贝侬歌会、贝侬影碟、贝侬 CD 唱片、贝侬山水画廊、贝侬影像公司、文化公司老总啊咿呀贝侬、官员布僚贝侬、女子达丹贝侬、壮医药巨子黄贝侬、覃贝侬、博士硕士贝侬等。

东南亚人名与称谓文化

"苏丹、严端"等，马来元首称谓或头衔文化及其不同转写或译名之透视

苏丹、严端、拉惹、端姑等，是马来元首常见的头衔。"苏丹"作为译名，有两个意思，一指非洲北部的红海西岸国家"Sudan"，二是指伊斯兰教国家，依照沙里亚法规设立的政教合一的统治者"Sultan"、国家元首、宗教领袖等，包括州元首。如马来西亚各州苏丹、文莱苏丹、印尼爪哇王国时的日惹苏丹等。

Sultan，在印度尼西亚是古代王国国王的尊称，20世纪初则作为贵族的称号，在苏门答腊巴东地区也作为已婚男子名字的一部分，而其与当今实行总统内阁制的印度尼西亚最高层领导者们则更加没有什么联系了。马来西亚是君主立宪制，国家元首为最高元首，由柔佛、雪兰莪、吉达等七个州属的苏丹（Sultan），加之森美兰的严端（Yang Di–Pertuan）和玻璃市的拉惹（Raja）等八州一市的马来统治者在"马统"会议中选出，轮流担任，每轮任期5年；其他四州则由州元首（苏丹或严端等）统治，并未参加这个最高元首选举。最高元首拥有任命首相、拒绝批准和解散国会等权利，同时也是武装部队最高统帅。

马来西亚的最高元首称为"严端阿贡"（Yang Di–Pertuan Agong），这里的Yang Di–Pertuan，若音译为"扬端"会更合适，如扬·穆里阿（Yang Mulia，陛下）、"达扬"（Dayang，马来女性尊称）。Yang Mulia是Duli Yang Maha Mulia（杜里·扬·玛哈·穆里阿）的常见形式。还有Duli Baginda，既指"陛下"，也指"殿下"。Maha是个印度词，有"大"的意思，原于梵文或巴利文，如Maha^deve（大天）、Mahakali（印度女神：玛哈卡莉）。"Duli"小写（duli）时，有"尘埃"、"灰

尘"之意。"达扬"（Dayang）是 Yang 的组合形式，Di-Pertuan 可能是"Duli"与"Pertuan"的组合形式，其冠以"Yang"组成后的用意应该与指陛下的专有词"端姑"（Tuanku）有类似的效果，但还不等于陛下。"达扬"（Dayang）里的"达"或"杜里"（Duli）及"狄"（Di）也相当于壮语指女孩的"达"（Dah）与指男孩的"特"（Daeg），如达妮（姑娘）、达仍（Dahlwg，女儿）、达英（Dahyingh，女名：阿英）、特仍（Daeglwg，儿子）、特忠（Daegcungh，男名：阿忠）。Pertuan，可说是"Tuan"（先生）的敬体，非敬体时既可平常用，也可用于王室，包括女性，如 Tuan Puteri（王妃）、Tuan rumah（一家之主）。作为一州之长，州扬端与州苏丹均属于同一阶层，虽说都有相同的资格参选国家最高元首，可当陛下"端姑"（Tuanku）。但头衔不一样，从这一点来说，苏丹（Sultan）、最高元首"扬端"（Yang Di-Pertuan）、端姑（Tuanku，陛下）与指王，王子，太子，君子的拉惹（Raja）有相似词义与作用，可大可小，能伸能缩。Pertuan 也可能是 Persatuan 的缩写形式，如 Persatuan Kerabat Diraja Duli Yang Maha Mulia Long Yunus Kelantan（吉兰丹隆尤努斯王室公会）。

　　拉惹（Raja），也叫做"拉惹王"。根据马来语或印尼语的发音特点，Raja 音译为"拉惹"不大合适，至少不达音；若译为"拉扎"会比较好，如"嘎扎"（gajah，大象）、"忽站"（hujan，下雨）、"折棒"（Jepang，日本）等。Raja 除了单用，也与 Maha 连用或成为组合词"Maharaja"（通常译为玛哈拉惹或麻那惹），及至以上王室公会中的"Diraja"等。如文莱改奉伊斯兰教后的第二位君主苏丹麻那惹加那（Sultan Maharaja Karna）、马来西亚兴都王朝玛哈拉惹玛哈里哇一世（Maharaja Maha Dewa I）等。苏丹，作为领袖、元首等，其全名还包括"苏丹"前面的一大串，如文莱宗教领袖现任苏丹兼首相、国防和财政大臣，他全名的英语文形式为 His Majesty Seri Baginda Sultan Haji Hassanal Bolkia Mu'izzaddin Waddaulah, Suldan and Yang Di-Pertuan of Negara Brunei Darussalam（苏丹·哈吉·哈桑纳尔·博尔基亚·穆伊扎丁·瓦达乌拉），其中"Mu'"是"Mulia"的缩写形式，Seri Baginda Sultan 即苏丹陛下（斯里巴更达苏丹）。这里的"Seri"，即马来或印度尼西亚的"Sri"（斯里），是对王公的尊称，可译为"陛下"；Sri Baginda 等于 Duli Baginda，都指"陛下"。其第二个"苏丹"组成的一串是指文莱达鲁萨兰国苏丹陛下。马来兴都王朝（公元634~1136年）的开朝王，玛哈拉惹勒峇拉惹一世，原为统治波斯一带的日曼崙（Gemeron）王国君主，吉打州最早的统治者勒玛迪瓦（Derma-Dewa）与唐伯加沙（Tom Perkasa）两人让位给他，而成为此后历代吉打统治者的始祖。玛哈拉惹王室至第九位瑪哈拉惹得哇拉惹二世（Maharaja Derbar Raja II）（？-1136）改信伊斯兰教后，興都王朝亡，但王室血统未变。其后续王室不再有"玛哈拉惹"（Maharaja）之标志，其王号改为"姆惹化沙一世"（Muzaffar Shah I），即"苏丹姆惹化沙一世"（Sultan Muzaffar Shah I）。此为吉打州苏丹统治之始，及至当今该州苏丹阿都哈林姆阿占沙（Sultan Halim Muazzam Shah：1958年迄今）。

吉打州苏丹阿都哈林姆阿占沙，也是马来西亚第5任最高元首，其过去全名为 Duli Yang Maha Mulia Sultan Kedah Sultan Abdul Halim Mu'adzam Shah Ibni Al-Marhum Sultan Badlishah，D. M. N.；D. K.；S. P. M. K.；K. O. M.。登基之后全名是 Duli Yang Maha Mulia Sultan Kedah Seri Paduka Baginda Yang Dipertuan Agong Of Malaysia Abdul Halim Mu'adzam Shah Ibni Al-Marhum Sultan Badlishah，D. M. N.；D. K.；S. P. M. K.；K. O. M.。这其中的头衔有他自己原先得过的，也有其父亲曾经受过各种封赐。如更年长的，还包括父子俩在殖民"英统"时期受英国女王封赐的头衔。Ibni（伊本），即"本"（Ben）或"宾"（Bin）是个阿拉伯词，意思是"某人之子"。其后来全名的开头、从"Duli 到 Baginda"为马来西亚各州苏丹或拉惹王所颁赠之勋衔的第五类（Duli Yang Maha Mulia Sri Paduka Baginda（D. Y. M. M. S. P. B.）。其他四类还有 1. Sri Paduka Baginda（S. P. B.）2. Sri Paduka Maharaja（S. P. M.）3. Darjah Maha Mulia（D. M. M.）4. Darjah Yang Maha Mulia（D. Y. M. M.）。玛哈拉惹（Maharaja），也用于女性头衔，如女子受封为"敦"（Tun）衔，就不是"Darjah Utama Mahkota Negara"（D. M. N.），而是"Sri Maharaja Mangku Negara"（S. M. N.）。丹（Tan）、丹斯里（Tan Sri）、敦（Tun）等头衔是国家或元首所颁赐的

"彪炳功绩"的皇族勋衔。如被称为国父的马来西亚第一任首相东姑阿都拉曼，或阿卜杜勒·拉赫曼（Tunku Abdul Rahman Putra Al-Haj ibni Almarhum Sultan Abdul Hamid Shah，在位于1903年2月8日至1990年12月6日期间）在担任首相退休后，元首颁赐他"敦"（Tun）头衔，其夫人为"敦潘"（Tun Puan）。"敦"头衔相当于英女王颁赐其亲属或对国家有很大勋绩的人，与"骑士"爵位相同。苏丹则不封赐"敦"于任何人，而苏丹本人则接受国家或州元首封赐"敦"头衔。敦（Tun），是马来西亚的最高荣誉，全国只可以有25人拥有此名衔。现时最后一位被封为敦的是前马来西亚副首相慕沙希淡。丹斯里（Tan Sri）是继敦之后第二高的荣誉，全国只可以有75人拥有此名衔。

马来西亚的头衔简直五花八门，不仅王室成员或有贡献者，还有僧人受封的，如马来僧王督拉惹銮波坤榜锡（Tok Raja Luang Por Kron Bang Sae），这位已故僧王就是唯一被伊斯兰教苏丹王室御封为"督拉惹"（Tok Raja）的高僧。Tok（督）为马来语的公公、法师、村长及长辈等意思。督拉惹深受泰国与马来西亚两国佛教信徒乃至国王们的爱戴，他出生时还是暹罗管辖时代的吉兰丹，从12岁开始随寺院主持学习泰文，及至正式剃度后的佛教活动也有很多时候是在泰国境内。泰国人亲切地称他为銮波坤榜锡（Luangpo Kron Bangsae），即榜锡大伯、×阿公、×阿祖公等。这里的"銮"即傣族或壮族的"龙"，既指"大"，也表示"王"，如傣语"仳仔龙"（pi stai long，大哥）、"天街龙地方"（van kat long mueng，当地的大集天）、"虎龙"（sw long，虎王）、"水牛龙"（xai long，牛王）等。坤（Khon 或 Kron、Khun）是泰语的尊称，也作为贵族头衔。督拉惹的全名可说是泰国文化与马来西亚文化相结合的范本。泰国的"阿公"也好比马来西亚的"阿贡"（Agong）。阿贡或阿訇，在伊斯兰教里是指神职人员，在马来西亚却指最高元首，如Sri Paduka Baginda Yang Dipertuan Agong Al-Malaysi。从这一点来说，阿公或阿贡，及至本文提到有关称谓等词的意域均扩大了，乃至相关专题的探究者与读者们的视野也变得空阔了。

从"帽"（貌，Maung）到"屋"（吴，U）看缅甸人名文化

缅甸人没有姓氏，只有名，但名前的"帽"或"冠"不能少。这帽就是长幼、性别或职业前缀，通常有用于男子的貌（Maung）、德钦（Thakin）、郭（Ko）、波（Bo）、耶博（Yebaw）、苏（Saw）、苏巴（Sawbwa）、杜瓦（Duwa）、吴（U）；用于女子的玛（Ma）、杜（Daw）、诺（Naw）等。貌（Maung），是最基本的形式，用于称呼幼辈或少年，男子一般也都自称"貌"，如果一个男子日后成为大人物，尤其是政治家等有身份的人物，那么他最初冠于名字前的"貌"字往往不会再提，而是用成年之后的职业前缀，然后再到"屋"（U），即"吴"，除非他没有那些可提取为职业前缀的工作经历。缅甸前总统吴奈温（U Ne Win）、吴努（U Nu），就属于这种情况，他们的原名分别是德钦秀貌、德钦努。如果"德钦秀貌"是"德钦苏貌"（Thakin Saw Maung）的不同译词，那么"Saw"与"Maung"都可以看做是其原先冠帽的保留形式，或以先后冠帽词的最后一个为名字，甚至不考虑任何因素，直接以冠代名，或者取名直接用这些有代表意义的冠字，如吴巴吴或吴巴宇（U Ba U）、吴温貌（U Win Maung）、貌貌（Maung Maung）、苏貌（Saw Maung）等。

德钦（Thakin），意思是"主人"；"波"（Bo）为"军官"；"耶波"（Ye Bo）或"耶博"（Yebaw）指"同志"；"塞耶"（Sa Yar）意为教师或医生。缅甸女性不论已婚与否，一般都要在名字前加"玛"（Ma），以表示谦虚，"玛"有"姑娘"的意思，也用于称呼幼辈或平辈。该字音及用法源于中国彝族，如"阿诗玛"，只是前者用于名前，

后者置于名后，它们之间的关系及有关情况下面还会谈到。缅甸人对女性长辈或有地位的人则称"杜"（Daw），原意为姨、婶、姑。吴奈温前后名字的不一致，除了"冠"换"大"或"高贵"了之外，至少还有两种可能，一是，"奈温"可能是秀貌成为吴奈温之前得的"冠"，或之前先后得的"冠"。那么就有温秀茂、奈秀貌，或奈温秀貌，乃至去掉名字、拾起前冠、加上后冕"吴"（U）成为吴奈温，因为前冠比名更有知名度，而且之前已经成为人们对他的习惯称呼；另一情况是从政前的某一适当时机，易"秀貌"为比较文气的名字"奈温"。不过，前一种可能性更大。假如"秀貌"是一个普普通通的男子，那么他从小到大的名字加不同时期"冠前缀"就是貌秀貌、郭秀貌、吴秀貌。当然，如果他是财主或雇有佣人，还可以被称为德钦秀貌。缅甸语字音貌（Maung）—郭（Ko）—吴（U）的汉语解读，亦即弟—哥—叔或伯乃至先生等。这"郭"（Ko）也就是来自汉语的"哥"，广西壮族人也有按照汉族的说法把哥哥称做"郭"的。这"郭"即两广粤语的口音"哥"。女子名字加冠字，也有从小到大的排序，阿诗玛，这个名字如以缅甸语排序，则成为玛阿诗，然后随着她的年龄或地位的不同，就有杜阿诗、塞耶阿诗（阿诗老师）、波阿诗（阿诗长官）等。或许，女老师、女医生或女长官等，还有性别区分的专有词，及至"德钦"（Thakin）可不可以用于女主人、"耶博"能不能冠于女名之前等，这样的问题权且留作以后解决或探讨。"德钦"不仅指"主人"，也指德钦党，即"我缅甸人党"或"我们缅甸人"（Asi－ayone）。在德钦党里人人自称"德钦"。那么，"德钦"，也相当于老爷我、老子我、党员或党魁我。如果德钦党里有女性，那自然可以套用。不过，在德钦党里，德钦的主要意思是"讲师"，因为该党的首篇号召与鼓动人心的演说词就叫"Thakin"（德钦）。

在中国，很多人都以为缅甸人的"吴"（U）是姓，当缅甸现任总统吴登盛（Thein Sein）不久前访问中国时，好多人以为他是华族，理由是他"姓"吴，还有"登盛"也像中国名字。"U"，根本不是姓氏，而是用于对长辈男子或有地位的人之尊称，相当于"先生"、"大伯"或"叔叔"。从 U Ba U，可以译读于"吴巴宇"来看，U，或许可以代表"有"字音或"有"（y）声母；U，也可以看作是从"宇"（yu）分化出来的音。"宇"解读为"U"，也好比"有"，读作为"乌"，这两个字的读法可以用日语及闽南语来解释，如宇宙（うちゅう，u qiyou）。在闽南语里，"有"字至今还读"乌"（ū）。在古汉语里，"有"作为词头，只是有音无意，如中国古代的有熊氏、有巢氏、有虞氏等，从用法观之，这些"有"与缅甸语作为人名冠帽的"U"有异曲同工的效果。

在缅甸克伦族里，"苏"（Saw）或"曼"（Mahn）是对男子的称呼；"诺"（Naw）是对女子的称呼。"苏"与"貌"的组合，及"诺"与"玛"的搭配，也可以理解于弟仔、妹仔等。貌（Maung），也相当于"小弟弟"、"小弟"或"小弟我"等。而取"弟"、"妹"等有手足同胞、长幼等意义字词为名，这样的习惯，在中国民间就很普遍，如凤弟、招弟、显弟、引弟、荷妹、金妹、银妹，"弟"甚至还用于女名，为的是讨个生小男丁的"彩头"。克伦族是缅甸第二大族，占总人口的7%，该民族的形成与中国的羌族有关。第三大族是若开族（占5%）。此外还有，占2%的孟族，1%的克钦族、克伦尼族，2%的钦族，3%的印度人、孟加拉人、华人等。若开族也称阿拉干族，与缅族一样属于汉藏语系缅语族，蒙古人种。其语言和风俗习惯与缅族几乎相同。若开族主要居住在缅甸西部沿海的狭长地带，分为若开（Yakhain）、克曼（Kaman）、卡密（Khamwi）、岱奈（Dainnet）、玛尔玛基（Malamargyi）、谬（Myo）和德（Thet）等7个分支。克钦族是东南亚的一个民族，主要分布于缅甸北部的克钦邦、印度的阿萨密省及中国的云南省。中国的景颇族和傈僳族是克钦族的分支。钦族属于汉藏语系藏缅语族钦语支，主要居住在缅甸西北部钦邦，是随藏缅语族南迁，较早进入缅甸的民族之一，其先民大约于公元2世纪前后从中国内陆南迁至缅甸户拱地区，然后继续向南转移，至13世纪时到达亲敦江流域，几度辗转流徙之后，于14~15世纪被迫迁至西北部山区钦山山脉定居，即今日缅甸钦邦。钦族的另一部分迁到了印度阿萨姆地区。克伦族女性以长颈为美，老幼女性颈部皆戴十几圈至数十圈金环或铜环，该族分为克伦（Kayin）、白克伦（Kayinphyu）、勃雷底（Paleiti）、孟克伦（Monkayin)、色郭克伦（SakawKayin）、德雷勃瓦（Tahleipwa）、勃姑（Paku）、勃外（Bwe）、木奈勃瓦（Mawneipwa）、谋勃瓦（Mpowa）、波克伦（Pokayin）等11个分支。克伦族的"伦"（yin）字，或许可以解读为"人"，如汉语湖南方言把"人民"说成"引民"，该词的两广州粤语，听起来如"羊民"。还有泰语或傣语的"女人"是"普引"（女人，男人为普猜，即"普仔"）。"引"的粤语或温州口音，都是"yang"，只是语调不同。"人"也叫做"侬"（nong，nang）或上海话的"宁"、"银"，闽南话"郎"（lang），马来语或印尼语"哦郎"（olang）等。"伦"字，在温州话里，恰恰是"langh"，可见，有关"人"的种种方言或说法，都有连带关系。但这个问题只是一个小插曲，这里要探讨的是民族分支的名称与人名文化的关系。因为民族分支的最初，也就是兄弟或家族的分家，因此，分支的名称也是探究家族命名方式的切入点，尤其是那些与该民族或家族的自称甚至姓氏有关的分支名称。克伦族称等，就是很好的启发。缅甸虽然没有姓氏，但某些父子连名的形式，还是具有相当于姓氏的功效，如缅甸开国总理吴努（U Nu），其儿子吴翁，女儿丹丹努；法律之父吴欠吞，其子吴衣吞等。有关缅甸人名文化、命名方式等，还可以从民族构成因素及相关文化等进行比较、分析，如与缅族有关的中国彝族，其人名文化就很有可比可鉴之处。

　　吴（U），只是尊称前缀，如果U Nu的儿子还年轻，或没有什么身份，那他只能是"貌翁"或"郭翁"。总之"貌"与"郭"，是名为"翁"的小青年熬成有头面、可以冠"U"之前的冠帽。父子连名对他来说有点不好办，除非父子同名，但先不连也不要紧，他的后代再连还是可以的。从我国的彝族家族连名谱系来看就是这样，如慕阿乌—乌阿摸—阿摸济—摸济补—济补哈—补哈密—哈密果—密果土—果土卓—卓亚合—合阿罗—阿罗濮—罗濮付—付麻觉……阿摸斯洪—斯洪斯尼—斯尼阿邱—阿邱拉玛等，转一圈，又有"阿摸"及至引出"阿邱"，乃至隐含了不能入谱的姓氏"邱摸"。克伦族称名字的延伸与演化，与彝族的命名情况很相似。努与翁父子，也未必一定要连名，如彝族的阿苏拉则家族，就是父女连名，据说是因为他们家的巫术传女不传男。阿苏拉则是传说中的凉山彝族历史上第一位大祭司、彝文的创造者，盛传他的巫术传给他女儿拉则什西，在谱系上，他们的父女连名形式就成为阿苏拉则—拉则什西。这"阿苏"可以看作是这巫父的姓氏，但这姓氏也是从其父辈或祖辈等家族人名演化而来的。到这名女巫再传术给其女儿时，可能又是母女连名了。彝族姓氏比较复杂，也很多，大概有一千来种，其特点是有些不同的姓氏可属一个支系，同一姓氏又可能分属不同支系，如沙马、曲比、乃保、阿约、吉木、阿力、哈马等"海子"支系；阿黑、阿措、阿苦、吉斯等都属于"黑波"支系。严格地说，姓与氏应该分而论之。《通志·氏族略》把姓氏分为二，男子称氏，妊人（女子）称姓。氏的主要作用是别贵贱的，"贵者有氏，贱者有名无氏"。姓用于别婚姻，"故有同姓异姓庶姓之别"。氏同姓不同的，可以通婚；姓同氏不同的不可通婚。不过，这是三代（夏、商、周）以前的事。三代之后姓氏合一，皆用于"别婚姻"。至于贵贱，则以所谓的"地望"区分。同父（少典）与同母（有蟜氏）生的黄帝、炎帝，因居住地（生长环境）不同，成为"异姓"；居于姬水的黄帝"姬姓"，居于姜水的炎帝"姜姓"。可见，当时中国的姓与生长环境有直接的联系，但主要以封赐为准，包括被赐予分封地及至以所领赐的地名为姓。因此，随居者，即使是帝儿、王子，也未必可以同姓，居于姬水者不一定都可以姓姬，而被赐予姬姓者，也不一定要生活在姬水，在轩辕（即少典）的 25 个儿子里，只有青阳与仓林氏得到姓姬的资格。可见古人的姓氏概念与当今截然不同，形成因素也不一样。但在"别婚姻"的用意上是一样的。对彝族来说，只要不同支系都可以通婚，不管姓氏字词是否雷同。至于怎么区分是不是同一支系，只有他们本族人才知道，比如沙马曲比、沙马什衣，或阿力威、阿力曲比、阿力曲术等，为什么与沙马和阿力不是一个支系，或没有关系，等等。

彝族人出来读书、工作、做事等，一般都有汉语名字，通常一入学，班主任都会为之取汉语"书名"，土家人也有上学时起书名的。此外，还有人口登记、普查等，工作人员会走乡入户为彝族同胞"听音记名字"或取比较简易好记的汉名作为本名的补充形式。在一知半解、听不怎么明白的情况下，"沙马"与"哈马"，很有可能都记为"马"，而两字取一，也是学校老师给学生取姓的潜规则，只要两字中有一字看起来像个汉姓，如阿苏，取"苏"；邱摸，取"邱"等。过去彝族土司等，受朝廷任命的地方官员也有被赐汉姓、汉名，或为了方便工作、交流等，自己取了汉名。如彝族末代阿卓土司（雷波千万贯土司）杨代蒂，斯补土司岭光电（牛牛慕理），军政人士陆宗棠（寅发）、张冲（彝姓尼娜）等。还有一种形式是"随"汉人姓，取周边或村子里的汉人姓氏为己姓。如果彝族人娶汉族女子，那么他们的后代通常一出生就有彝名与汉名两个名字，汉名随母姓。这种情况，在缅甸也很常见。

缅甸华人、华裔，一般都有缅甸名字，如德钦党的德钦拉佩，他汉姓曾，祖籍闽南，又名波勒耶。缅甸军政领导人里，缅族与华族组合家庭出生的很多，如前总统奈温（秀貌），其父就是广东人，革命委员会二号人物兼国防军副总参谋长昂基（陈天旺，闽南人）、奈温政权的功臣矿业部长尼尼博士、教育部长陈友才、原饭店与旅游部部长觉巴中将（Kyaw Ba，云南人）、缅甸国家恢复法律与秩序委员会第一秘书兼军事情报局局长钦纽中将（Khin Nyunt，祖籍广东梅县），等等。缅甸人名，尼、苏、奈、觉巴等字音，与彝族人名或姓氏很相近。彝族人的姓氏渊源可归纳为以下几种形式：第一种是以祖先的名字作后辈的姓，如吉克，就是由祖先名字沿用为姓的，再后来子孙多了，就有了阿约、尼色、吉木、吉补等姓氏。彝族自古实行父子连名制，祖先的名字逐渐演变成后代的姓，后代子孙繁衍多了就形成若干支系，后代的名字又逐渐演变成其子孙的姓。从这一点来说，彝族的姓也相当于炎黄时期的氏，倒是彝族的家谱更有当今姓氏的效果，因为从家谱可以看出同一支系的复杂姓氏脉络。第二种是以职业或某种特点、身份等为姓，如乃古、苏呷，前者指能工巧匠、手艺人等，后者"苏呷"原意为富有、富裕之人。第三种是"赤黑"，原先是一种统称，指被卖到彝族的奴隶，或掠夺过来的做奴隶的，因为不是土生土长的彝族，没有彝族姓氏，而被称之为"赤黑"，后来该词逐渐成为一种姓氏。彝族男女老幼都有两个名字，即本名与小名，每个名字由两个以上音节组成。一个完整的彝族姓名要由三个部分组成，即姓氏+小名+本名，如阿措阿合友色，阿措是姓氏，阿合是小名或爱称，友色是本名字。只有本名字才能入家谱甚至族谱。至于怎样称呼，则视亲密与疏远关系而定，长辈对晚辈直呼本名，以表庄重；晚辈对长辈，必须以称谓称呼，或称谓加小名，以示尊敬；平辈之间，可直呼本名，也可以敬称对方小名，但称呼对方小名反而更礼貌；对陌生人或不是很熟的一般人，也可以称呼其姓氏。

据有关统计，缅甸人取名用字总数不到一百个，其中相互拼凑，只要声韵顺口悦耳即可。所以缅甸重名的很多，如丹瑞、昂基、昂巴、昂山、丁吞、丁拉等，就有很多重名的。为了表示区别，往往在名字前或后加上籍贯、工作单位或职业名称等，如 J. A. 貌基爵士、丹瑞大将（Senior Gen. Than Shwe）、著名诗人德钦哥都迈、昂山将军（Gen. Aung San）、昂山之父吴帕（U Pha）、德达耶（Dedaye）农民吴昂巴（U. Aung Ba）的女儿杜埃妙（Daw Aye Mya）、掸邦首领肖恢塔（Sao Shwe Thaike）等。"Shwe"通常译读为"瑞"，因此，Sao Shwe Thaike 也汉译作苏瑞泰。Sao，可能也是一个冠于名字前的"帽子"，但译读为"苏"之后，倒也像一个华人姓氏了，及至"U"为"吴"、"Ko"为"郭"、"Daw"为"杜"等，也都被误读了。就人名与姓氏发展关系与规律来看，或许有一天缅甸的人名也会演化出姓氏，那些以冠代名，或亦冠亦名的冠帽词与名字的组合，必须有所取舍，及至另一种译读形式，如 U Than Shwe 取舍之后成为"乌探"、U Aung San 为"湾桑"、Maung Maung 为"木卯"（M. Mau.）、Maung Aye 为"木埃"（M‐Aye）、Daw Su 为"稻薮"等。不过那样的演变可能会丢失缅甸人名文化中的精华部分，尤其是从"帽"（貌）到"屋"（U）都乱了次序。

菲律宾华人姓氏里的闽式中西合璧文化之透视与解读

菲律宾华人在其汉语名字之外通常还有与当地相应的西式"三节"名字，即本名、母亲姓氏与父姓，或简略为只有本名与姓氏的二节形式。菲华闽式的中西合璧姓氏，是指在以汉语闽南方言为发音基础的汉语姓氏上转换为类似西班牙语字音的改造姓氏。当然，还有从粤式或标准汉语发音改造的姓氏，但占数最多的还是闽式。

闽式发音不仅体现在菲律宾华人姓氏，在菲语日常用语里也有很多是闽式汉语借词，如润饼（lumpia 春卷）、烧包（syopaw 肉包）、扁食（pansít 包馅食物）、锁匙（susì 钥匙）、哥仔/哥亚（kuya 哥哥）、阿姊（ate 姊姊）、木履（baky 木履）、耳钩（hikaw 耳环）、米粉（bihon 米粉）等。括号里的拼音形式，即这些借词在菲律宾语里的形式。除了星期与月份几乎全是西班牙语借词之外，闽式汉语与马来语，为菲律宾语中借词最多的外来语。其次为西班牙语，爪哇语、梵语、阿拉伯语、汉语（京式）、波斯语、塔米尔语等。

只有充分了解闽式汉语发音要领，才能解读菲律宾华人乃至海外其他国家或地区华人的闽式西化的姓氏。例如，一个叫做刘盛光（Liu Seng Kong）的华人，如果他母亲姓邱，他的西式菲律宾本名取"大卫"，那么包括其姓氏的全名就是大卫·邱·刘（David Hiu Liu）。如其母姓陈、许、郑等，则为大卫·陈·刘（David Tan Liu）、大卫·许·刘（David Khaw Liu）大卫·郑·刘（David Tin Liu）等。这还是基本形式，或仅仅是转化的第一步，还不能直接用。接下来还要按照西班牙语或菲律宾（通常按西班牙语）的发音与拼写方式，再进一步转写。

如"陈"的闽音"Tan",听起来犹如"丹",可能会转为"Dan";"许"(Khaw)转为"Co"(科);刘(Liu)转为"Lyu";等等。随着转换前的口音不同,转换后的字音也不尽相同。中国人单音节姓氏与西式的多音节姓氏相比,过于单薄,折中的补救方法往往是将母姓与父姓组合成双音节的中西合璧姓氏置于全名最后。至于中间名字,还得取一个洋名凑数。如大卫·科波菲尔·丹里乌(David Copperfield Danlyu)或大卫·科波菲尔·科里乌(David Copperfield Colyu)。但现在一般都倾向于简略的二节形式,尤其在公众场合或政界公布的名单里等。这里的"科",也译为"柯",即"许",如阿基诺夫人"科拉松"、"柯莉",就与许姓有关。

为了看起来与别人名字不同,中名或双节本名还可以按照菲律宾人仿西造名的方法,按住地名称、家乡地名等,取音造字,如吕宋岛(Luzon Island)、巴延邦(Bayambang),组合成Luzonbayang;该岛的圣克鲁斯(Santa Cruz),则可能为Lusancru;比如假设祖籍是武安大平(Boo Aun Thye Phin),则合之为Bautypin等。仿造西式洋名,也包括圣经人物名字组合,如约瑟(Joseph)、保罗(Paul)、多马(Thomas)等,很可能组合成Jopaulthom或Jopathom。如直接用,通常与"Santo(圣)"组合,如Joseph Santo Paul(英式:约瑟·圣保罗,西班牙式:荷西·圣保罗),Jose Santo Thomas(约瑟·圣多马或荷西·圣托马斯),等等。有一点是必须强调的,这里的Joseph与Jose,如按英语,都是"约瑟";如按西班牙语则都为"荷西",且其前者词尾"ph"在希伯来原文名字里是不发音的。因此,平时常见的译作"约瑟夫"的译法是不对的,而译作"荷西",只能说是因为受西班牙语的借用的特殊限制的特定情况,至于名字前添"圣"的圣经人物名字,那是天主教的说法,基督教没有这样的添法。在美式的人名里,母亲姓氏是作为法定中间名的,最后为父姓,即家族姓氏。如果母亲是第二代华裔,则很可能也有西式名字,包括改造过的"合璧"姓。那么母亲的洋名与改造姓都有可能成为子女的中名。土生华人比较喜欢用英文命名,老一代菲律宾华人如今还沿用中式的命名方式,但也通常会另外取个英文小名便于当地人称呼。如名为Tan Khaw Kong(陈许光)的华人,自我介绍时可能称自己是 Jose Tan 或合并为 Jose Tan Khaw Kong。许多华人也采用西班牙式的双名字，如圣胡安许叶盛（Santo Juan Khaw Yap Seng）。San 或 Santo，都是"圣"的意思，常音译为"桑"、"桑托"，如菲律宾劳工与就业部长帕特里莎·桑托·托马斯（Patricia Santo THOMAS）。

多数菲律宾人以英文或西班牙文命名，不少人还会另外取个菲律宾式的昵称，"如取西班牙名 Rafael（拉斐尔）的男子，在当地的昵称就可能是 Paeng（派恩），在正式场合，菲律宾人会依循美国式的使用模式，即突出姓氏部分"，如名为比尔·昆西·亚当斯（Bill Quincy Adams）的菲律宾男士，在正式场合做自我介绍时会说：I'm Adams Bill Quincy（我是亚当斯·比尔·昆西）。比尔（Bill），是美国很常见的名字，该词原先很可能是一个相当于阿拉伯人或现代马来人的作为亲子"符号"的专用词"Bin"或"Ben"，即"本"，也汉译为"宾"。如前总统克林顿的全名为 William Jefferson "Bill" Clinton（威廉·杰斐逊·"比尔"·克林顿）。但根据其原名 William Jefferson Blythe Ⅲ 来看 Bill，又极有可能是从"Blythe"演化来的昵称。如卡特总统：詹姆斯·厄尔·卡特（James Earl Carter Jr.）的习称是吉米·卡特（Jimmy Carter）。菲律宾人也有昵称，如叮叮、呤呤、咚咚、君君等。君君，来自 Junior，指比较年轻、较小等，常以省略形式 Jr. 或 jr. 置于姓名后，表示同名父子中的子或同姓两人中的较年幼者，如卡特全名。菲律宾有很多带有 Jr. 标志的名字，通常汉译为"小"，但不一定要译出，如荷西·贝内西亚（Jose de VENECIA Jr），或菲律宾国父荷西·黎刹（Jose Rizal）的原名 Allan Pineda Lindo Jr. 等。姓氏部分大写，也是突出姓氏的表现，常见于菲律宾政界人士的名字。其中"de"相当于英语"of"，是不应该译的，有人译之为"德"，而该名字的姓则成为"德贝内西亚"或全名"荷西·德·贝内西亚"，都是因为没有西班牙语知识而走入误区。这里的"Jose"汉译为"荷西"及"VENECIA"译为"贝内西亚"，也是按照西班牙语"j"发如"h"、"v"在开头等发如"b"的习惯。在菲律宾，昵称很时兴，不仅人名有昵称，党政行为、措施等有时也有昵称，如阿罗约推动的宪法改造（Charter Change）也被菲律宾人称为"喳喳"（Cha Cha）。把"Cha"读作"喳"，却也反映菲律宾人的发音习惯。至于双音昵称，那又是一个习惯，即使该词只有一个"Cha"，也会演化成"喳喳"，因为菲律宾人大多喜欢响响亮亮的双音节词。按照菲律宾人的习惯，卡特的昵称也会叫做"君君"。在菲律宾，昵称已具有相当于中国"仲"与"昆"的兄弟姐妹的排行作用。如哥哥的昵称为"叮"、弟或妹的为"咚"等。

菲律宾曾受过西班牙统治长达300年之久，因此菲律宾姓名大多是西班牙式的。菲律宾有子承父姓、妻从夫姓的习惯。如祖籍中国福建龙海县鸿渐村的菲律宾前总统科拉松·阿基诺（Corazon Aquino），她婚前姓名是玛莉亚·科拉松·苏木龙·许寰哥（Maria Corazon Sumulong Cojuanco），嫁给贝尼格诺·阿基诺（Benigno Servillano "Ninoy" Aquino, Jr.）之后的全名是玛莉亚·科拉松·「柯莉」·许寰哥·亚基诺（Maria Corazon "Cory" Cojuangco Aquino）。在这个名字里，三个"Co-"，都可以看作是"许"（Khaw）的转写，那么"科拉松"、"柯莉"（Cory），也可以汉译为许拉松、许莉。苏木龙，可能取之于她本籍、出生地等，在此作为西式名字的"中名"；"许寰哥"或许是改造之后的父亲姓名或家族姓氏；科拉松或许拉松是她的中文姓名的转写，与洋名"玛莉亚"共同组成双节名字，或连同"柯莉"组成三节本名。阿基诺夫人的一系列名字，可说是菲律宾华人闽式中西合璧姓氏的典范。

老挝或泰国称谓词"昭"和"娘"等之解读与探讨

"昭"和"娘",是老挝与泰国冠于人名前的共同称谓词。昭,源于中国周礼中的昭穆文化;娘,亦源于中国古代对女子的指称。娘,作为女性称谓词,是存在于中国的壮族及傣族中的普遍现象。当今日本仍然用汉字"娘"(むすめ)表示"女儿"。"昭"字在老挝与泰国均用于贵族;"娘",单用于平民,与其他字或词组合可用于贵族、皇家等。老挝平民女子名前通常加"娘"(Niang)、平民男子名前通常加"陶"(Thao)作为称呼。昭(Chao)、祧(Tiao)是老挝革命前对贵族的称呼,帕雅(Phagna)为国王所赐称号。泰国平民男子名前加"乃";贵族加"昭披耶"、"帕"等,分高低好几等。

陶,在傣语里是土司直管官的意思,也是对长辈的尊称。后来当过直管官的后代便都沿姓陶。老挝的"祧"(Tiao)也是昭穆文化里的内容。中国周礼中的昭穆文化或昭穆制度主要指"父子有别,长幼有序"及敬老爱幼等。昭穆制度是中国儒家传统思想的重要环节,体现于方方面面,包括宗庙与日常生活、从天子到庶民,均受其制约。如天子七庙,三昭三穆,与太祖之庙而七;诸侯五庙,二昭二穆,与太祖之庙五;大夫三庙,一昭一庙,与太祖之庙而三;士一庙,庶人祭于寝;等等。此外还有庙名、祭拜方式及服饰等,都有所规定。在官家府邸中的体现,如《红楼梦》描写的贾家祖宗神位的摆放,家人簇拥"老祖宗"贾母的前后左右排列次序等。昭穆理论也用于给出战名义定论与约束,如"自天子出"还是"自诸侯出"等,前者为顺应天帝之命的"天讨",后者视为使"天"变得阴霾昏暗的叛乱。

昭穆制度是周朝从天子到庶民普遍采用的一种社会制度。《诗经·周颂·载见》曰："率见昭考，以孝以享，以介眉寿，永言保之。"孝，为仁之本，"孝"与"享"都有尊敬、孝敬、供养的意思。享，也指以熟物致祭。孝，有"享"的意思，如"菲饮食而致孝乎鬼神"（《论语·泰伯》）。这里的"孝乎鬼神"，即以烹熟的食物祭祀鬼神。孝，在《孝经》为"孝，畜也。畜，养也。"享字的篆文为"亯"，尤指宗庙亯献鬼之处，在《广雅》解释为："亯，养也。"后世亯、飨多混用。以孝以享，在《酒诰》里解释为"用孝养父母"。这里的"享"，还可以写作：亨或烹，它们均为古亯字的分化。在古籍中，亨、享、烹三字常常通用。昭穆制度在祭祀上体现的不仅仅是祭祀方式，也强调祭祀的意义乃至孝道精神、宗法制度下的血脉相传及血脉传承与人伦关系等，至少不能没有后代。孟子说："不孝有三，无后为大。"因此，孝，也可以看作是昭穆制度所涵盖的内容或延伸。昭穆，让父子乃至天子与诸侯有别；昭穆，也使长幼或臣民有序。《毛传》云："昭考，武王也。"可知武王在周室庙制属于昭行。《尚书·周书·酒诰》说："乃穆考文王，肇国在西土。"乃言武王之父文王属于穆行。《周礼、春官、小史》："掌邦国之志，奠系世，辨昭穆。若有事，则诏王之忌讳。大祭祀读礼法，史以书叙昭穆之俎簋。"《国语·鲁语》曰："夫宗庙之有昭穆也，以次世之长幼，而等胄之亲疏也。夫祀，昭孝也。各致齐敬於其皇祖，昭孝之至也。故工史书世，宗祝书昭穆，犹恐其逾也。"可见，昭穆也好比周朝王室的礼仪条例、施政工作与行为准则，包括王位继承次序、官职级别等次及宗庙排列等。昭穆制度是中国西周时期贵族礼法中极有特色的组成部分，经过长期的演绎与充实，在东周与汉代又演绎出更多的形式与内涵，其间的异同可作为互补，使昭穆制度变得更加完善。至于昭穆制度的内涵，至今大致有三种归类或说法，一是清代学者江藩的五分法，即庙制、族墓、祭序、赐爵和世系五类；二是当代某些学者的三分法，即墓葬、宗庙、祭祀等宗族活动三方面；三是谢维扬先生的五大类，即昭穆除用于"行辈的标志"、"宗庙的排行"、"赐爵与旅酬的顺序"和"墓葬"外，还有标示"即位次序"的功能。"昭"或"祧"、"乃"、"娘"等，在老挝或泰国人名或爵位头衔中的文化意义与内涵，与"召"、"娘"等在中国傣族人名里文化意义与内涵有着异曲同工的相似性。可见昭穆文化随着中原民族多次南迁，不仅在中国西南边陲有更好的保留，而且早已在异国他乡扎根生长。由此，我们欣慰地看到了昭穆文化在当代的延伸与延续，其内涵虽然有所缩小，但外延及概括性更广了，如中国民间的姓名辈分、傣族的阶层与等级文化、壮族的"贝农"或泰国的"仳侬"文化等，都可以囊括在昭穆里。

在老挝，"昭"（Chao）或"祧"（Tiao）是革命前对贵族的称呼，臣或民是没有资格排昭穆的。这颇符合《国语》中"父为昭，子为穆。僖为闵臣，臣子一例而升闵上，故曰非昭穆也"。作为臣子，原本属于"非昭穆"之列，但还是可以按照父子的顺序给君与臣排昭穆，即君为昭，臣为穆。僖为"闵臣"，应在"穆"级官员之类，但"僖有明德，当为昭。闵次之，当为穆也"。可见有德行的官员还是可以提升为"昭"。那么"昭"又是什么意思呢？"昭，明也，孝道也。"这是《国语》对昭下的定义与解释。"祧"，音"跳"，有拣出来或抽出来的意思，用于祭祀时指挑选祖宗的牌位，尤其是帝王的牌位。当皇嗣不能正常延续时，牌位就得重新摆放。如皇兄即位，那么太上皇的位置就是当过前任皇帝的弟弟，活着尊为太上皇，死后在祖庙里的牌位要按照先皇的位置摆放，且赐予相应的庙号等。而原来的先皇，即他们的共同之皇父则要被祧出去。庙，是祭祀祖先的地方，里面摆放着祖先的牌位。所谓的庙号，即帝王死后，根据其在皇族中的世系，在太庙或宗庙中立室奉祀，并追尊其为某祖、某宗等。但称祖称宗是有条件的，即有功为祖，有德为宗，后来每帝必宗乃至功臣配享太庙等。每帝为宗，也让宗庙有机会升格为太庙。皇庙，如从作用看，就相当于民间的祖庙或祠堂。当今人们总把"庙"与佛教殿宇相混。

昭穆文化的中心思想是孝道，强调以孝道作为行为准则，包括规定皇庙、诸侯庙及士与大夫等庙中的牌位格局等有关礼仪。周礼的祭祀格局与商礼有关，其中的"三昭三穆，与太祖之庙而七"，是指中间放着太祖或开国君主的牌位，左右摆放昭、穆的牌位。根据级别的不同，昭、穆的数量也不同，就形成了天子七庙、诸侯五、士大夫三、士一的格局。祧，也可以看作是处置与判定多出来的牌位的方法，因为"天子七庙",后来有了七世亲尽的说法。所谓的祧,就是把某个祖先的牌位移到别的房间单独祭祀。除了摆放在正中的"太祖"牌位万世不祧之外,剩下的六位昭、穆的牌位,以离天子最近的血缘来选择。在帝嗣正常传承的情况下,如第9代帝王,祭祀太祖和他前6代帝王。到第10代帝王,除了第1代帝王不祧出去,剩下6位祖先的牌位要作一下调整——把离第10代帝王血缘最远的第3代帝王的牌位祧出去,补充以离第10代帝王血缘最近的第9代帝王的牌位。到第11代帝王登基的时候,把离他血缘最远的第4代帝王的牌位祧出去,补充以第10代帝王的牌位,依此类推。那么,"祧",在老挝作为国王对贵族封号名称,也就不难理解了。

　　古代中外贵族,主要由国王封赐产生,东盟国家也不例外,如"昭丕耶"(Chao - Phya)就是泰国国王封赐的贵族最高爵位。此外,还有王族里的"帕翁昭"(Phra - Ong - Chao)、"昭华"(Chao - Fa)、"蒙昭"(Mom - Chao)等。这里的昭,与傣族的"召"用意相似。在越南语里,昭或召,就是孙子的意思,其汉字式的越南文"汉喃"写作"召"与"孙"的组合字,读作"cháu"。在柬埔寨语里,"召"也指孙子,冠于名字前,用于祖辈对孙辈的称呼。召,在傣语里,用于男性乳名,级别为贵族"翁"级。傣族没有姓,只有名及表示辈分、地位、称谓等位于名前的冠词。如召温、岩温,"温"表示其在家排行"老大";前者意思是"贵族、翁级、老大",后者意为"平民、老大"。岩,用于平民男性乳名,也写作"艾",字音均为"ai"。女名也是这样,"依"或"玉"用于女性乳名,"燕"也是老大专用字,假定男女可共用(本文暂不涉及可否共用的问题),试组成"依燕"或"玉燕",意思是"女平民、老大"。到她结婚生子后,则成为"咪艾玛","咪"相当于壮语指代母亲的"乜",表示她是个做了妈妈的女人;"艾玛"是她儿子的名字,儿子身份是平民、家族排行老六。如儿子与别人重名,则还要加上地区、爱好、生理特点等附带说明,如"艾玛赞哈"(爱唱歌的艾玛)、"岩光达弄"(大眼睛的岩光)、"岩温奎龙"(勐龙来的上门女婿岩温)等。以"某某孩子的妈妈"为名字的,不仅傣族,壮族也有这现象。如广西著名神话里的龙母"乜掘",即龙子"特掘"

的妈妈。"特",通常要写作反犬旁,在壮话里表示"男性";"掘"是断的意思,意指该神龙的前身"断尾蛇"。"乜"在此有"妈"或"母"的意思,与傣族"眯"或老挝与泰国的"娘"相同。傣族还有用于女性的贵族"翁"级乳名的"喃",泰国则没有专用于贵族的女性冠词,只能借平民的"娘"(读作Nang)与其他字组合着使用。傣族的土司时代,或古时候的昆明国、大理南昭时期等,其森严的等级制度可说是昭穆文化的极度发挥,其影响之深远,可从老挝及今天的泰国王室的头衔等窥见一斑。至于当今傣族人名,如"艾温"、"岩光"等,除了排辈或标示性别,其他含义可能早已不计较了。

老挝或泰国人也是没有姓氏的,他们的命名方法与傣族大致相同。就泰国却克里王朝来说,从拉玛一世到当今国王拉玛九世,除了其中文名字有姓氏联系之外,其泰式名字几乎都没有相关的。如:

拉玛一世(1737~1809),曼谷王朝第一代国王,原名通銮,又称昭丕耶却克里(Zhao P'ya Chakri),中文名字郑华,谥号帕佛陀约华朱拉洛(P'ra P'utt'a Yot Fa Chulalok);

拉玛二世,依刹罗颂吞(Isara Sunt'orn),进贡称郑佛,谥号帕佛陀洛罗那帕莱(P'ra P'utt'a Loat La Nap'alai);

拉玛三世,策陀皇子(Prince Jett'a),进贡时汉名郑福,谥号帕喃格劳(P'ra Nang Klao);

拉玛四世(1804–1868),暹逻曼谷王朝国王,名为蒙固/孟固/蒙库特(พระบาทสมเด็จพระจอมเกล้าเจ้าอยู่หัว),进贡称郑明,拉玛二世之子,其母苏丽艳特拉为陈姓华裔商人之女;

拉玛五世,名朱拉隆功,中文名郑隆,后世尊称朱拉隆功大帝;

拉玛七世巴差提扑国王,却克里王朝第七位国王,中文名郑光;

拉玛八世,阿南塔·玛希敦国王(1925~1946),中文名郑禧;

泰王拉玛九世陛下(Rama IX),讳名为普密蓬·阿杜德(Bhumibol Adulyadej),却克里(曼谷王朝)第九位国王,现任国王,中文名郑固。

拉玛一世之父是有中国血统的吞武里王朝国王郑昭,其泰语名丕耶·达信。按照汉语闽南方言的发音,"郑"与"信"均读为"Tin",

且"信"在越南语里也是"Tin"。换句话说，郑，也是信；信亦郑。因此，郑昭也叫郑信，不过他不是闽南人，而是广东人，其父郑镛为广东澄海县华富村人，雍正初年南渡暹罗谋生，后来娶暹罗女洛央为妻，1734年生下郑信后不久郑镛去世，郑信被暹罗财政大臣昭丕耶却克里收为养子，长大后任达府府尹（太守），封爵丕耶，故称"丕耶达信"或"达信"清朝档案文献初称甘恩敕，随后称丕雅新，最后称郑昭。郑昭为吞武王朝缔造者，他建立了泰国历史上重要的统一王朝，被泰国人民称为吞武里大帝。吞武里王朝为王子郑华（拉玛一世昭丕耶却克里）所灭。郑华其母为当地华裔，所谓的拉玛一世来自泰国贵族家庭，是由于乃父郑昭被贵族收养的关系，连他的泰国名字与封衔"昭丕耶却克里"均承袭了他养爷爷的。"昭丕耶"也写作"昭披耶"或"昭批耶"，是由国王封赐的泰国贵族最高爵位。其原名"通銮"的"銮"（Luang），则是贵族第四爵位。其谥号前的"帕"（Phra）为贵族第三爵位。及至二世、三世的谥号都有"帕"。

　　三世的谥号"帕喃格劳"（P'ra Nang Klao）中的"喃"与单用于平民女性称谓的"娘"，可能会相混，因为都读作"Nang"。但从傣族"喃"字专用于贵族女性乳名看，至少给"喃"用于贵族有所依据。四世的名字"蒙固/孟固/蒙库特"等，其中的"蒙"或"孟"是王族标志冠词。蒙、昭、帕、坤等都可作为王族标志。通常根据本人与国王的亲疏程度而冠之，如帕娘（Phra-Nang，王后）、昭华（Chao-Fa，太子或公主）、公摩丕耶（Krom-Phya）、公摩帕（Krom-Phra）、公摩銮（Krom-Luang）、公摩坤（Krom-Khun）、公摩万（Krom-Muen）、帕翁昭（Phra-Ong-Chao）、蒙昭（Mom-Chao）、蒙拉差翁（Mom-Rachawong）、蒙銮（Mom-Luang）、蒙（Mom，平民出身妃子）等。傣族也有象征地位或尊称的专用词（字），后来演变为姓氏，主要有罕、金、刀、俸、陶、思等。"罕"是傣族土司家族的姓氏，"罕"在傣语中是黄金、珍贵、金贵、稀"罕之意，开始只是对男性土司的尊称，后来才成为土司家族的姓氏。与"罕"相对应，过去对土司家小姐、太太都尊称"相"，为"宝石"之意。只是"相"没有演变为姓氏。"刀"在傣语中是圣贤、知识、修养、先生、导师之意，也是尊称。后成为版纳土司、德宏土司、官家姓氏。金姓是傣族用汉语金银、金贵的金字为姓，表示其家族富有、富足、宝贵。俸在傣语中是总理、总管、总务的意思，最早姓俸的人都是当过土司衙门总管职务之人，也是土司赐给其最信任、能办事、会办事之人的姓氏。或许有一天，公摩坤、帕翁昭、蒙拉差翁等，这些王族头衔等也会演化为姓氏。从外观来看，泰国人的称号加名字形式，很容易被解读为名＋姓或姓＋名，如泰国政治家和作家、社会行政党主席、已故总理蒙拉差翁·克立·巴莫（Mom-Rachawong Kukrit Pramoj）或克立·巴莫·蒙拉差翁（Kukrit Pramoj Mom-Rachawong）。从谥号来看，泰国人也有僧名。这僧名还有可能影响其俗名的等次或用字选词等，傣族的人名就是这样。可见，傣、泰或寮（老挝），均有着一脉相承的共同文化。

马来、印尼、文莱人名的亲子符号"bin"、"binti"及其官名或称谓之译读与探索

广义的马来人，不仅指马来西亚的主体民族马来人，也包括印尼、文莱及新加坡等国的马来人，其共同点是说马来语。父子连名、父女连名，是马来人名文化的特征，其固定形式即用 bin（本）、binti（本蒂）相连。Bin 意思是某人之子，binti 为某人之女。这两个专用词或其变体 ibn、binte 等，完全可以看作是马来文化的亲子符号或桥梁，桥的前方是子名，桥的后边是父名，共同构成子的"基本"全名，再冠以尊称或头衔等，才是一个人的完整的名字。

简单的马来人名字可以看作没有姓氏，普遍沿用父子连名制。前半部分是自己的名字，后半部分是其父名，中间用 bin（本，……之子）或 binti（本蒂，……之女）隔开，也可以说它们是一组连词。如果除了尊称或头衔，还有三四节且有几个"本"字的，里边就有一个是姓，但这姓也是从某一代祖宗的名字演化而来的，这与阿拉伯人姓名文化有关，后边还会讲到。一般男性名字前面尊称"阿旺"（Awang），朝圣过的男子通常在"阿旺"之后、名字之前加"哈吉"（Haji），两者共同组成名字前的"冠帽"——阿旺·哈吉（Awang Haji）。女性一般在名字前加尊称"达扬"（Dayang），朝圣过的通常称为达扬·哈贾（Dayang Hajjah）。皇室成员及皇室亲属、亲戚等人的名字前加本基兰（Pengiran），非皇室成员的达官显要及有功人士被苏丹（Sultan）赐佩欣（Pehin）或达图（Dato）等封号，他们的夫人则被称为达丁（Datin，拿汀）。当面称呼时，可简称其为本基兰、佩欣、达图、达丁、阿旺、哈吉、哈贾等。哈贾（Hajjah），是女性朝圣后获得的尊称，通常汉译

为"哈嘉"。如文莱苏丹后（王后）本基兰阿纳哈嘉莎丽哈；文莱文化、青年与体育部副部长拿汀·哈嘉·阿迪娜·本蒂·奥斯曼。其中的"哈嘉"即"哈贾"（Hajjah）的常见译词。拿汀，即"达丁"（Datin）的常见译法，拿督是"达图"（Dato 或 Dakuk）是最常见译词。阿迪娜，是本名；本蒂（binti），……之女；奥斯曼，为父名。

用"·"号隔开，是比较正规的人名译写方式。至于"本"（bin）或"本蒂"（binti）等，有些人是省略了的，如文莱苏丹的全名哈吉·哈桑纳尔·博尔基亚·穆伊扎丁·瓦达乌拉（Haji Hassanal Bolkiah Mu'izzadin Waddaulah），简称为哈吉·哈桑纳尔·博尔基亚（Haji Hassanal Bolkiah）。如加上"bin"，两者则为：

Haji Hassanal bin Bolkiah bin Mu'izzadin al Waddaulah；

Haji Hassanal bin Bolkiah。

补写"bin"之后，文莱苏丹的简称汉译为哈吉·哈桑纳尔·本·博尔基亚。全名汉译则为哈吉·哈桑纳尔·本·博尔基亚·本·穆伊扎丁·瓦达乌拉。Haji（哈吉）是由朝圣而得的尊称，第一个 bin 之前为本名，之后为父名；第二个 bin 之后为祖父名；al 之后为姓，如果每一部分不止一节（一个词组），又是另一种情况，如省略父名或祖父名，但最后一般都会是姓，按阿拉伯人名分析就是这样。其简称形式是父子连名制，全名又是父子—祖辈乃至姓氏联合制，而这两种形式都是阿拉伯人名形式。但简称的形式或连名制，也有琢磨不透的地方，尤其是颇为随便的简称。如突尼斯前总统扎因·阿比丁·本·阿里，简称为本·阿里；文莱前苏丹奥马尔·阿里·赛福丁，看起来好像与其子哈桑纳尔没有多大关系，也可能是奥马尔之父名词组多或头衔多，儿孙们又各取不同的部分，以致对不上号，等等。扎因，可能是称号或头衔，阿比丁才是本名，本（bin）后边则是父名。那么，取本·阿里为简称，就没有多大意义，更说不上有什么可代表其家族的特点，因为"阿里"或姓或名在阿拉伯世界已经是太多、太普遍了。文莱人的全名最复杂的是把父名的所有头衔连同父名一起搬到"本"（bin）后边，与自己的本名及头衔等组成一个特别长的名字。如文莱卫生部长丕显·拿督·巴杜卡·阿旺·哈吉·阿德南·本·丕显·拿督·斯里·阿旺·哈吉·穆罕默德·优素福。在这个父子连名里，父与子都有"丕显"，但丕显后的"拿督"不同，前者只是"拿督"，后者是"拿督斯里"，比"拿督"高一级（有关"拿督"等南洋马来语国家的头衔封赐等情况，在《南洋甲必丹》篇里已有另述）。因此，把其父的大名与荣誉一并取来，也是可以理解的，文莱的政界人物大多这样，即使平级或低一级也是这样，如交通部长丕显·拿督·巴杜卡·阿旺·哈吉·阿卜杜拉·本·拿督·巴杜卡·哈吉·巴卡尔、工业与初级资源部长丕显·拿督·斯里·巴杜卡·阿旺·哈吉·叶海亚·本·拿督·巴杜卡·哈吉·巴卡尔、宗教部长本基兰·拿督·斯里·哈吉·穆罕默德·本·本基兰·哈吉·阿卜杜勒·拉赫曼、内政部长丕显·拿督·巴杜卡·斯里·阿旺·哈吉·巴达鲁丁·本·本基兰·拿督·巴杜卡·哈吉·奥斯曼等。巴杜卡，在马来西亚是州内最高勋衔，全称为 Seri Paduka Mahkota Kedah (S. P. M. K.)。获巴杜卡勋位的男士尊称拿督斯里（Dato Seri），夫人尊称杜潘（Tok Puan），于1964年开始设立，受封者不多，前任州务大臣及现任马六甲元首敦赛阿末沙哈布汀即是其中一位。本基兰（Pengiran）是皇室成员或皇亲国戚的标志，冠之于有关人员名字前。如文莱礼节委员会主席兼风俗礼仪局特别任务官本基兰阿默、文莱苏丹后（王后）本基兰沙莉哈、首相署高级部长兼皇太子本基兰阿穆达迪比拉、外交与贸易部长本基兰默哈末柏嘉亲王以及本基兰苏菲里柏嘉亲王等。本基兰，这个称号是一生下来就以命名的方式被冠上的，如2007年3月17日，文莱苏丹的孙子诞生，奉御旨被命名为本基兰阿都文达勤。本基兰，也是阿拉伯人名文化的内容之一，如今阿拉伯人名里还有该标志及称号，只是顺序不同，或者已经演化为人名，如摩洛哥证券公司职业协会主席优素福本基兰。文莱与马来西亚还有统治与被统治的关系，文莱曾经统治过马来沙拉越。1830年沙拉越部分马来人及达雅人掀起反叛文莱统治的热潮，当时的文莱苏丹就派遣其叔父本基兰幕达哈欣到沙拉越平乱。这是史籍上有关"本基兰"与文莱皇室的记载。

马来西亚国家的最高元首也是苏丹，及各州苏丹等，不过选苏丹的方式有些不同。但在人名及称谓、勋衔、头衔等名称与用法上还是颇为一致的，包括 bin 或 binti 及 al 的沿用及省略，乃至表示头衔的丹斯里、敦、拿督等的用法与用意等，如马来西亚最高元首苏丹·米詹·扎因·阿比丁（Suldan Mijan Zain al Abidin）、总理阿卜杜拉·艾哈迈德·巴达维（Abdullah Ahmad Badawi）、国会下议院议长丹斯里·拉姆利·雅·塔利部（Tan Sri Ramli Ngah Talib）、上议院议长丹斯里·阿卜杜尔·哈密德（Tan Sri Dr. ABDUL HAMID bin Pawanteh）、总理兼财政部长及国内安全部长拿督斯里·阿卜杜拉·艾哈迈德·巴达维（Datuk Seri ABDULLAH Ahmad Badawi）、副总理兼国防部长拿督斯里·纳吉布·敦·拉扎克（Dato' Seri NAJIB Tun Razak）、第二财政部长丹斯里·诺尔·穆罕默德·雅各（Tan Sri NOR MOHAMED Yakcop）等。这些人名的特点是用大写字母突出本名，更有利于对两个词的本名的译读与辨认，及其本名与父名的区分。

　　马来人的父子连名制源于阿拉伯人名文化，如奥萨马·本·拉登（Osama bin Laden），按字面的意思就是拉登的儿子奥萨马。"拉登"的本义是"王子"，也作为名字用。不过此处拉登的整个名字已经是简略形式，因为阿拉伯人名还不仅仅是父子相连形式，只要愿意，可以连上祖宗任何一代的名字，这就意味着要用许多个"bin"。至于简略形式，也往往取比较上的祖辈名字，到底取哪一代名字，只有其本人清楚。只有全部写出来才看得出，离本名最近的才是父名。换而言之，Osama bin Laden，这个名字是父子连名形式，但这 bin（本）后边的 Laden 还不一定是其父名，有关情况，将在另一段里举例分析。OBL，是一个很常见的阿拉伯名字，可以把它当一般的人名来分析。假设 bin 后的"Laden"取的就是 Osama 的父名，那么人们平时把他叫做拉登，其实是称呼他父亲的名字。因此，这又是一个误区，因为父名是不可以随便被称呼的，而且还有不敬之嫌，除非人家愿意，或已习惯别人称其父名，或其父很著名，很乐于延续那父名的显赫。也有其他原因或习惯，如现任美国总统奥巴马，其实也是其父名，甚至是他祖父的名字。从他的全名巴拉克·侯赛因·奥巴马（Barack Hussein Obama）来看，很可能是 Barack bin Hussein bin Obama 的省略形式。如迪拜国创始人马克图姆家族（Maktoum bin Bati bin Suhail）既是家族的名字，也是创始人的名字。其字面意思是巴提的儿子、苏海尔的孙子马克图姆，转译成有隔符的通常译名形式，就是马克图姆·本·巴提·本·苏海尔；如省略其中两个"bin"，成为 Maktoum Bati Suhail，汉译为马克图姆·巴提·苏海尔，则刚好是奥巴马的形式。如以语法"格"的理论解释，只要格的位置排列正确，其他的辅助成分还是可以省略的，如果格体现在词尾，那么连顺序都可以打乱。阿拉伯人名的命名方式就含有"本"，甚至好几个"本"，有省略其中一个的，有全省去不要的，如阿拉伯阿拔斯王朝著名散文作家、诗人的全名是艾布 法德里 艾哈迈德 本 侯赛因 白迪尔……就是保留一个"本"的例子，而只用空格隔开，也是汉译的一种形式。译读或解读的最大误区是把第一个圆点隔离符之后的任何字词乃至亲子符号"bin"或"binti"等都看作是姓氏。

Bin，也写作 Ben，在马来西亚、文莱等国，通常用前者；在阿拉伯国家，两者并用，因此通常汉译作"本"。Binti，在文莱也写作 binte；在阿拉伯国家，也写作 Bint。如阿拉伯联合酋长国副总统兼总理、迪拜酋长穆罕默德的夫人（王妃）哈雅公主（Haya Bint Al Hussein），其酋长丈夫穆罕默德·本·拉希德·阿勒马克图姆（Mohammed bin Rashid Al Maktoun），王子哈姆丹·本·穆罕默德·本·拉希德·阿勒马克图姆（Hamdan bin Mohammed bin Rashid Al Maktoum）等。Al 或 el 是阿拉伯语介词，相当于英语的"of"，表示从属关系，有"……的"意思。假如这位王子生子，叫做阿明的，那么他的全名就是在王子的名字前加"本"及本名字，如阿明·本·哈姆丹·本·穆罕默德·本·拉希德·阿勒马克图姆（Hamdan bin Mohammed bin Rashid Al Maktoum）。Bin 或 ben 都是最基本形式，表示亲子关系某人之子的还有"伊本"（ibn）、乌尔德（ould），及表示某人之父的"阿布"（Abu）或某人之母"乌姆"（Um）等。阿拉伯人姓名通常由三节或四节组成。第一节为本人名字，第二节为父名，第三节是祖父名，第四节才是姓。如果只有三节，有可能这第三节就是姓，尤其是"al"之后。分节的方法是"bin"、"ibn"及"al"等之前或之后视为一节，如沙特阿拉伯前国王费萨尔的姓名 Faisail ibn Abdul Aziz ibn Abdul Rahman al Saud，汉译为费萨尔·伊本·阿卜杜勒·阿齐兹·伊本·阿卜杜勒·拉赫曼·沙特。其中，费萨尔是本人名，阿卜杜勒·阿齐兹为父名，阿卜杜勒·拉赫曼为祖父名，沙特为姓。这里，没有把相当于英语"of"的从属关系"al"音译出来是对的。"al"可以不理它，只要心里明白就行了。那么省略亲子符号"ibn"或冠词"al"等的名字，怎么分节，似乎又成问题了，特别是那些两节（两组词，而不是音节）以上的名字。其实很简单，只要把最后一节看作是姓就可以了。汉译的又一误区是把 al 连同后边很可能是姓的一节合译。如本段身边的常见译例"阿勒马克图姆"（Al Maktoum），马克图姆是创建迪拜国的家族，既是家族名称，也是姓。冠以"al"，只不过是强调一下其族源或姓，这样一译，成为改了其族名或姓了，而且从酋长到王子乃至其孙辈等，一直要被改下去。这不仅仅是窜改人家姓名的问题，而是闹国际笑话。

　　阿拉伯人在正式场合用全名，有时可以省略祖父名或父名，简称时只称本人名字。但很多阿拉伯人，尤其是有社会地位的上层人士都简称其姓。如穆罕默德·阿贝德·阿鲁夫·阿拉法特（Mohammed Abed Ar'ouf Arafat）简称阿拉法特；加麦尔·阿卜杜勒·纳赛尔（Gamal Abdul Nasser），简称纳赛尔。阿拉伯人名字前通常带有一些称号，如埃米尔（Amir 或 Emir）有王子、亲王、酋长的意思；伊玛姆（Imam）为清真寺领拜人之意；赛义德（Sayed）指先生、老爷；谢赫（Sheikh）是长老、酋长、村长、族长的意思。这些称号，有的已转为人名。阿拉伯人姓名用词，往往都有一定含义。如穆罕默德（Mohammed）是借用伊斯兰教创始人的名字；马哈茂德（Mahmud）是受赞扬的意思；哈桑（Hassan）是好的意思；阿明（Amin）意为忠诚的；萨利赫意为正直的；等等。阿拉伯词语"伊玛姆"，通常汉译为"伊码目"，是对领导者的尊称。该词在当代，含义为领袖、表率、率领者、楷模、祈祷主持，也可以理解为法学权威，其阿拉伯语原词在阿拉伯世界已很少使用，但在波斯语及汉语词汇里比较多见，各自的具体含义区别很大。由于受伊斯兰教的影响，马来西亚、印度尼西亚、文莱等马来语国家的伊斯兰信众们大多采用阿拉伯人名，尤其是取伊斯兰创始人、先知等的名字作为自己的名字，如阿里（Ali）、穆罕默德（Mohammed）、马哈茂德（Machmud）等。在印度尼西亚，虽说民族众多，宗教信仰各异，其姓名构成比较复杂，但伊斯兰教徒或受伊斯兰教影响较深的地区，如亚齐、加里曼丹、爪哇等地，那里有伊斯兰教色彩的名字就特别多。平民姓名各节之间通常用"本"（bin，某某之子）或"本蒂"（binti，某某之女）连接。在齐亚等地区，只有贵族的姓才代代相传。贵族不但有名有姓，而且还有置于名前的贵族等级尊称，如Sultan、Anak Agung Gede Agung、Raden、Raden Mas等。这里的"Anak"是孩子的意思，其作用也等于bin与binti。平民的姓，每代各异，如阿里·沙斯特罗阿米佐约（Ali Sastro - amidjojo），可以简称"阿里"，也可称"沙斯特罗阿米佐约"，因叫"阿里"的人太多，所以通常都简称为"沙斯特罗阿米佐约"。巴厘岛上的巴厘族信奉印度教，贵族与平民的姓名与上述的爪哇族人类同。基督教徒或受基督教影响较深的苏拉威西岛居民，不分贵族和平民，一般都用基督教名，也有固定的姓。如亨利·亚历克西斯·鲁道夫·蒂拉尔（Henry Alexis Rudolf Tilaar），"蒂拉尔"是姓，其余三节都是名。菲律宾人名也大多是这样，不过"鲁道夫"俨然是个德国人名字。阿拉伯人名，在中国回族里就很普遍，阿拉伯人名文化已随着遍布各地的阿拉伯人影响世界，如"赛义德"（Sayyid或Said）这样的名字在美国校园里或在大型运动赛场上总能找出好几个。

　　赛义德（Sayyid），音译于阿拉伯语，是伊斯兰教职称谓。中国《元史》称之为"赛典赤"、"赛以德"或"赛叶特"等。原意为"首领"、"先生"，转义为"圣裔"。在伊斯兰教之前，该词是阿拉伯部落首领的称谓。后来又作为伊斯兰教对先知穆罕默德之女法蒂玛与阿里所生的后裔的专称，常冠在姓名之前，意为"圣裔"。在穆斯林学者的著作中，凡提到阿里之子哈桑和侯赛因时，总要在他们的名字前加"赛义德"，提到穆罕默德之女法蒂玛和栽娜卜时，总要加"赛义岱"（Sayyi-dah，赛义德的阴性词）以表示他们或她们是圣裔。据沙熬《维吾尔语词典》称，一个赛义德，可以通过任何其他家族妇女，生出赛义德的子子孙孙，让他们都冠以赛义德称号，而且还适用于他们的后裔。赛义德，成为一般人名之后，也就是一个阿拉伯味罢了。阿拉伯或伊斯兰文化，对东南亚国家最显著的影响，恐怕就是人名、朝圣标志，甚至封号等，如马来西亚人名穆塔瓦基尔·安拉·苏丹·马哈茂德·伊斯坎达尔·哈吉·伊卜尼·马胡姆·苏丹·伊斯梅尔（Al - Mutawakkil Alallah

Sultan Mahmood Iskandar al－Haj Ibni al－Marhum Sultan Ismail）。"穆塔瓦基尔·安拉·苏丹"是称号，"哈吉"表示曾到过伊斯兰教圣地麦加朝圣，"马哈茂德·伊斯坎达尔"是本人名，"苏丹·伊斯梅尔"为其父亲的名字和称号，"伊卜尼"（ibni）与阿拉伯人名中的"本"（bin 或 ben）同义，即"某某之子"，"马胡姆"意即"已故的"。这个很长的名字意思是"已故的伊斯梅尔苏丹之子、安拉（伊斯兰教的真主）的继承者、到麦加朝圣过的马哈茂德·伊斯坎达尔苏丹"。这个名字的主要部分才是本名"马哈茂德·伊斯坎达尔"，按平时的习惯，"伊卜尼"（ibni）或"本"（bin）应该紧跟本名字，而"哈吉"（Haji）要位于本名前，但这里的"哈吉"已经是"al－Haj"形式，即相当于英语的"of…"的从属关系，也只能位于后边了。

伊卜尼（ibni），好比蒙古人的亲子符号 -yn 或 -in，也相当于俄罗斯人的"耶维奇"（-evich）、"诺维奇"（-ovich）、"耶芙娜"（-evna）、"诺芙娜"（-ovna）等。其用法都是加在父名后边。如蒙古语中，以"生格"的形式位于父名词尾，如 Zhamsrangin Sambu（扎木斯朗·桑布），意思是"扎木斯朗之子桑布"，汉译时，必须去掉生格词尾"in"，按原形音译。俄罗斯人姓名通常是本人名字＋父称＋姓。如斯大林的全名为约瑟夫·维萨里奥诺维奇·斯大林（Иосиф Виссарио́нович Ста́лин），高尔基原名为阿列克赛·马克西莫维奇·彼什科夫（Алексей Максимович Пещков），列宁夫人为娜杰日达·康斯坦丁诺芙娜·克鲁普斯卡娅（Nadezhda Konstantinovna Krupskaya，拉丁字母转写），奥尔嘉·康斯坦丁诺芙娜（女）大公（Великая Княжна Ольга Константиновна）。其中的"-ович"即"-ovich"；"-овна"即"-ovna"。所谓的父称，就是由父名后面加这些亲子后缀构成。男用名的"-evich"或"-ovich"，及女用名的"-evna"或"-ovna"，去掉这些后缀，就是父名。如契诃夫全名为安东·巴甫洛维奇·契诃夫（Антон Павлович Чехов），其父名"Павл"（巴甫尔）加上亲子男式后缀 -ович，成为"Павлович"（巴甫洛维奇），全名前两项意思是安东是巴甫尔的儿子。契诃夫（Чехов），是姓。俄罗斯人姓氏通常也分为男姓和女姓两种，男姓结尾常用 -ов（-ov），-ев（-ev），-ин

（-in）、-ский（-sky）；女姓结尾常用-ова（-ova）、-ева（-eva）、-ина（-ina）、-ская（-skaya）。比如姓奥斯特洛夫斯基（Островский）的，他的姐妹或女儿就要姓 Островская（奥斯特洛夫斯卡娅）；契诃夫的儿子还姓契诃夫，女儿就要姓契诃娃（Чехова）；列宁的女儿要姓列宁娜（Ленина），如按列宁的本名（原来名字）弗拉基米尔·伊里奇·乌里扬诺夫（Владимир Ильич Ульянов），则为乌里扬诺娃（Ульянова），凡此种种。这些分阴阳的姓氏词缀，与父称的构成方式是一致的，把它们看作是亲子符号的延伸，也未尝不可。

可见亲子符号，本（bin）、本蒂（binti）或伊卜尼（ibni）等不仅仅是东南亚与阿拉伯的人名文化现象，也是我们人类这个地球村上比较广泛的几大区域文化现象，如英美人的父子同名现象、法国的子袭父复姓、意大利的子承父姓等，可比可鉴之处，还有很多，包括马来文化的丰富称号或头衔等，也是多种文化交流与融合乃至吸取的结果。其中，不乏中国文化成分，如官名、官衔、勋衔或称号等，今天听起来，犹如中国的明清时代，有比较熟悉且很容易接受的亲切感。

南洋"甲必丹"、"亭长"、"敦"、"拿督"……

甲必丹，或甲太、甲大，原为葡萄牙语借词，也是英语的"Captain"的音译，本意是首领、船长、舰长、上尉等，如普希金的小说《上尉的女儿》的另一译本就是《甲必丹的女儿》。从后一译名来看，南洋的"甲必丹"至今还与中国近代"版本"一致，如"荷择其贤能者为马腰甲必丹等官，专理华人事务，而审断权仍操自荷人"（清薛福成《出使四国日记·光绪十六年六月三十日》），"内地还有甲必丹，收赋治狱荣巍巍，满奴作了洋奴，奴性相传入脑胚"（清·邹容《革命军》第五章），"榜甲全岛八港，港一甲必丹，皆华人为之，以领华民"（清 龚翼星《光复军志·党会》）。甲必丹，作为南洋华人官名或首领称呼，始于葡萄牙人的"甲必丹制度"，葡人或后来的殖民者荷兰人所指派的华人官吏被称为甲必丹，或专司诉讼租税等华侨事务而无实权者，也称"甲必丹"。因此，甲必丹也作为"洋奴"的代名词，该词在台湾地区指为东洋人卖力的"甲螺"或傀儡"嘉里"。当今马来西亚、文莱等国的甲必丹通常只是对华人社团会长的称呼，当年殖民者指派的甲必丹是可以世袭的。拿督、丹斯里、敦等主要是所在国封赐予有特别贡献的华人的头衔或官衔乃至对官员的尊称。

第一位开拓台湾地区的先锋"开台王"颜思齐（1589~1625），就是载于史册的"甲螺"。颜氏的开拓"业绩"是"引倭屯聚于台，郑芝龙附之，始有居民"。泉州人郑芝龙（1604~1661），号飞黄，小名一官，有飞虹将军的称号，是明末时期以中国南部及日本等地为活跃舞台的商人兼海盗，以所经营的武装海商集团——"一官党"著称。这郑一官发迹于日本平户藩，为当年台湾地区"郑氏王朝"的开创者郑成功之父。在西方文献里则以"I quan（一官）"闻名于世的 Quon、I quon、I quan、E quan 等，均指其人。所谓的甲螺，即头目，尤指汉人被立或被指派，用以管理汉人。这与葡人或荷兰人指立汉人为甲必丹的用意是一样的。

葡萄牙人占领马六甲后，立即设立"甲必丹"制度，荷兰人占领马六甲，继续遵照葡人的制度。甲必丹制，是家父长制与共同体体制折中组合，是欧洲殖民者对殖民地进行"分而治之"及"间接统治"的方式，充分利用原有的传统权力结构治理殖民地行政，及以不改变传统习俗为原则的"甲必丹制"（Captain）。具体做法是赋予原有之地方首领、地主、贵族等权力，由殖民地政府承认其地位，从而得到"有公权"的强制力，以达到政治的控制、经济利益等。其他的种族分别有他们自己的甲必丹。至于商会、社团、帮派等的领袖，有自称甲必丹的，就没有所谓的公权力。甲必丹或华人甲必丹（Kapitan Cina）是葡萄牙与荷兰殖民统治印度尼西亚和马来时期，被殖民政府任命的华侨领袖。15世纪，葡萄牙殖民统治东南亚的马六甲与万丹时，通过分化各民族的政策来间接管理殖民地，而甲必丹就是被委任为管理华侨事务的领袖。16世纪，荷兰东印度公司与英国殖民政府接管马六甲及英属马来亚时期，也沿用相同的管理政策。巴达维亚（今的雅加达）是东南亚有史以来实施甲必丹制度时间最长的地方，早在17世纪，荷兰殖民者委任前万丹甲必丹苏鸣岗（Souw Beng Kong）为巴达维亚第一任甲必丹，直到1945年许金安逝世后，甲必丹制度才在印度尼西亚结束。殖民统治在印尼结束后，Luitenant（中尉，助理人员，副官）、Kapitein（甲必丹）及 Majoor der Chinesen（中国人少校）等，则成为有名无实的荣誉头衔。在马来亚、葡萄牙、荷兰和英国殖民政府都曾经设置甲必丹的职衔，专门负责管理和解决华侨的各种民事纠纷，甲必丹无法解决的问题，则提交由殖民政府处理。到了19世纪，甲必丹在英属马来亚及海峡殖民地的权力与影响力进一步扩大，英国殖民政府设置华民护卫司署（The Chinese Protectorate）直接插手管理华侨事务，在1902年以后不再委任吉隆坡甲必丹，1935年以后，甲必丹制度在英属马来亚全面废除。在沙巴和砂拉越，甲必丹（坡长）是一个被县署（Pejabat Daerah）委任的华人地方领袖，专门负责处理和协调一个数十户住家的华人村落之事务及各种民事纠纷。在17世纪，荷兰殖民者占领台湾后，设置甲必丹制度（Kapita'an）实行番社自治，清末之后则改称为头目。

作为称呼，"甲必丹"也简称为"甲"，如马六甲首任甲必丹郑芳扬"郑甲"（Tin. Kap），吉隆坡首任甲必丹邱秀（Hiu Siew）"邱甲"（Hiu. Kap），霹雳首任甲必丹陈亚汉（Tan Ah Hun）"陈甲"（Tan. Kap）等。郑拼作Tin或Tay，陈读如Tan，是典型的闽南口音拼法，如果是两广的粤语口音则为Chung、Chin，如霹雳第二任甲必丹"郑景贵"（Chung Keng Quee）及第三任甲必丹"陈亚炎"（Chin Ah Yam）。如果后人给他们立墓碑或牌坊，就不能简称，且往往要加上中国的朝代，如"大明甲必丹郑公"（郑芳扬），"大清甲必丹曾公"（曾其禄）等等。坐落于马六甲庙堂街（Temple Street）的中国寺庙式的建筑物青云亭为新马两地历史最悠久的古庙，那里供奉着郑公的"神主牌"及历任甲必丹等的题词"手迹"、功德碑等。青云亭会聚了几乎所有中国古老建筑艺术的装饰手法，集雕、塑、彩、贴、砌、写、画等于一身，每每由历任甲必丹重修或扩建，显得华丽多姿，又俱古色古香。青云亭占地49500平方米，庙宇雄伟庄严，大殿正座供奉观音大士，左右为关帝和天后圣母神座。殿堂四周围以庭院，偏殿祀各神像及孔子像。庙的后进神殿供奉第二任甲必丹李为经的女儿及其次女婿甲必丹曾其禄的塑像。庙前进门处傍碑亭有两块石碑，这是青云亭最古的碑文，立于清康熙二十四年（1685）之"甲必丹李公济博懋勋颂德碑"。庙左侧有二块石碑，一为于康熙四十五年（1706）之"曾公（其禄）德颂碑"。另一块石碑即刻有歌颂"甲必丹蔡士章重兴青云亭碑记"。现存的许多碑铭、匾额及神主牌等都是研究早期东南亚华社的珍贵的史料。青云亭，不仅是历史最悠久的古庙，也是葡萄牙和荷兰统治马六甲时代华人社会的政务、法庭、宗教及精神信仰的中心。当时，任何有关华人的事务都由华人甲必丹去处理。因此葡萄牙和荷兰统治者委任的甲必丹历来都在青云亭设立官署。每当华人遇有难以解决的纠纷诉讼案都告到青云亭去，由甲必丹去秉公审判。历代相承，华人甲必丹每逢朔望即于此开审案件，这青云亭堪称"华人官衙"。而所有甲必丹也都成了当时的大法官。马六甲历任华人甲必丹的执政时期及其生卒年月，因年代久远，册籍遗失，无从考证，现代史家尽能提供十来位甲必丹之名表，如郑芳扬（启基，Tay Hong Yong／Tay Kie Ki）、李为经（君常，Li Wei King／Li Koon Chang）、李正壕（仲坚，Lee Chiang Hou／Lee Chong Kian）、曾其禄（六官，Chan Ki Lock／Chan Lak Kua）、曾宪魁（光辉，Chan Hian Kway／Chan Kwang Hwee）、陈承阳（Tan Seng Yong）、陈起厚（廉，Tan Ki Hou／Tan Siang Lian）、蔡士章（笃平，Chua Su Cheong／Chua Tok Ping）、曾有亮（敬信，Chan Yew Liang／Chan Keng Sin）、曾世芳（佛霖，Chan Sie Hong／Chan Fo Lim）等。日本社会学家今堀诚二（Pro-Imahore Seiji）教授等有关专家认为青云亭是马六甲华侨商业基尔特（Guild）体制。所谓基尔特的组织性质，是指基于华人的体制在同乡关系、同业关系等的社会集团，以相互扶助和法律上之保护为目的，而宗教是具有联系作用，以统一所有阶层成为一体。英国人在1824年接管马六甲，废除了华人甲必丹制度，但华社不愿失去数世纪以来华人传统的领袖制度。遂变通以青云亭亭主取代甲必丹的领导地位，华人社会仍然继续以青云亭作为活动中心。于是这通变的亭主制度就一直延续下来，直到1911年英国海峡殖民地实施华民政务司公署制（Chinese Protectorate），在最后一任亭主陈若淮逝世后，亭主制度才告终止。青云亭的亭主制度实行了91年，共拥护了6位亭主，他们是梁美吉、薛佛记、陈金声、陈明水、陈明岩、陈若淮。亭主制度取消后，由四大理取而代之，处理青云亭的一切决策。最早的大理是傅金忠、曾德才、陈祯禄与罗金水。

青云亭建于17世纪初，拥有约400年的历史，是东南亚区最古老的华人神庙。其侍奉的神明仍然是释、儒、道兼备，既礼佛拜神也尊孔。在正殿内，观音大士居中、保生大帝和天后娘娘坐两侧。侧殿，有文昌帝君、孔夫子、虎爷、太岁等。400年来，青云亭维持的中华传统文化特色，不仅是建筑形式，传统文化中的宗教与习俗至今也仍然在青云亭内进行，许多马六甲人的祈望被寄托于从未间断的香火中。它是马六甲历史城最具生命力的古迹，是活的博物馆。青云亭也是华社历史与文化荟萃的中心。马六甲华社的历任领袖，从17世纪的甲必丹，19世纪的亭主，及至近代的敦陈祯禄，都曾在青云亭坐镇，领导与管理华社的重要事务。这些领袖的历史，也是马六甲华人历史的重要内容。可惜有关他们的文字记载并不多见，尤其是早年的甲必丹们乃至马六甲早期华人史，有据可查的几乎全凭青云亭内的几块碑文了。甲必丹或亭主，不仅是华人首领或"大法官"，也是慈善家。青云亭除附设私塾义学，赠医施药，建桥修路之外，还"给孤独、恤孀婆、惕贫苦、赈灾黎"。深受各族人民的敬仰。历任亭主及甲必丹似乎都有中国"大明"遗老忠臣的志向，在政治立场上高举反清复明的鲜明旗帜，对当地华人社会的公益事业，亦无不尽心竭力。在葡萄牙和荷兰殖民地政府统治马六甲时代，华人社会的民生问题、政务、纠纷等，凡是任何有关华人的事务都归华人甲必丹或亭主仲裁与处理。历来青云亭内都设有官署，每逢朔望，亭主即于署内审理案件。在青云亭的左侧殿内有一个甲必丹李为经"颂德碑"。碑上说，李为经别号君常是鹭江人，因明朝的"国祚沧"而航海南来，在本国停留，并购地"泽及幽冥"，即购置三宝山为义山。石碑年号为"龙飞"，此碑是青云亭内最古老的石碑，竖立的年份是李为经在世期间的1685年。令人费解的是碑上的日期，以"龙飞"为年号。由于中国历史上没有"龙飞"这个年号，一些学者研究认为，这是明朝遗臣或反清义士拒绝使用清朝年号的一种方式。龙是中国皇帝的象征符号，这"飞龙"或许可以理解为"游离于故乡"的龙传人、游龙、游子等。青云亭的后殿，还有其他关于李为经的文字记载，包括石碑、木刻对联和画像等。在青云亭正殿的左边门上，也有一对联，写着"志在春秋扶汉室，光昭日月被人寰"。一些资料显示，此对联为李为经的女婿曾其禄（也称曾六官）所书，由此可见曾其禄也是一名"反清义士"。其实，往日的越南也是这样，如官员们坚持穿戴明朝服饰、抵制清朝装束等，认为"明"才是正统的"汉"，等等。

甲必丹，也俗称为"甲太"或"老太"。能做到甲必丹的都不是一般的华人，如马来西亚雪兰莪最后一位甲必丹叶观盛（1846～1901）。叶观盛祖籍广东江门赤溪，18岁时被卖到马来西亚做矿工，认识了吉隆坡甲必丹叶亚来及著名侨领叶亚石,后来经营矿产业致富。除了做过雪兰莪"末代甲",叶观盛还担任过雪兰莪立法议员、吉隆坡首任卫生局委员,是吉隆坡同善医院创办人,也是吉隆坡广东义山五位创办人之一,曾独资创立赤溪公馆。此外,他还与其他华裔人士一起创办了维多利亚书院、平民医院的"大华楼"等,今天大部分机构仍存在。叶观盛与叶亚来等,均出身贫苦,他们有类似的经历及业绩。作为对"马来亚"的开拓者与卓越贡献者,他们的事迹被记入史册,他们的名字被用以街名,以表永久纪念,如吉隆坡市区内的叶观盛路(Yalan Yap Kwan Seng)、叶亚石路(Jalan Yap Ah Shak)等,都是当地政府为了纪念和表彰这些有特殊贡献与成就的华人而命名的,仅在吉隆坡就有20多条。另外,还有以这些华人的事业或所办的企业乃至籍贯等命名的街、路及地名等,如"砖窑"、"中国河"、"漳州门"等。除了实业,这些甲必丹或华领、华商们也从事慈善。这方面,叶观盛尤为热心,1881年他捐出巨资创建"培善堂",施医赠药,为病人解脱痛苦,独资维持慈善事业达13年之久。1894年,他发动与热心侨胞集资1万多元将培善堂改建为同善医院,并捐出一间店屋充作该院不动产。1894年,面对许多侨胞没有吃住的窘境,叶观盛与几位华裔领袖创建了大华楼收容华人,大华楼设有基金委员会,委员5人,他出任委员会主席。1900年3月,印度发生严重灾荒,哀鸿遍地,当地华裔纷纷捐款救济,叶观盛也捐资1万元,名传东南亚各国。为谋求同乡福利,联络乡谊,叶观盛在任华人甲必丹期间,独资创立赤溪公馆,把赤溪人组织起来,互相帮助,该公馆现仍屹立于吉隆坡苏丹街。叶观盛对教育也十分重视,1894年,维多利亚书院创立,他是创办人之一。当地中外人士为纪念他的功绩,在吉隆坡以他的名字命街名为"惹兰叶观盛街",并用其店号"新就记"命街名,现仍保留。叶观盛逝世之后,人们又建一座"三叶庙"来纪念其功绩,由此可见,叶观盛在雪兰莪州深受爱戴。三叶,即叶亚来、叶志英、叶观盛,他们都做过甲必丹。叶亚来做过吉隆坡甲必丹;叶志英是叶观盛的前任,也做过雪兰莪甲必丹。

如今,作为华人社团负责人、会长的称呼,"甲必丹"一词在印尼、马来西亚等国仍然沿用,如马来西亚刘氏总会青年团总团长甲必丹刘贤远，马来西亚巴沙洲华北同乡会总会会长、天津村村长甲必丹张景程，及至文莱与敦、丹斯理或拿督连用的甲必丹等。此外，还有地位次于甲必丹的"雷珍兰"（Letnan），也是殖民当局封赐予负责处理华侨事务的官职。文莱的"甲必丹"更复杂，往往夹在"丕显"与"拿督"或"丹斯理"之间，共同构成姓名前的官衔，如当今文莱的国会议员"丕显甲必丹拿督吴景进"。拿督的本义据说有长辈、长者、老人、叔、伯、先生等，可作基本的称呼，但没有见单用的例子，一般都作为尊称或头衔冠于名字前，如果还有别的，也都往它前面堆积。没有什么的，就只有"拿督"，如文莱摩拉县县长"拿督哈志莫哈末尤素夫"，除非他已是"敦"或"丹斯里"，则换为后者之一。不过，"拿督"是受封而得的，但作为一个县长，即使没有被封赐，人们为了礼貌也会称其为"拿督"，就像把华人会长等有头面的人物被称为甲必丹一样。"拿督"的获得，有两种情况，Dato' Datu 或 Datuk，下边还会讲到。作为尊称，"拿督"也与功绩荣誉勋章制度相混，如砂拉越之星勇士勋章（Satria Bintang Sarawak）、SBS 勋衔、丕显斯里（Pehin Sri）荣誉头衔（男士），其夫人则获潘斯里（Puan Sri）头衔；砂拉越之星国家领袖勋章（Panglima Negara Bintang Sarawak）、PNBS 勋衔、拿督斯里（Dato' Sri）荣誉头衔，其夫人获拿汀斯里（Datin Sri）勋衔；砂拉越之星效忠领袖勋章（Panglima Setia Bintang Sarawak）、PSBS 勋衔、拿督（Dato'）荣誉头衔，其夫人获拿汀（Datin）。以上是砂拉越之星荣誉勋章系列（Darjah Utama Yang Amat Mulia Bintang Sarawak）。其中，以下几项是没有荣誉头衔的，如砂拉越之星乌达玛勋章（Darja Utama Bintang Sarawak）、DUBS 勋衔；砂拉越之星功臣奖章（Johan Bintang Sarawak）、JBS 勋衔；砂拉越之星丞官奖章（Pegawai Bintang Sarawak）、PBS 勋衔；砂拉越之星有功奖章（Ahli Bintang Sarawak）、ABS 勋衔；砂拉越之星传令管奖章（Bentara Bintang Sarawak）、BBS 勋衔。还有，砂拉越荣誉勋章（Darjah Paduka Seri Sarawak）、DPSS 勋衔，也是没有头衔的。三项不同的砂拉越系列，还有砂拉越翠鸟之星荣誉勋章（Darjah Yang Amat Mulia Bintang Kenyalang Sarawak），如翠鸟之星巴丁宜勋章（Datuk Patinggi Bintang Kenyalang）、DP 勋衔、拿督巴丁宜荣誉头衔，其夫人获拿汀巴丁宜；翠鸟之星阿玛勋章、DA 勋衔、拿督阿玛（Datuk Amar）头衔，夫人获拿汀阿玛（Datin Amar）；翠鸟之星辉煌领袖勋章（Panglima Gemilang Bintang Kenyalang）、PGBK 勋衔、拿督（Datuk）荣誉头衔，其夫人获拿汀（Datin）。然后，又是只有前面两项的，如翠鸟之星功臣奖章（Johan Bintang Kenyalang）、JBK 勋衔；翠鸟之星丞官奖章（Pegwai Bintang Kenyalang）、PBK 勋衔；翠鸟之星有功奖章（Ahli Bintang Kenyalang）、ABK 勋衔。有荣誉勋章还有砂拉越功绩荣誉勋章，只有一个砂拉越功绩勋章（Darjah Jasa Bakti Sarawak）、DJBS 勋衔、拿督（Datu）头衔，夫人获拿汀（Datin）。其他的荣誉奖等还有很多，如公共服务奖章（Pingat Pentadbiran Awam）、英勇表扬奖章（Pingat Jasa Keberanian）、纪念奖章等，这些奖项都是没有荣誉头衔的。纪念奖章也不一定有勋衔，如建国 25 周年纪念奖章（Pingat Bakti Jubki Perak）有 PBJ 勋衔，建国 40 年纪念奖章（Pingat Kemerdekaan Ulangtahun ke–40）则没有等。公共服务奖章，按服务质量，主要有金、银、铜三个大奖，如卓越服务奖章（金奖）[Pingat Perkhidmatan Cemerlang（Emas）]、PPC 勋衔；忠诚服务奖章（银奖）[Pingat Perkhidmatan Bakti（Perak）]、PPB 勋衔；优良服务奖章（铜奖）[Pingat Perkhidmatan Terpuji（Gangsa）]、PPT 勋衔。之后则没有等级，如效忠服务奖章（Pingat Perkhidmatan Setia）、PPS 勋衔。英勇表扬奖章，除了分金、银、铜等名词之外，还在勋衔上标示罗马数字 I II III，如英勇表扬奖章（金奖）[Pingat Perwira Negeri（Emas）]、PPN I 勋衔；英勇表扬奖章（银奖）[Pingat Perwira Negeri（Perak）]、PPN II 勋衔；英勇表扬奖章（铜奖）[Pingat Perwira Negeri（Gangsa）]、PPN III 勋衔等。没有名词的，如英勇奖章（Pingat Keberanian），就只有 PK 勋衔。马来西亚的奖项名目繁多，各个时期或不同地区，有类似、相同或不同的奖项，有的有头衔，有的没有，甚至连勋衔都没有。最令人困惑的是那些以奖项名目缩写的勋衔，如 JBS、PBS、ABS，即砂拉越之星功臣奖勋衔、砂拉越之星丞官奖章勋衔、砂拉越之星有功奖勋衔。如把第一个缩写换成原词，则成为 Johan BS（Johan Bintang Sarawak）、Pegawai BS（Pegawai Bintang Sarawak）、Ahli BS（Ahli Bintang Sarawak），或 Joh. B. S、Peg. B. S、Ahli

B.S.。这样非缩写非全称的勋衔书写形式通常会写在简历里，让人琢磨不透，以为是一项很荣幸的封赐，谁知那里各种奖项多如牛毛。如果以 Ahli B.S 等吹嘘自己的华人，又被称呼为甲必丹，率领所谓的甲必丹代表团访问故乡中国，那就会被认为是更加了不起的人物了，其实这三个勋衔都是没有头衔的，连拿督的边都沾不上。

甲必丹制度废除之后，成为有名无实的荣誉头衔，但具体怎么封赐，也似乎无文献可查。只是说，之后有了"敦"，或者说被"敦"所替代。"敦"是最高的级别，后边是"丹斯里"，再后边或最后是"拿督"。拿督，还要分国王苏丹封赐的"Dato'"与州长颁赐的"Datuk"。当今的"甲必丹"，已相当于"先生"或某某会长等，不仅华人社团里使用，文莱官场、华社及工商业界等还普遍使用，通常都由封赐而得，以至"丕显"、"拿督"等，或只用"拿督"或"丕显"。如文莱国会议员丕显甲必丹拿督吴景进，宫廷大臣丕显甲必丹拿督刘锦国，文莱达鲁萨兰国工业与初级资源部长丕显·拿督·阿旺·哈吉·叶海亚，马来奕县中华商会会长（批发代理/服务业）丕显拿督温瑞祥，文莱第二外交部长丕显拿督林玉成，财政部高级官员拿督卜源生，财政部高级官员（退休）拿督蔡平祥，文莱经济发展局代局长（物业/金融/保险/酒店）拿督王德望，丕显黄迪福（物业），群声音乐社社长拿督林明泰：（金融/汽车/保险/工业/运输/物业发展）；拿督林育弼（曾任民航局长），拿督林育识（医生）。甲必丹之上原本还有一个更高的官职"天猛公"（Temenggung），是马来人诸苏丹国中的一种高级官职，一般负责国中治安，是苏丹宫廷侍卫、警察和军队统领。现已演变为马来西亚和文莱的一种荣誉称号。如文莱华人富商、林姓宗亲会理事长林德甫（1910-1999），曾经是文莱华人领袖，被苏丹册封为天猛公（比丕显甲必丹更高的爵位），为华人在文莱历史上得到的最高头衔。这里的"苏丹"（Sultan）千万不要与指非洲苏丹共和国的"Sudan"相混。苏丹，在马来西亚既指国家高级元首，也指州长，而州长也往往轮流当国家元首，所以有点复杂。在印度尼西亚和文莱，"苏丹"都指国王，有关南洋的苏丹制度等，将在专篇探讨。

敦（Tun），是马来西亚的最高荣誉，全国只可以有 50 人拥有此头衔，华人获此封衔的仅9人。现时最后一位被封为敦的是工艺大学名誉校长暨前政府首席秘书丹斯里阿都拉阿育。在马来西亚拥有敦头衔者，地位最为尊贵。现存华裔敦有前民政党主席，曾任多届内阁部长的敦林敬益医生，前交通部长兼前马华公会总会长敦林良实医生。已逝中比较有名的华裔敦，如马华公会创会总会长敦陈祯禄，马来西亚首任财政部长敦李孝式，前新加坡首席部长敦林有福，前槟城首长、民政党创会主席敦林苍佑医生，首任马六甲州长敦梁宇皋，邮电、交通、劳工及卫生部长及驻美大使兼驻联合国常任代表敦翁毓麟。

丹斯里（Tan Sri），是继"敦"之后第二最高封衔，与拿督斯里是平等荣誉，全国只可以有320人拥有此名衔。如获丹斯里封衔的是男性，他夫人则被称为潘斯里；若获此衔为女性，她丈夫则不会有名衔封赐。现存华裔丹斯里，在马来西亚的东马、西马等地，还有日本、中国的香港和台湾都有。如砂拉越第一副首长、人联党主席丹斯里陈康南医生；前沙拉越及沙巴首席大法官丹斯里沈立强法官；进木行总裁，马福会长、马来西亚《联合日报》副社长、美里羽球协会、美里排球协会顾问丹斯里刘贤威；马来西亚禾德丰集团董事长丹斯里蔡偁友；前拉曼大学校长丹斯里黄丽馁博士；前财政部副部长，马华公会前总部行政主任丹斯里黄思华；香港万邦集团创办人及董事长丹斯里曹文锦博士，受封于1973年；香港远东控股国际有限公司非执行董事丹斯里邱达昌，受封于2005年；日本德建资源有限公司集团主席丹斯里小西史彦；日本财团（Nippon Foundation）主席丹斯里笹川阳平，受封于2010年。

拿督斯里（Dato' Sri / Dato' Seri）是马来西亚州封衔中的最高封衔，是继"敦"之后第二最高国家荣誉。此封衔比拿督高级，与丹斯里是平等荣誉。在马来西亚拥有拿督斯里头衔者地位崇高和尊贵。马来西亚的著名人物、政治家、领导人等，几乎都有头衔。现任马来西亚第六任首相是拿督斯里纳吉·阿都拉萨。第四任前首相马哈迪·莫哈末及第五任前首相阿都拉·巴达威的封号都是拿督斯里，退位后才被王室封衔为"敦"。拥有拿督斯里（Dato' Sri）头衔为男士者，其夫人被赐予拿汀斯里（Datin Sri），如该头衔拥有者为女士，则其配偶没有头衔获赐。至于"拿督"，又分为国王苏丹封赐（Dato'）及州元首封赐（Datuk）两类，尽管汉语译读都是"拿督"。拿督是马来西亚的一种封衔，比太平局绅头衔高级。确切地说，拿督是马来语国家的封衔，如印尼、文莱、新加坡等，有类似或相同语言的国家均有此现象，尽管形式有差异或不尽相同。册封的标准是对国家有杰出贡献，包括球星，如知名华人国际巨星杨紫琼、羽毛球世界排名第一男单球员等，都被封为拿督（二级）。拿督受封仪式都是在王宫进行。在马来西亚有拿督荣衔的人通常都会受到尊敬。拿督封衔有两个级别，Peringkat Pertama（First - Class）为高级拿督；Peringkat Kedua（Second - Class）为二级拿督。若拥有拿督（Dato'）为男士，则其妻子的头衔为拿汀（Datin）；如相反，女士有拿督头衔者，其配偶则不具有任何头衔，即不受连带封赐。由此可见，"拿督"没有男女之分。被封为"拿督"，除了成就与贡献，还有一个不成文的规定，往往30岁以上的人才有机会获得此头衔，如打破这个规定，就可能引起争议。2008年，马来西亚槟城州政府用拿督头衔册封了两个25岁的球星，即壁球王后妮科尔·戴维及北京奥运银牌得主李宗伟，而被民间视为"博取选民欢心的政治伎俩"。

从拿督的级别来看，就够复杂了，还有拿督斯里、拿督与太平局绅等扯在一起，就更让人困惑与难以解读了。太平局绅（Justice of the Peace），也译作太平绅士，是一种源于英国，由政府委任民间人士担任维持社区安宁、防止非法刑罚及处理一些比较简单的法律程序的职衔。太平局绅不论男女，也无须任何学历或资格认证要求。当今英国的英格兰与威尔士、澳大利亚、加拿大、新西兰、美国、马来西亚、新加坡等国家及地区，甚至中国香港特区都有太平局绅制度，但各国或地区对太平局绅的定义与要求皆有区别。香港地区的太平绅士分为官守太平绅士、非官守太平绅士、新界太平绅士三种，三者的产生程序和条件上均有差异，但前两者职能及地位上没有分别，只有新界太平绅士比较特别。官守太平绅士都是公职人士。在政府官员中，通常只有在政府有15年以上经验的副署长、副秘书长或助理署长，才有机会被选为官守太平绅士。此外，全港十八区的民政事务处的民政事务专员，会自动成为"当然官守太平绅士"，以便协助执行职责。非官守太平绅士通常要经过由政务司司长为主席的非官守太平绅士遴选委员会委员做遴选，再由行政长官（回归前则由港督）委任，对委任人选没有特别要求，只要热心公益事务，或对香港社会有贡献即可。新界太平绅士则由政务司司长按认为合适其决定的条款及条件委任。香港地区的太平绅士主要职责是巡视监狱等羁押院所，接受被扣押者的投诉，避免惩教署对扣留人士施行法院判决以外的刑罚。太平绅士可监理和接受市民的宣誓和声明，使该宣誓或声明具有法律效力，包括彩票开奖的监督等。非官守太平绅士还有可能担任各类咨询委员会的委员。与其他由香港特区政府或前港英政府授予的勋衔一样，获委任为太平绅士者可在其名字后加上"JP"字样，作为个人正式头衔之一部分。在香港地区，一般人均视太平绅士为一种身份象征，故此有不少社区人士踊跃捐款、做善事、献爱心或担任义务公职等，以期获委任为太平绅士。早年香港地区的太平绅士亦如其他英联邦国家一样，需要审理案件；如今其职能则完全已被具有法律资历的全职裁判官所取代。太平绅士或太平局绅，可说是殖民花花肠的残余。在马来西亚或马来语国家，已经不把它当回事了，除非还有别的头衔，才置其于名后凑热闹，如大护法拿汀斯里卢翠婷太平局绅，拿督张志刚太平局绅，拿督斯里刘为强太平局绅，等等。"甲必丹"又不同，它越来越像一个地地道道的中国词。随着时代的变迁，该词早已退去与殖民买办或西方洋奴有关的含义，成为一个不带任何政治色彩的中性词，其用于当今文莱官场、马来语国家或华人社区，以及其与"拿督"等的组合等，不仅不别扭，反而更耐人寻味。甲必丹不愧于南洋的开拓者，也是中华文化的传播者，他们的官邸、故居、庙宇、祠堂等均可作为我们研读汉河分支的实例。其功绩及其对当地社会的贡献等，说其是居住国的功臣也不过分。

总之，"甲必丹"或其别称甲太、坡长等，除去其被指派的那点抹不去的历史，剩下的多半是华人领袖、文化使者等，其中佼佼者，甚至可以与郑和齐名。

越南人名的连宗叙谱形式

越南有着根深蒂固的中国古老文化传统，表现为方方面面。其在姓名方面，还包括如历代帝王的庙号、谥号、皇陵名称等均一律汉式。姓名为姓前名后，除单名之外，三字的姓名，中间往往为叙谱字或表性别字，如武氏莲、黎文元、阮福源、陈日煃等。"氏"为女性标志，读作"thi"，相当于阿拉伯语或马来语国家的"本蒂"（binti）；"文"或"辉"、"日"等，都用于男性，相当于上述国家的"本"（bin 或 ben）。

阮福源（Nguyễn Phúc Nguyên）为越南阮朝广南时期（1558~1777）熙宗的名字。熙宗是他的庙号，谥号是显谟光烈温恭明睿翼善绥猷孝文皇帝，陵名为长衍陵（Trường diễn Lăng）。括号内为该组汉字的越南读音，也是其现代越南文的拼写形式，如按汉字正体书写，则为纯汉文形式及汉喃（汉字式的越南文）形式。不过汉喃里也有简化字。阮朝是越南最后一个封建王朝，其年代由统一之后算起。阮朝的广南时期，也叫广南国，是阮朝的前身。阮福源是第三代广南阮王，按庙号被后世称为阮熙宗，他上面的太祖阮潢及太祖上面的肇祖阮淦（gàn），虽说都是单名，没有中间表辈份有叙谱字的"中名"形式，但其"氵"偏旁的"潢"与"淦"也是叙谱方式。甚至字音也可以叙谱，"潢"既可读作"huáng"，也可以读作"guāng"，其与"淦"（gàn）可说是形、音、意兼顾的首选连谱字。其他偏旁也是这样，如任、仁、伉、侃、价、佳等，均可作为连宗排辈用字。熙宗阮福源当政后，把"阮福"定为国姓，即"阮福氏"，他之后的神宗阮福澜、太宗阮福濒、英宗阮福漆、显宗阮福洞、肃宗阮福澍、世宗阮福阔、睿宗阮福淳等，这些谥号某某皇帝的，都以"氵"偏旁字为叙谱排辈的名字。最后两个，谥号为睿节温良英锐明达宣王的阮福晈，及谥号为恭愍英断玄默纬文穆王的阮福昶，既没有"氵"偏旁字，又各自不同，却又有形体乃至词义上的"日"与"白"的联系。阮福，作为双姓，虽说只是阮朝皇家的特定，但却也肩负着双重的意义，既叙了阮朝皇谱，也叙了家谱。如果他们是一般平民，则其相关名字特征也不过是阮氏某家族之连宗方式。

阮朝的广南国到阮福昶时走到了尽头，在沉寂了20多年后又东山再起，此时才开始真正意义上的阮朝（1802～1945），其中包括法属时期与亲日时期。广南阮王宗室后裔阮福映（Nguyễn Phúc Anh，1762～1820年）为此后阮朝的缔造者。阮福映，又名阮映、阮福种，庙号世祖，谥号为开天弘道立纪垂统神文圣武俊德隆功至仁大孝高皇帝，皇陵为千寿陵（Thiên Thọ Lăng），从他开始，阮朝有了年号"嘉隆"。阮世祖上面还有兴祖阮福㫒，谥号为仁明谨厚宽裕温和孝康皇帝，皇陵为基圣陵（Cơ Thánh Lăng）。阮福㫒与阮福映的联宗叙谱形式为"口"与"日"，福映以下大多以"日"包括"曰"乃至"口"等偏旁相叙，如圣祖阮福晈或阮福胆、宪祖阮福暶（阮福锦宗）、翼宗阮福时（阮福洪任）、恭宗阮福膺禛、文郎郡王（谥号）阮福升（阮福洪佚）、简宗阮福昊（阮福膺登、阮福膺祜）、宪宗阮福明（阮福膺（豆历））、景宗阮福昇（阮福膺祺）；怀泽公等，阮福昭（阮福宝嶙）阮福晃（阮福永珊）；弘宗阮福昶（阮福晙、阮福宝嶹）、末皇帝阮福晪（阮福永瑞）等。其中，福膺禛、福膺登、福膺祺，或福永珊、福昶、福永瑞等，可以看作至亲支系脉络的标志。

越南的人名的联宗叙谱形式也带有父子连名，甚至子孙连名性质，以上的"日"或"口"，也可以子子孙孙的"中名"都用其中之一字，或间或选用与之有关的偏旁字。如陈朝（1225～1400），太宗为统天御极隆功茂德显和佑顺神文圣武元孝皇帝，陈煚；圣宗为玄功盛德仁明文武宣孝皇帝，陈晃；仁宗为法天崇道应世化民隆慈显惠圣文神武元明睿孝皇帝，陈昑；英宗为显文睿武钦明仁孝皇帝，陈烇；明宗为章尧文哲皇帝，陈𣖵；宪宗为陈旺；裕宗为陈暭；昏德公为杨日礼（陈日熞）；艺宗为光尧英哲皇帝：陈暊（陈叔明）；睿宗为陈曔（陈日煓）；废帝，废为灵德王，陈晛（陈日炜）；顺宗为陈颙（陈日焜）等。王室续谱字的相连情况也反映了王室的继承情况，比如是父子继承，还是叔侄子继承，或隔代继承，等等。中国的叙谱字通常为一组联句，如：

天地玄黄。宇宙洪荒。日月盈昃。辰宿列张。寒来暑往。秋收冬藏。闰余成岁。律吕调阳。……

少典氏第一代为"天"字辈，炎帝第一代为"地"字辈，黄帝第一代为"玄"字辈，以此类推。这是以千字文排序。民间也是这样，以现成字句或选编字句为叙谱字，如"开国学成子，定启正乾坤。永远仕新邦，德大耀宗长"。就是一个家族二十代的辈序字。联句也可以作为众子的名字，如光宗耀祖或福禄寿喜。假设这一代是"成"字辈，那么四兄弟名字就是成光、成宗、成耀、成祖；如单名则没有续谱字。古人名与字分开，字是名的补充说明，如曹操，字孟德，"德"与"操"出自《荀子》中"夫是之谓德操"；周瑜字公瑾，诸葛瑾字子瑜，"瑾"或"瑜"均指美玉，《左传·宣公十五年》就有"瑾瑜匿瑕，国君含垢"句。赵云，字子龙，取自《周易·乾》中"同声相应，同气相求。水流湿，火就燥。云从龙，风从虎。圣人作而万物睹"。其中，"云从龙，风从虎"比喻事物之间的相互感应。宋朝末年有一位进士就叫"云从龙"，其号"维山"，堪称同朝父子登科，为元朝征南大将军，其父云海，南宋进士，曾任陕西路总管。龙在中国神话里为海中之王，从这个意义来说，云氏父子的名字还是相关相连的。"号"可说是人名的另一表述形式，有号的多为文人、学士、画家等。如陆游，陆放翁；王安石，王半山，字介甫，小字獾郎；李白，字太白，号青莲居士；郑板桥，原名郑燮，字克柔，号板桥；八大山人，朱耷，法名传綮，字刃庵，其别号还有雪个、个山、个山驴、驴屋、人屋、道朗等。王安石为北宋时期中国杰出的政治家、文学家、思想家和改革家，作为文人，他与韩愈、柳宗元、欧阳修、苏洵、苏轼、苏辙、曾巩并称"唐宋八大家"。文人的号，多半是自封或由民间而得，除非是兼政治家或当了官。王安石就属于后者，他的号，除了"半山"，别的均与其得的封赐有关。"半山"为王安石的晚号，晚年他被封为荆国公，逝世后追谥号"文"，世人称其为王文公或王荆公。由于他是临川人，也被称为临川先生。宋时的临川，现为江西抚河上中游的抚州市荆公路邓家巷。江西古时候属于荆楚之地，王安石曾为临江军判官，一生在南北各地做了几任州县官，他得的"荆国公"封号属于"以原籍或发迹地为号"的情况。如田单破燕有功，齐"襄王封田单，号曰安平君"。《索隐》："以单初起安平故以为号。"先秦时期以封地为号很常见，如秦封卫鞅"於商十五邑，号为商君"，魏国以信陵封公子无忌，号信陵君。此外，还有"以功德为号"、"谥号"、"雅号"等，其中只有谥号在世用不到。以德为号，如白起数立战功，秦封为武安君。《正义》说他获武安封号的原因是"言能抚养军士，战必，得百姓安集，故号武安。赵国封乐乘为武襄君"。《正义》："襄，举也，上也。言乐乘功最高也。"又廉颇封为信平君，也是嘉奖他"笃信而平和也"。

　　雅号应分为封赐与非封赐，就其字义而论，可解释于某名称之文雅别称，如书房：书斋、集思堂；书店：佩文斋、会文斋、崇文斋、通学斋；私塾：三味书屋。城市雅号，广州：花城、羊城；重庆：山城、雾都；昆明：春城；等等。人名的雅号，如诗歌之父——屈原；历史之父——司马迁；医圣——张仲景；画圣——吴道子；诗圣——杜甫；文圣——孔丘（孔子）；书圣——王羲之；茶圣——陆羽；诗仙——李白；等等。以上属于非封赐之例，那些得之于封赐的雅号，未必雅，却更重于用意或缘由，如赵悼襄王六年，封长安君以饶阳。楚"以黄歇为相，封为春申君，赐淮北地十二县"。后又改封于吴，而终号春申君。秦封吕不韦于洛阳，号为文信侯。齐封邹忌于下邳，号曰成侯。古人名、字、号及斋室四者之间的关系可概括为名以正体，字以表德，号以明志，斋室寄情。斋室名通常与斋主身份或志趣相符，如老学庵——陆游；聊斋——蒲松龄；残守缺斋——刘鹗；人境庐——黄遵宪；十驾斋——钱大昕；北望斋——张恨水；磨剑室、羿楼——柳亚子；鸳鸯七志斋——于右任；绿林书屋——鲁迅；何妨一下楼——闻一多；犹贤博弈斋——朱自清；百梅书屋——齐白石；三松堂——冯友兰。有时也作为斋主文集的名称，如《聊斋》。现代人也是这样，如中国现代书法家谢云的书斋"笔潮斋"，他的一本诗集就名为《笔潮》。

　　古人名与字的意义几乎都是相近的，如诸葛亮，字孔明，孔有非常的意思，明与亮都有光线充足的意思；张飞，字翼德，益为溢之本体，有涨出、漫出之意，而飞有上升及散发之意；简雍，字宪和，雍与和有和谐的、和睦的意思；马超，字孟起，超与起皆有多过的意思；廖化，本名淳，字元俭，淳与俭都是朴实的意思，而化有使归淳厚，意思相近；黄盖，字公覆，覆及盖有遮蔽、隐藏之意；祖茂，字大荣，茂与荣有繁盛、旺盛的意思；朱治，字君理，治及理有管理、统理之意；张昭，字子布，昭与布都有公开的意思；周泰，字幼平，泰与平都有舒适、安乐的意思；陈武，字子烈，武与烈有勇猛、威猛之意；虞翻，字仲翔，翻与翔都有飞翔的意思；徐晃，字公明，晃与明为光线充足；张辽，字文远，辽和远有遥远的意思；鲁肃，字子敬，肃与敬乃恭敬之意；许攸，字子远，攸通悠，攸有远之意；魏延，字文长，延有长之意；陈到，字叔至，至即是到；庞统，字士元，统与元都有头、为首的意思；夏侯渊，字妙才，渊及妙有精微深奥之意，另学识渊博，才能亦妙；凌统，字公绩，统和绩都有综合的意思。以上可见名与字的互补作用。古人认为取名是件非常严重的事，名不但要伴随人度过一生，而且还与命运有关。通常在婴儿出生三个月后便要取名，由父亲命名并举行郑重仪式，这便是乳名，俗称"小名"。待到入学年龄，再取学名字，即所谓的"本名"，俗称"大名"。俗名还关系到好不好养的问题，民间一般认为取不张扬的字或"贱名"为好，以防招惹鬼魅、邪灵等注意。学名既要讲究字形、字义，又要注意声调的平仄，以便达到形、音、义皆和谐完美。这便是《颜氏家训·风操六》中"名以正体，字以表德"的原则。具体标准则以《左传·桓公六年》中的"名有五，有信、有义、有象、有假、有类"为则。信，即根据出生时的特点、情况来命名，如李白、章得象、黎鳌、李梦阳等，皆以母梦而得名；义，即以祥瑞吉庆的字来命名，古诗句中有"因露寝兮产灵芝，象三德兮瑞应图"，明代书法家张瑞图即取其义；象，即用以物喻志的字来命名，如清代书法家吴飞鹏，鹏为传说中最大的鸟，善高飞；假，即借山川花木等事物的名称来命名，如宋代大诗人、书法家苏轼，"轼"为车箱前扶手横木；类，即用家族、双亲的相关字来命名，如黎森、黎茂、林森、林三木、郑磊、郑石磊、王羲之、王献之等，都是父子相连的名字，包括本文提到的越南阮朝、陈朝帝王世系联宗名字。

  黎淼、黎茂，或王羲之、王献之，其父子名字联系方式是语音的内在联系，即"miao"与"mao"，及"xi"与"xian"的联系；林与郑两组，确切地说是父子同名的曲折形式，同中有异，以别父子，又表达了某对父子同一生日或其他因由之特殊需求。音、义、形等有关人名的种种联系，至今依然是越南人名的联宗续谱形式。

召、达、布等柬埔寨称谓中的"昭穆"文化

中国周礼中的昭穆文化，不仅在傣族和壮族得到空前的延伸与发挥，在越南、老挝、泰国与柬埔寨等东南亚国家均有所延续或突破，柬埔寨的召、达、布等称谓词，就是昭穆文化的鲜明标志。

召，在傣语里过去用于贵族"翁"级男性乳名，相当于该汉字在泰语里的"昭"（Chao），或越南语指孙子的"Cháu"，其汉字式越南文"汉喃"为"召"与"孙"的组合字。昭，在泰语里用于国王封赐贵族的爵位名称，也作为王族成员的亲疏标志，如贵族最高爵位"昭丕耶"（Chao-Phya），王族的"拍翁昭"（Phra-Ong-Chao）、"昭华"（Chao-Fa）、"蒙昭"（Mom-Chao）等。昭，在《国语》里解释为"昭，明也，孝道也"。孝道包括尊老爱幼、长幼有序等，可说是昭穆文化之精髓。傣族土司、贵族等的汉名，多为"刀"姓，或"刀"、"召"相混。"刀"或"岛"也是对土司、头人等的尊称。可见，召、刀两字在傣语里的读音都是"岛"。傣族的"刀"姓，主要有两种情况，一是由尊称"召"的本土口音"刀"变为姓；二是由中国历代朝廷封赐"召"姓，由"训读"而成为听起来像"岛"的"刀"姓。柬埔寨人姓在前名在后，如诺罗敦·西哈努克，"诺罗敦"为姓，"西哈努克"为名；其加教名的全名为诺罗敦·西哈努克"瓦尔曼"；加封号则为森达·柏勒·诺罗敦·西哈努克。因此，名字越长越有地位，贵族通常继承父姓，平民一般以父名为姓，或以祖父名为姓。这就是贵族的姓氏世代相传、平民的姓代代不同的主要原因。

柬埔寨人通常不称呼姓，而喜欢直呼其名，并在名前冠以称谓词，

以示性别、长幼、尊卑等。比如，一个名叫迪班（Tea Banh）的男子，祖父或祖辈们把他叫做"召班"（召意为孙儿）；叔伯们唤他为"克莫依班"（克莫依意思是侄儿）；同辈叫他"邦班"（邦意为兄长）；上了年纪之后被称为"达班"（达意为大伯）或"布班"（布意为叔叔）。布，即汉语"父"的"音变"而成，如壮话的"伯父"（boh），傣语的"波"，越南语的"bô"等。达，相当于汉语称的"大大"、"阿大"等，是对父辈甚至父亲的另一称呼。但在浙江苍南，"阿大"却是对姐姐的称呼。壮话里还有专门指"姐姐"的"女"与"大"的组合字。汉字"父"的越南读音为"Phụ"；父，在越南语里也叫做"Cha"，其汉喃字是上"吒"下"父"的组合字，这里的"Cha"恰恰是温州话"姊"的同音。可见"阿大"与"阿姊"的相混并不偶然。柬埔寨的"布"与傣族的"波"作用是一样的，只是意义有别，前者为叔，"布班"即"班叔"之意；后者（波）为父，如"波艾瑞"，是专用于生子之后的带有称呼词的男子名，其字面意思是"艾瑞之父"。迪班如果犯了罪，或出身低微被人瞧不起者，那么他就会被称为"阿班"，女子则被称为"米新"，阿、米均为蔑称。但一般人家，尤其是农村人家，也常以"阿"冠于小儿名前，以表示亲昵。如果迪班成为有地位者，人们就得尊称他为"洛克班"，即班先生，洛克，指先生。柬埔寨平民的命名一般比较随意，有人以某些水果来命名；有人以日用品，尤其是比较熟悉的物品来取名；还有根据孩子的相貌取名的；有的名字表示一种性格，如"莫特"，意为大胆；有的表示祝福和吉祥，如"吉"，意为胜利、凯旋等，如吉春（Keat Chhon）、苏赛（Suy Sem）。而多数名字是随便起的，没有任何意思，只求顺口。但有地位的人和贵族的名字就比较讲究，以示不同凡俗，如帕花黛维（百花之威）、苏丽亚（阳光）等。柬埔寨人名音节的多寡也表示地位的尊卑，平民多为单音节，贵族的名字往往比较长。随着时代的开明与开放，人们早已不那么讲究了，由于受西方文化影响，很多年轻人已不再受传统观念的束缚，取名用字更追求体现个性化。对国家或政府部门的工作人员而言，以上的种种称谓冠词都可以不计较，因为他们有体面的职位头衔，如内阁办公厅大臣素安（Sok An），内政部大臣韶肯（Sar Kheng），国防部大臣迪班

（Tea Banh），外交与国际合作部大臣贺南洪（Hor Namhong），等等。其中，像"贺南洪"这样明显是华人的名字也很多，如尹春林（Im Chhun Lim）、洪逊霍（Hong Sunhuot）、蔡唐（Chhay Than）、宁万达（Nhim Vanda）、高平（Kol Pheng）、陶兴华（Tao Senghour）等，其拼法多为粤式或闽式。

陶，在老挝是冠于平民男子名前的称呼词，但在傣语里却指土司直管官，同时也是对长辈的尊称。后来当过直管官的便都沿姓陶。这样的情况很多，如召或刀，及罕、金、俸、思等，都是由地位、身份的象征词或尊称演变的姓氏。在傣族，刀，除了与"召"混同，可能还通"昭"或"道"，在傣语中有圣贤、知识、修养、先生、导师之意，也是尊称。后来成为版纳、德宏土司、官家姓氏。罕，在傣语中是黄金、珍贵、金贵、稀罕之意，开始只是对男性土司的尊称，后来才成为土司家族的姓氏。与罕相对应，过去对土司家小姐、太太都尊称"相"，为"宝石"之意。只是"相"没有演变为姓氏。金姓是傣族用汉语金银、金贵的金字为姓，表示其家族富有、富足、宝贵。俸在傣语中是总理、总管、总务的意思，最早姓俸的人都是当过土司衙门总管职务之人，也是土司赐给其最信任、能办事、会办事之人的姓氏。思，在傣语中是虎，意为有虎威，能降虎者等，思姓多在云南德宏傣族景颇族自治州。傣族的尊称或身份象征词与姓氏关系，可说是"昭穆"文化的另一曲折延伸或变向发挥，它的积极意义是让周边国家派生出与之相关的称谓方面的多元文化，同时也使"召"或"昭"等有关汉字有更多的引申意义或理解。

"亚细安"华文

"亚细安"华文奇葩

亚细安，即东南亚国家联盟（Association of Southeast Asian Nations），简称"东盟"的英文缩写"ASEAN"的音译形式，也是东盟国家华文该词颇为一致的形式，如"亚细安外长"（东盟外长）、"中国与亚细安"（中国与东盟）、"亚细安峰会"（东盟峰会）等。东盟国家华文堪称为亚细安华文奇葩，而亚细安华文文艺营的流动营地活动，也好比东盟华文博览会。

亚细安华文文艺营，由新加坡文艺协会发起，它既是东盟华文联盟组织名称，也是该组织每届盛会名称。亚细安文艺营每两年举行一次，各国轮流主办。第一届大会于1988年12月21~24日在新加坡举行，参加大会的有泰国华文作家代表团、马来西亚华文作家协会代表团、印度尼西亚华文作家代表团和菲律宾华文作家代表团等。大会通过决议，在新加坡设立亚细安华文文艺营联络中心，各国设有联络员，并设立亚细安华文文学奖、推选泰国主办第二届亚细安文艺营等。出席每届文艺营的成员国华文作家代表团，一般为6~8个，如图1所示。缺席代表也有寄作品参加的，活动内容包括论文交流、华文作家文学作品展示、书法演示、专题影片欣赏，乃至会后按国别出作品集，等等。每届文艺营都办得很出色，文莱于2002年9月举办了第八届亚细安文艺营，除了论文交流、作品展示和颁发文学奖等与历届类似的活动之外，还有微型小说比赛及有关讲座等。当时文莱还没有华文作家协会，文莱留台同学会写作组把这一届文艺营办得相当成功，让参与者们备受鼓舞。举办这样的活动是不得资助或鼓励的，华文作家们克服种种困难，自力更生，坚持华文创作等活动，凭着自己的执著与使命感在异国他乡开垦、播种，在语言的夹缝里独放异彩。

新加坡文艺协会可说是亚细安华文文艺营的"家"，那里有其联络中心及网站"新加坡文艺协会"（《亚细安华文文艺营专辑》），网址为 http：//www. sgcls. zhongwenlink. com/。

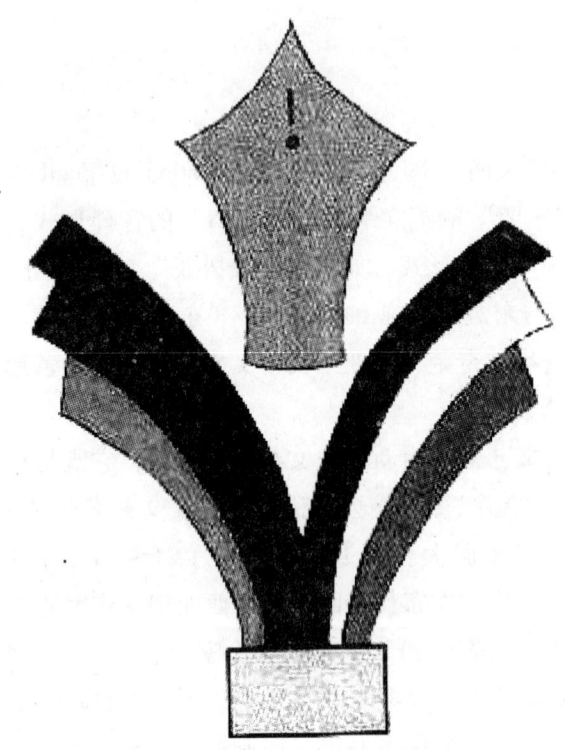

图1　亚细安华文文艺营标志

打开《亚细安华文文艺专辑》网站，有泰国作家、马来西亚作家、印度尼西亚作家、文莱作家、菲律宾作家、新加坡作家、缅甸作家、越南作家、柬埔寨作家、寮国（老挝）作家共十个窗口，窗内展示着"亚细安作家"的作品。这里，"亚细安"即指亚细安华文文艺营，也指阵营里的华文文艺，甚至营内作家，如来自泰国的亚细安作家、来自印度尼西亚的亚细安作家、来自寮国的亚细安作家等，每个窗口都有醒目的"标志"。与中国相比，亚细安华文作家由于生活环境不同，包括语言环境及政治身份等。从而决定亚细安作家的文学视野不同，作品格调也不一样。华文是华人的根，丢了根不仅不被华人认同，也受所在国其他民族所鄙视。所谓的"唐人仔不识唐人字，也不会说唐话"，就是指那些既不懂华文又不会说汉语（包括汉语方言）的华人后代。亚细安作家通常有双重根，一是先天继承来的根，二是后天落脚扎下的根。因此，亚细安作家的乡愁也是双重的，当然，这乡愁不一定是自己的，因为他们是作家，是叙述者，也是代言人。泰国华文作家杨玲把写作的艰辛与执著比作推磨，正如她在贺《小诗磨坊》开篇《湄南河畔》所云：四个365天/我和七位诗兄不停地推磨/磨出四册《小诗磨坊》/甜酸苦辣/尽在其中。

作为东南亚华文文艺营及其作家、作品的代名词，"亚细安"不仅指营内，还应包括营外所有华文作家、作品、文艺组织等，如沙华文学、马华文学、泰华文学、美里笔会等。亚细安作家有共同的乡愁格调，作品透出丰满的古朴之美，如泰国陈博文的《坤西施河好风光》和若萍的《泰海湾的天堂岛》、马来西亚沈庆旺《哭乡的图腾》、田思的环保诗、越南西贡尹玲的诗文、缅甸林子英的《游子中秋》等。椰林、泰式高脚屋，是从前湄南河岸随处可见的美景，可惜这样的美景被现代的民居楼林、商厦、别墅等吞食殆尽。更令人痛心的是，这样的事，随处随地有人照样做、照搬干，除非有明文禁令或打造成了"非文化遗产"。坤西施河两岸尚且保留的一些"古色古香"建筑物乃至隐约在椰林中的粉墙黄瓦与金碧辉煌的佛寺、西式华屋等，似乎是泰国作家陈博文的些许慰藉，同时也勾起他对"现在已绝迹了"的往日湄南河畔的更多的怀念，只有这样的地方才是"乡居福地"。崇尚自然美景、爱护优美环境是人类的美好职责，作家应该站出来呼吁这样的职责。从这一点来说，亚细安作家们更有忧患意识，更有责任感。或者说，他们有更多的乡愁，这乡不仅指居住地、家乡、家园、国土，也包括人类地球大村。在文字方面，亚细安的"坤西施"与中国"西施"的不同，用形象的说法是，西施在他们那里也受到"坤"的尊称，如"坤怀"（姐姐）、"坤伢"（奶奶）、"坤维猜"（维猜先生）等。那么，作为河名，"西施"也同样要冠以"坤"。

《天堂岛》也有同样的乡愁,作者若萍写自己去苏梅岛故地重游,与"洋三毛"背包客同乘一快船。沿途已没有了往日那"辽阔洁白的细沙滩"或"浪花轻轻拍打着椰树成排的岸滩",海天相映也没有了美景,还有那两块天然巨石,差不多要成为苏梅岛标志的"石公石婆"也不知了去向,更不用说到了苏梅岛还能看到有哪条宁静的"蜿蜒在椰林中的狭窄道路"。展现在作者眼前的泰国第三大岛苏梅已不是"纯洁美丽的村姑",她那原本清秀纯朴的脸颊在太多的"庸脂俗粉"及浓妆艳抹侵蚀下,"天然美正在逐渐黯淡、正在褪色"。岛上没有了无边无际的椰林,取而代之的是别墅、商铺与游乐场。苏梅岛成为富人的天堂、游人云集的乐土、现代交通工具的飞驰地,"来往不绝的客车载送游客到各个景点","赤裸上身的洋人开着租来的摩托载着泰女环岛飞驰、嘻哈而过"。苏梅岛灯红酒绿的夜生活更像一幅鬼魅图,酒吧的霓虹灯火将人们摇摇晃晃、曲曲歪歪、手舞足蹈的影子投在长长的马路上和光秃秃的沙滩上。一群拼命扭身子打发时光与消磨力气的人,一个被扭曲被改造的海岛,作者不希望这样,有责任感的地球村公民都不希望这样。人类的过分行为,过多的开发与"打造",甚至商业化的占有,将一个原本"碧蓝清澈海水拥抱"的美丽岛屿扭曲成一块庸俗的消遣地,其结果还导致空气、海水被污染等,直接危害人类生存环境。《哭乡的图腾》,可说是乡愁之最,其诗文之纯、之宁静、之凄美,堪称压倒群芳之作。除了乡愁,还有乡野与城市,部落社会与现代文明的碰撞,民族的困惑与失落,等等。有关该诗作的主题思想与艺术语言等,将在《犀鸟的乡愁》篇里专述。

马来西亚华文作家很活跃,人数也很多,堪称百人作家团。《写作人》是马来西亚华文协会的会刊,也是马来西亚全国性的作家团体"马来西亚华文协会"的前身。马来西亚华文作协自成立以来,自行或协助出版了《作协短篇小说选》、《作家文库》、《高林风响》、《马华文学70年的回顾与前瞻》、《候鸟高飞时》、《90年代马华文学丛书》、《当代马华作家百人传》等多种书刊和文学副刊,包括1993年,北京现代出版社替马华作协理事和会员出版的、被列为"海外华人文学作品集·马华文学选集"的3种集子:小说集《最初的梦魇》、散文集《异乡梦里的手》、

图 2 马来西亚华文作协部分出版物

诗集《阳光·空气·雨水》；与雪兰莪乌鲁冷岳兴安会馆合作出版的《德麟文丛》；由福建鹭江出版社为作协理事出版的《东南亚华文文学大系·马来西亚卷》；与彩虹出版有限公司联合出版的《马华文学大系》；等等。《写作人》季刊于1979年创刊，出版了34期，至1995年改为《马华作家》，不定期出版了10期，至1999年底停刊。后来又改名为《马华文学》继续出版。另外，马华作协自1990年以来，在《南洋商报》、《星洲日报》、《新明日报》及《光华日报》等开辟阵地，以《作协文艺》（后并入《南洋文艺》）、《作协文苑》、《作协春秋》副刊形式刊出会员作品。

马来西亚写作人协会于20世纪70年代末在首都吉隆坡成立，20世纪80年代初改名为马来西亚华文作家协会，简称"大马华文作协"，下设联络处作协柔佛州联委会、作协马六甲州联委会、作协霹雳州联委会、作协北马联委会等。作协于1989年设立了第一届马华文学节，并由吉隆坡暨雪兰莪中华工商总会颁发第一届马来西亚马华文学奖。之后，每两年举办一次的马华文学节，联办团体逐年增加，奖项也有所增添。马华作协在这一首届文学节上还设立了"韦晕马华文学评论奖"。马华作协积极推动华文文学创作活动，包括协助华文报社与热心文艺的华人团体举办各类文体创作比赛，由理事或会员担任评审等工作，或联办戏剧节、讲座会、研讨会、文艺写作营、作家会议等。除了举办研讨会、主题表彰会、马华文学节，马华作协还组团到过新加坡、中国香港、中国台湾、泰国、菲律宾、中国、印度尼西亚等国和地区参加文学活动或进行会谈等。1997年,马华作协和马来西亚文化协会与中国作协达成协议,每隔一年以1对2的方式进行两地作家互访计划,以促进文学交流。1997年以来,马华作协和文协组团访问了北京、河西走廊、宁夏、内蒙古、福建和山东等地;此间(2004年)马协作家团访问印度尼西亚,出席了在万隆召开的"第9届亚细安文艺营"和"第5届世界华文微型小说研讨会"。1983年以来,马华作协与南洋商报联办了7届"写作讲习班"、"悠悠文学之旅"、"文学之夜"等华文创作辅导与培训活动,同时还出版了《第2届写作讲习班学员特辑》、《点的凝聚》(第2届学员作品专辑)、《激流回响》(第3届学员作品专辑)、《悠悠文学之旅》学员作品集。马华作协除了注重对新人的培育,也重视对有成就作家的肯定与鼓励,如表扬方北方、韦晕、原上草的《源头活水》(1988年)、表扬林潮、翠园、云里风的《松竹长青》(1990年)、表扬姚拓、驼铃、吴岸的《峥嵘岁月》(1995年)、表扬14名资深作家的"迈向20年"(1997年)等主题表彰会。

　　主题表彰会、文学奖、作品入选等,既鼓励作家,又扩大影响。《马华文学大系》可说是马华作家丰功伟绩的里程碑。《大系》1996年由作协前任会长云里风开始筹划编写,2002年交由现任会长戴小华继续领导,由李忆莙、陈政欣、马仑、碧澄、小黑、何乃健、沈钧庭、谢川成、李锦宗和柯金德等10位主编负责编纂。筹编8年之久的《马华文学大系》已于2004年5月23日正式出版发行。这套大系共10册,收录1965～1996年期间所发表的小说、散文、诗歌、戏剧、评论及史料等文学作品,总字数有500多万。内容分为:①短篇小说(一)1965～1980;②短篇小说(二)1981～1996;③中篇小说(1965～1996);④散文(一)1965～1980;⑤散文(二)1981～1996;⑥诗歌(一)1965～1980;⑦诗歌(二)1981～1996;⑧评论(1965～1996);⑨史料(1965～1996);⑩戏剧(1965～1996)等。在发行推介礼上,作协会长戴小华致词时说,马华文坛缺乏类似《马华文学大系》的著作,它是一部能代表一个国家历史、民族和文化等发展的记载。她说,这本《马华文学大系》是以多方面的角度编纂,显示1965～1996年这32年间的社会文艺运动、文字的形式、思潮的演变、文字的发展、文学观及美学观等的发展和变迁。

《马华文学大系》是研究马华文学乃至当地不同时代社会、环境、风土人情等的宝贵资料。马华文协给亚细安作家们做了很大的贡献与很好的榜样，我们中国也该出一套这样的大系了，对我国20世纪50年代以来的文学，除了以小说、散文、诗歌等文体分类之外，还可按"红色经典"与"绿色文学"、革命口号体或纯文学或贴意的名目进行区分。中国的如再上溯十几、二十年，还应加上"抗日文学"、"民国文学"等。就抗日文学的题材、背景与作用来说，我国与东南亚国家这方面作品有可比、可互补的很多相近之处。从这一点来看，亚细安作家与中国乃至世界有正义感与爱好和平的华文作家的笔调是一致的。

菲华文学的春华秋实

菲律宾华文文学与中国"五四"时期的新文学一脉相承，它不仅是"亚细安"（东南亚）华文文学的一枝奇葩，也是亚洲乃至世界华文文学的奇葩。菲华文学的辉煌成就，与菲华文坛早期一批学贯中西的作家施颖洲、林健民、杜若、本予、王孔溥等人的出色领导与榜样工作有关，使得半个多世纪以来，菲华文学春华与秋实常年……

施颖洲与林健民是这批"能人"作家中之集大成者，他们的华文文学启迪，最初来自中国五四以后的新文学。施颖洲生于1919年春，福建晋江人，3岁移民菲律宾，长住马尼拉迄今已逾75年，他6岁进侨校，发奋读书，中英文俱佳，德才兼优。早在20世纪30年代初，施颖洲就开始辛勤笔耕，先后发表诗作于厦门、上海等地多家报刊，深受巴金赏识。他精通中、英文，学过法文、西班牙文和世界语，通晓古今诗学，他自己也写诗，其著作等身。1933年开始发表杂文，后来在巴金编辑的《烽火》刊物上发表过新诗及译诗。施颖洲的主要成就在于译诗，他翻译菲律宾民族英雄黎刹的诗《我的诀别》，是菲华文学传播最广泛的译文，译诗被雕刻铜牌，镶嵌在黎刹纪念坛等处。林健民，笔名"林孤帆"，原籍福建晋江，童年时赴菲律宾，17岁回国就读于泉州黎明高中，修完两年学后返菲，时为20世纪30年代初。受到当时任教的巴金、丽尼、陆蠡等人的影响，林健民开始了文学创作，在工作之余，他配合同乡李法西（后任厦门大学教授）在马尼拉组织黑影文艺社，在当时《华侨商报》的周刊，每期发表文学作品；1934～1936年间，先后与李法西等合办及主编文艺月刊《天马》和综合旬刊《海风》等。这些不定期刊物，主要宣传五四新思潮，提倡菲华新文学等，对于菲华新文学的诞生起了不可估量的作用。抗战胜利后，林健民着力从事工商业，取得非凡的成就之后以重资支持菲华文学的发展。20世纪80年代，林健民重返文坛，写出了大量的华文文学作品，同时也将中国古典诗歌英译介绍给菲律宾读者。林健民的大作《菲律宾不流血的革命》，是当今颇受热评与赞扬的现代"爱国史诗"。该书于20世纪80年代末由北京华侨出版社出版。《菲律宾不流血的革命》是研究菲律宾当代华文文学与历史事件或史实的宝贵资料，作品以1986年菲律宾革命为蓝本，表现了菲律宾人民反对独裁统治，马科斯政权土崩瓦解的经过，等等。林健民在散文方面也很有建树，写了许多意境深远的散文，20世纪90年代初中国江苏文艺出版社出版林健民的散文《林健民文集》。菲华文学的发展与壮大，与闽籍华人的卓越贡献分不开。施颖洲、林健民、兰天民等，都是闽籍菲华作家，施颖洲不仅是著名作家，他也是著名翻译家与编辑家，而且是当代在任最长的"总编辑"，他的成就给菲华文坛增添不少花絮与殊荣，更值得一提的是，施老于2004年11月20日在柬埔寨举办的"第十届亚洲华文作家年会"上，荣获"亚洲华文作家文艺基金会"颁发的"文学终身成就奖"，与同样获得过该项殊荣的中国作家巴金、冰心、曹禺、艾青、萧乾、钱钟书、卞之琳等文学大师齐名。兰天民被称为"菲华文坛的拓荒者"，与施颖洲是同省籍、同一代人，唯一不同的是，兰天民成长于家乡福建省厦门市，在厦门大学完成学业，他于1936年自厦门远渡重洋，旅居菲律宾。作为"拓荒者"，兰天民提倡新文化运动，半个世纪以来他主编过多种文学期刊，对菲华文坛"有着特殊的重要贡献"。

菲华文学的卓越成就是全体菲华作家共同努力的结果，它让菲华文学早在20多年前就赢得机遇与殊荣，早在1987年菲华文学就被菲律宾政府接纳为菲律宾国家文学。在"亚细安"（东南亚）华文阵营里，菲华文学是第二个被所在国政府正式接纳的海外华文文学。第一个获得这样殊荣的是新加坡华文文学。菲华文学的成长除了受中国新文学的熏陶、启迪与影响之外，也与一批"南下"的中国作家的直接参与有关。抗战前后，中国作家白刃、杜埃、司马文森等曾一度活跃于菲华文坛，对菲华文学的发展作出很大的贡献。白刃与司马文森的作品有较多的共同点，对菲华新文学的早期创作有很大的影响。白刃是福建晋江永宁村人，他生于石狮；司马文森是泉州人，他们到了菲律宾之后都过着非常艰苦的生活，白刃当过学徒、工人，司马文森做过童工。司马文森1931年回国，白刃1937年回国。白刃在菲律宾期间是20世纪初，他根据自己流浪挨饿的经历创作了内容为德国法西斯迫害犹太人，致使他们在街头流浪，挨饿受冻的小说《饥饿的孩子》。同时他还在当时报刊上发表了反映日本侵略者的祸国殃民的诗作《问明月》，及表现马尼拉街头无家可归者境遇的《灵魂的呻吟》等。司马文森回国后创作了反映侨胞苦难生活的《归来》等许多小说。

爱国或爱旅居地，写第二故乡的本土本色乃至描述华人落地生根与融入当地社会等有关内容，是菲华作家笔下的主要题材，这类题材可归之于"有根"型。另一大类是"无根"或"漂泊"乃至"寻根"型，如云鹤的短诗《野生植物》："有叶/却没有茎/有茎/却没有根/有根/却没有泥土/那是一种野生植物/名字叫/华侨"，或柯清淡的《许愿》："我的心儿/掉落在家园的番薯沟里！/我的灵魂/困留于童伴的眼神中！……/再挥别乡土的我/走经祠堂口/茫然摸着渐稀的斑发/突然迷信地许下愿：/若是有所谓的'转世'/'来生'也要活在此地……"等。这两种类型或两方面题材反映华人社会各阶层生活与心态的两大方面，对旅居国来说，有根华人已是本国公民不可分割的组成部分，甚至是精英、佼佼者。而对菲华文学起表率作用的，也恰恰是这些有根的、事业有成的华人作家，他们的辛勤耕耘与累累收获激励着更多的在菲华人加入笔耕队伍，得到很好的锻炼，乃至成为优秀作家。其中，包括"无根"的代言者云鹤、柯清淡等人。然而对作家来说，不能以"有根"与"无根"划分或衡量，任何作家都可以做不同声音的代言人，或在其作品中反映社会的不同层面等。

菲华作家的共同焦虑与乡愁，是当前菲华文学最主要或最前沿的题材。代表作品有明澈的《赶路人》，月曲了的《雾》，云鹤的《野生植物》等。作为文化的代言人，菲华作家们担心的是文化被同化，包括菲律宾文化及华人自身文化被同化或被淹没等。那么菲律宾文化又是什么？在政治、经济、教育、宗教等几乎完全西化的当今菲律宾，它之前曾经形成过怎么样的文化，谁也说不清。诗人以"太阳"比喻那似乎有过的"菲文化"，但这太阳却已"投海"，融进所谓的文化全球化的浪潮里了。这是菲华诗人明澈在其《赶路人》里的对"太阳"或"赶路人"的尴尬局面的如实与生动描述。菲律宾没有像亚洲其他国家那样形成自己的独特文化，面对西方文化浪潮的冲击，它已经没有选择，只能毫无保留地融入。"太阳已投海自杀了/黑暗从四面八方赶来/那些恐怖的眼睛/正在发光"（明澈《赶路人》，《菲华文艺选集（二）》，菲华文艺总会学术丛书1999年5月出版）。太阳已经没有了感觉，急坏了作家、诗人等"看客"，他们担心西式文化的"塑胶袋"把世界全给打包"TAKE HOME"（带回家）了。

云鹤、月曲了、蓝菱、林泉、和权等，都擅长于新诗，早在20世纪60年代就活跃于菲华文坛，是当时"富有创作实绩和独特性的青年作家"。同时代的作家有擅长于小说的林泥水、庄子明、施柳莺、施约翰，及擅长于散文的林婷婷等。其中，云鹤是佼佼者，他12岁发表诗歌，1959年17岁时出版第一部新诗集《忧郁的五线谱》。之后，三年内又相继出版《秋天里的春天》等三部新诗集。云鹤一开始就将自己的创作定格于现代主义，他浑厚丰实的创作成绩与独特的诗风，奠定了他在20世纪60年代菲华诗坛的突出地位。继而，云鹤转向建筑设计与摄影，成为了国际著名的建筑设计师和摄影家。搁笔15年后云鹤于20世纪80年代以更宽阔的人文胸怀重返诗坛，这时他的主要作品有1985～2002年间先后出版于北京、中国香港和菲律宾的新诗集《野生植物》、《诗影交辉》、《云鹤的诗100首》等。20世纪80年代是菲华文学茁壮成长时期，除了云鹤、林健民等文坛老将，还踊跃着一批冲刺力极强的新手，尤其是女将谢馨、莎士、施柳莺、秋笛、陈琼华等作家的"崛起"，更成为菲华文坛的"一道瞩目的风景线"。20世纪80年代末中国大陆及台湾先后出版了菲华第一本女作家选集《绿帆十二叶》、"菲华女作家卷"《茉莉花串》等。谢馨的诗，寓深刻哲理和广度思考于平常事物；莎士20世纪40年代开始发表作品，是位资深作家及菲华文坛领导人之一，她曾"淡出菲华文坛"，20世纪80年代重返文坛，以"丰富多彩，绚丽多姿"的创作，形成了独特的创作风格；施柳莺主要写身边的人和事，乃至联系菲华社会重大事件，从而"折射出华侨历史的悲剧"，她的作品文字秀美、优雅，篇章精美别致。而这一时期的男性作家主要有刘一氓、江一涯、一乐、陈一匡、明澈、庄垂民、陈默、夏默、柯清淡、黄春安、王勇、陈文进等人，他们与这些女作家同样出色，互为媲美，他们的勤耕细耘与不断创作，把菲华文学推向"亚细安"文营的前沿。

菲律宾不同时期的华文教育、华报、华文文艺

菲律宾的华文教育大致可分为西班牙统治时期、美国统治时期、抗战胜利后、当今华文教育等，共五个时期，其中包括日本占领时的一段空白期。华文报刊可分为：1889年至第二次世界大战前夕、日占时期、抗战胜利后（1945～1949年）、20世纪50年代、1973年以后等，五个时期。华文文艺可分为：只有南音锦曲的早期、1919年以后的萌芽与发展期、文艺社团崭露头角期、20世纪50～70年代文艺活动逐渐开展期、20世纪80年代至今的繁荣期等。

西班牙统治时期，华人在菲律宾所生的子女大多数接受当地教育，只有极少数在教会办的高等学校就学。19世纪中期以后，部分华人将侨生子女带回家乡或聘国内塾师到菲律宾家中授课，接受华文教育。自19世纪末至20世纪40年代，菲律宾从第一所华校发展到120多所华校，拥有一支训练有素的教师队伍，其中有不少教授、文人学士等因战争来自中国，也有很多华侨子女从中国学习归来参加华教。及至20世纪50年代中期，师资来源主要是台湾地区或本地华侨师范专科的学生，由于这些人接受过专业培训，安心从事教学工作，教师队伍仍很稳定。从20世纪60年代中期开始，教师收入普遍微薄，导致教师缺乏，教育质量也大为下降。20世纪80年代之后华教事业有所改观，尤其是近年来通过一些华侨的牵线搭桥，中国沿海地区高校与菲律宾乃至东南亚其他国家的华校频繁交往、互派教师、互赠书籍资料等，促进海外华文教育朝着健全的方向发展。目前，在菲律宾150多家华校中脱颖而出、办得很成功、很齐全的华校，是中正学院，那里囊括幼儿园、小学、初中

与高中、大学与研究院等一应俱全。不仅为菲律宾培育出懂华语的人才，也给华校培育华语教师。

美国统治时期，菲律宾华侨社会开始重视对子女华文教育的重要性，于1899年4月15日，在中国驻菲律宾首任领事陈纲支持下，菲律宾华侨善举公所在甲必丹衙署（领事馆的前身）内办起第一所新式华文学校——小吕宋华侨中西学校，由前清举人鲤城龚绍庭、孝廉晋江人施乾先后担任校长。1911年，该校脱离善举公所独立，杨嘉任首届董事总理，福建石狮人蔡联芳任董事兼第三任校长。长期担任该校校长的也是石狮同乡颜文初。1912年，华侨在港口省城怡朗创办商业学校。1914年12月20日，华侨教育会在马尼拉成立。翌年，菲律宾第二大城宿务市创办了后来东方学院的前身"中华学校"。华侨由办学校到成立华侨教育会，及至由教育会促进办学。至20世纪20年代，由华侨教育会筹资创办的学校已有6所，在校学生2000多人。除以上比较有影响的华校之外，还有1923年由华侨集资创办的马尼拉华侨中学，该校历任董事长多为泉籍华侨。此时，华侨教育会开始脱离善举公所，各华文学校成立董事会，自行管理。华侨教育会职能转化为为华文教育服务，如协助华校筹集经费、聘请教师等。当时石狮人颜长城、泉州城内人庄材保、南安人潘明展博士等就是作为泉州教育界著名教师被聘往菲律宾从事华文教育工作的中国闽籍精英。前两位任马尼拉华侨中学校长数十年；潘博士长期从事华文教育工作，历任菲律宾侨校联合会会长、菲律宾教育文化部顾问等。

自1926年起，菲律宾华校从小学一年级开始试行普通话教学，开展推广华语运动。1934年，马尼拉华侨中学增设高中部，成为菲华最高学府。1938年，惠安人王泉笙又创办了马尼拉中正中学。至1940年，菲律宾全国有华校124所，学生一万多人。日军侵占菲律宾期间，华校不得不停办。抗战胜利后，是菲律宾华校的鼎盛时期，除原有华校复办时增加班级、生员外，华侨们又新开办很多华校。据1957年不完全统计，全菲律宾共有160多所华校，师生4.77万余人；全菲52个省、27个市中，除9个省华侨数量少未创办华校外，其余都有华文学校。著名的有祖籍福建石狮的吴约瑟、吴华昌在宿务创办的中央书院，该校学生最多时曾达2500人。至20世纪60年代后期，全菲共有华校178所，其中最具规模的为宿务中央书院及由华侨中学与中正中学"升格"的马尼拉侨中学院和马尼拉中正学院，这三个学校及其他绝大部分华校的董事会成员和师资大多数是闽籍华侨。然而，好景不长，1973年4月，菲政府颁布总统第176号法令，对一切教育机构作出规定。从此，菲律宾华文学校均转为兼授华文的当地学校。

菲化法案确定了菲律宾华文教育的地位和性质，华校不再是非法的地方或社团学校，而是"国民教育体系的一环"。它再也不是华校，而是"拥有增设华文作为一门外语的菲律宾学校"。名副其实的华校"已在法律容许的范围内消失"，变成不知是公是私的特殊"菲校"。该法案不仅限制华文教育，而且还规定菲化了的华校一天只能教授两个小时华语。这就意味着华文教育再也不能是"海外第一语言教学"，而成为"第二语言教学"了。有人把被"国教"收编或统归的华校称作"妾"或"童养媳"，因为除了条条框框之外，什么也没有人管，让它自生自灭，这就是当今菲律宾华文教育的尴尬局面。要打破这样的局面，只有另辟蹊径，如办私塾、开补习班，甚至寻根之旅——到中国学习、参观、过夏令营，包括跨国校际合作与联合办学等。中正学院的"2+2"，就是成功的例子和模式。华文学习氛围、条件等固然重要，但学习动机或兴趣也不能忽视。对土生华裔来说，学华语往往是"尊崇"长辈们的"意愿"。在母语几乎完全丧失的今天，华语对这一代人来说不过是祖辈们的"族语"，因此动机与兴趣都大打折扣。这是菲华教育，乃至所有海外华文教育的最大悲哀。

早在一千多年前，菲律宾就有中国人，他们无论是客居经商或定居经营，均与当地人民友好相处，共同开发与互通有无，促进贸易与文化交流。根据菲律宾考古发现，两国的贸易史，至迟可追溯到晚唐时期。在菲华人素以闽籍居多，至16世纪80年代前后，福建泉州、漳州等地在马尼拉的闽籍华侨人数一万左右，以后逐渐增多。有华侨的地方就有华夏文化，为了延续与传承中华文化，更为了了解社会、国家与世界大事等，他们迫切需要一份自己看得懂的母语报纸，以便作为交流与了解外界情况与各种信息的无障碍媒介。此情此境，更激起华人的积极性与才智，乃至财力的倾注，他们不仅积极创办华文报刊，也积极发展华文教育。1888年，一个名叫杨汇溪的中国人创办第一份华文报纸——《岷埠华报》；11年以后的1899年，中国驻菲律宾首任总领事陈纲创办了世界上第一所新式华侨学校——小吕宋华侨中西学校，从此开启了华报与华校的新篇章，继而其他华文报刊与华文学校如雨后春笋般陆续出现。

菲律宾华文报纸已有100多年的历史，继《岷埠华报》之后相继出现的华报是20世纪初（1911年）创刊的《公理报》，1919年创刊的《华侨商报》，1942年创刊的《华侨导报》，1944年创刊的《侨商公报》等，共有数十种，这些都是当时华侨主要的华文报纸。1972年，菲律宾政府宣布戒严，查封报社与电台，对新闻实行控制。后来有所松动，原来的报纸与电台又恢复出版与广播。1987年颁布新《宪法》，宣布新闻机构国有化，外国人不能拥有新闻机构，外侨也不能在新闻机构工作。但从后来的情况看却也不是绝对的。总之，在"国控"之后的今天，菲律宾华文报与之前的华报在性质上并不一样，尤其是文化视野。1973年以来，菲律宾的华文报纸有《联合日报》、《世界日报》、《商报》、《菲华日报》等4种。《联合日报》是1973年2月3日戒严后由当时的《大中华日报》与《公理报》联合出版，至2011年已有38年。《世界日报》创刊于1981年6月1日，到现在已有30年。1995年开始实行彩色印刷，是菲律宾第一家彩印的华文报纸。《商报》的前身是《华侨商报》，于1986年6月12日复刊，到现在已有25年。前身为《菲华时报》的《菲华日报》创刊于1983年3月24日，几经易手，至今也有28年。与当地的西报相比，华文报的发行量要少得多。30年来，虽说读者群的华文程度有些下滑、人数有所减少，但近一二十年从中国大陆、台湾与香港去了不少新移民，如今《华文报》的读者群已与过去大致相等。《菲华时报》创刊于1983年3月24日，由祖籍南安的叶双珠出任董事长、社长兼总编辑。1986年2月，报权转给李南文，由石狮人佘明培代管该报，晋江人庄文成任总编辑。该报于1989年初被郑周敏家族出资购下。原名为《华侨商报》的《商报》，现任董事长蔡友铁及董事总经理胡文炳均为石狮人，满族老报人于长庚任社长兼总编，2007年4月19日去世的前一年于老退居幕后，由其侄子于庆文打理菲律宾商报事务。

老报人于长庚与其兄弟均继承其父辈事业，于长庚出生在马尼拉，祖辈是中国北方辽宁满族人，不到两岁时，其父把他与其母送回福州，原因可能是当时的中国与吕宋的生活费差距较大，在家乡可以过比较舒适的生活，后来他们一家搬到厦门鼓浪屿。1936年于长庚母亲病逝，于父把于长庚带到了马尼拉。抵菲后进入其父曾应聘执教的小吕宋中西学校专攻英文，同时也在创校时于父当过教师的菲律宾华侨中学攻读汉文。于长庚在鼓浪屿辍学等待去菲期间，养成看书习惯。阅读的第一本古典小说是《镜花缘》，虽然当时他看不太懂其中的内容，却从此养成喜欢阅读古典书籍的习惯。爱好读书的习惯奠定了他的汉文基础，却也使他对学校正规教育的进程感到不耐烦。"七七卢沟桥事变"时，中国开展抗日救亡运动，不少优秀文化、教育界人士从中国家乡奔赴菲律宾，是菲华教育最蓬勃时期。于长庚在菲律宾国立大学附中读到三年级时，太平洋战争爆发，菲律宾沦陷于日本侵略军的铁蹄下，他一度到洛斯万牛社（Los Banos）菲律宾国立大学农学院专攻农科，主修养鸡课程，打算经营养鸡业。因经验不足，经营不到一年，亏了血本。此后，他进入马尼拉马布亚（Mapua）工程学院电机工程系学习。一年后转入菲律宾国立大学工程学院。但他的学识多半是自己在生活中磨练出来，他的中文和英文也都是自学的。他之所以从事华文报业工作是因为他那在第二次世界大战期间为办报而被日军杀害的父亲于以同。于以同出生在福州，早年来到菲律宾，并于1919年在马尼拉创办了《华侨商报》。

第二次世界大战时日本占领菲律宾，《华侨商报》因为坚持公正翔实报道中国人民的奋勇抗日新闻，成为日本侵略者的"眼中钉"，他们杀害了当时《华侨商报》的社长于以同。于家兄弟扛起先父的担子，再也没有继续自己的学业，转而投身新闻报业工作，为之贡献终身。哥俩都认为应该把《华侨商报》继续办下去，不然对不起其父亲。于家兄弟在菲律宾知名度很高，几乎无人不晓，于家兄弟不畏强权，秉承"不党不偏的公正新闻自由原则"的办报理念与实践深入人心。对于《华侨商报》的发展与方针，于长庚认为，如今，菲律宾的华人已经落地生根，获主流社会接纳，成为多元民族、多元文化构成分子。菲律宾华文报纸固然是全世界华文媒体的一个环节，但更应认清是隶属国家的传媒体系。反映菲律宾多民族、多元文化中的华族心声，才真正符合菲律宾、中国与菲华族裔的利益。作为老报人，于老先生的这些主见或看法，可以作为当今菲律宾华文报纸现状、处境、视野乃至努力方向与怎样看待华报等的高度概括。于长庚强调自己的根在中国，对中国的发展充满希望。晚年，于老旅居加拿大，对于子女教育，他更主张要融入当地社会。于长庚有7个孩子，他们都没有继承父业，且从小没有上华文学校，于先生认为，既然菲律宾是他们今后生活的地方，他们就要融入菲律宾主流社会，要做一个对菲律宾大社会有用的人，那就必须进入主流社会的学校，他深信："孩子长大后，若对中华文化感兴趣，自然会去学习，因为他们毕竟是华族，民族的根是斩不断的。"对于土生土长的华人来说，菲律宾已是生养自己的故土，他们首先想到的更是"大社会"。因此华文教育总被处于次要位置，这种现象不仅在菲律宾，整个东南亚或全球的华文教育与认识也是这样，这也是华文读者群体减少的最根本原因。

华报从报人达到"国控"，一个多世纪以来步履维艰。虽说从1889年到第二次世界大战前，光由福建泉州籍华侨参与创办的报刊就多达25家。但大部分因销路问题，出版仅数月或一二年就停刊。出版时间较长且有影响的报刊，首推1911年春创办的《公理报》，该报原由普智阅书报社筹创，后成为菲律宾中国同盟会、中国国民党驻菲总支部机关报。该报创办初期的总编辑黄振志和曾主持该报笔政的颜文初、黄哲真都是晋江人。1919年，傅无闷主编的《平民日报》问世，该报辟有福建新闻版，资料丰富，印刷清晰，很受华侨欢迎。1919年12月，小吕宋中华商务总会会长李清泉创办《华侨商报》，聘于以同为总编；该报在1922年2月改为日报。1925年，李清泉和老报人吴重生又创办注重经济信息、开展建设新福建、救乡运动等宣传及经常报道泉州侨乡状况的《新闻日报》，成为菲律宾销售量最多的华文报纸。日军侵占菲律宾后，各家报纸都被迫停刊。日本占领时期，菲华抗日团体创办了一系列半公开或"地下"报刊。主要有劳联会创办的《华侨导报》，华商抗日反奸同盟主办的《华侨公报》，华侨抗日反奸大同盟主办的《工作与学习》，华侨抗日游击支队主办的《华侨之光》以及《南岛导报》、《群星壁报》、《战讯》、《自由报》、《解放报》等小报。这些抗日报刊创办人及编辑人员，大多数是福建泉州籍华侨。1945～1949年，先后复刊、创办的华文报刊有27家，大部分都由泉籍华侨主办。20世纪50年代初中期，只有福建惠安人王泉笙、晋江人庄铭渊先后任社长的《公理报》，晋江人柯俊智创办的《大中华日报》以及《华侨商报》、《新闻日报》等几份报刊继续出版。1973年以后，泉籍人士参与创刊的华文报刊主要有：《联合日报》，创刊于1973年2月3日，由《公理报》和《大中华日报》合并而成，晋江人高祖儒、姚乃昆、庄金朝分别任董事长、副董事长、董事与总经理等职，柯俊智、庄铭渊先后任社长，鲤城人郑健魂任总编辑（后为顾问）。《世界日报》，创刊于1981年6月1日，由《华侨商报》部分人员联合《东方日报》和《联谊》周报的报人，在《东方日报》原有的基础上创办。董事会班子成员都是菲华联谊会骨干，他们均为泉州或晋江人，包括现任董事长的施天津，董事、社长吴永源，董事、总经理陈华岳，总编辑陈台民等也是晋江、石狮人。历史上的泉州与晋江是一个概念，鲤城现在是泉州的一个镇；石狮在元代属于"泉州路"，曾经一度改称泉州府。郑健魂、庄铭渊等，可说也是"老报人"。郑健魂、朱世渊、张赖愚、潘仲柔、潘曜人及陈荣祖等人，曾经先后担任民国时期《泉州日报》的社长、发行人等职务。庄铭渊，祖籍福建晋江青阳，生于1923年3月17日，1993年12月8日去世，享年71岁。庄老先生自幼秉承庭训，在家乡接受启蒙教育，1942年18岁时，出任青阳乡乡长，继而历任晋江县党部干事、秘书等职，为官"公忠恳挚，清廉守正，乡梓称誉"。1948年庄铭渊南渡菲律宾，曾任国民党菲总支部书记长，20世纪50年代初期与宗亲庄金朝接办《公理报》，担任社长至菲国实施军事管制时期，其间在困境中致力于经营，锐意开拓，历经两次回禄之灾，以其百折不挠之毅力，俱能逢凶化吉，履险如夷。菲国军管以后，其父庄儒先生担任董事长的《联合日报》获准出版发行，庄老先生续任社长，毕生为报业效力，为社会服务，宏扬中华文化，推动文艺运动，勋绩卓著，声誉崇隆，他燃烧的生命点亮了40载的菲华新闻事业,直至生命蜡烛的最后一节。其生平事迹编入《菲律宾华文报史稿》之《惊涛骇浪 中流砥柱（1960~1969）》报人小传专栏。可见菲华老报人中不乏为官为报或经历丰富的报业世家,他们将中国家乡的办报理念与人文思想及中华文化和华文教育等同时带进菲律宾。

菲华报业的发展及成就与这些老报人的毕生投入分不开,而菲华报刊与菲华学校共同发展的同时也推动了菲华文艺的发展与壮大。然而,早期菲律宾华侨文化程度通常都不高,除了从故乡带去的南音锦曲外,文艺创作几乎是一片空白。1919年以后,受"五四"新文化运动影响,菲律宾华文文艺进入酝酿期。20世纪20年代初,桂华山、王雨亭首先将华语电影输入马尼拉。南音锦曲传统曲艺也逐渐形成丝竹、桑林两大体系。20世纪20年代后期,各华文报刊先后开辟副刊,以转载中国国内报刊诗文、小说居多,但也有少量华侨作品。其中以颜文初作品最多。他在菲律宾及上海等地刊物上发表了不少文章,并编撰《中西学校三十周年纪念刊》及一些教育刊物和教科书。抗日战争爆发,各报竞相发表抗日救亡文章,推动了菲华文学艺术的发展。抗战胜利后,菲华社会建立了一些文学艺术社团,并于1950年成立菲华文艺工作者联合会（初成立时称为菲律宾华侨文艺工作者联合会）。20世纪50年代至1972年,菲华文艺活动逐渐展开,其中著名的泉籍作家、书画家、作曲家、指挥家主要有：苏警予,南安人,曾任菲诗社"籁社"首届社长,系著名诗人、书法家,著有《唐人律诗之研究》及诗集30余部。施颖洲,晋江人,历任《新时代》（英文报）、《中正日报》、《大中华日报》、《联合日报》总编辑。现任菲华文艺协会常务理事、亚洲华文作家协会菲律宾分会名誉会长。蔡景福,晋江人,出生于菲律宾,著有小说集《椰子成熟的时候》、诗集《情诗三十首》等。苏德西,晋江人,已出版《机缘》、《血腥恋》等作品专集。黄珍玲,晋江人,现任亚洲华文作协菲律宾分会理事长兼秘书长、菲华文艺协会秘书长。叶来城,南安人,现任亚洲华文作协菲律宾分会常务理事。施清泽,晋江人,任辛垦文艺社社长。蔡景龙,晋江人,现任耕园文艺社常务理事。黄碧兰,晋江人,现任耕园文艺社理事。范鸣英,晋江人,菲华文艺协会学术组长。任世光,生于鲤城,曾任亚洲艺术学院院长、任远书画社社长,首创人物字像,曾编写过孙中山、黎刹、陈嘉庚等人的简史字像。鲤城人蔡继琨,20世纪50年代受聘为马尼拉交响乐团指挥兼音乐指导,曾获联合国教科文组织优良服务奖及一系列指挥奖、杰出服务奖。刘鸿沟,生于鲤城,现任菲律宾大学音乐院和菲律宾女子大学音乐教授,曾将富有特色的南乐声腔、韵律及其独特的音符,按五线谱译成《闽南音乐指谱全集》,为国际音乐界所推崇。吴明辉,晋江人,历任菲律宾国风郎君社等25个社团的顾问,先后汇编的《南管指谱全集》、《南乐锦曲选集》、《南乐锦曲续集》等书都问世。

菲律宾华文文学继中国"五四"新文化运动之后开始出现,与中国"五四"新文学有着根深蒂固的联系,把它看作是中国"五四"文学的海外分枝也未曾不可。菲华文学从出现至今已走过70多年的风风雨雨、坎坎坷坷历程,如今它早已走出与华报和华校同样受制约的阴影,走出一条适合自身发展的道路,甚至走向"亚细安"乃至世界华文文学的前沿。菲华文学、文艺、华报等与中国文学、戏剧、进步报刊等,在抗日战争时期,可说是"兄弟加战友"关系。当时处于日本铁蹄之下的菲律宾侨胞与中国人民肩并肩、拧成一股绳子,共同对付日寇,在华报被迫停办时,还以地下报刊的形式继续宣传中国的抗日精神、报道抗日新闻等,成为中国抗日的海外"大后方"。1931年"九一八"事变,日本帝国主义侵略我国东北三省,海外华侨积极开展抗日救亡,菲律宾也不例外。1936年,马尼拉成立了"菲律宾华侨文化界抗日救亡协会"。继而又涌现出"学生救亡协会"、"青年救亡协会"、"妇女救亡协会"、"店员救亡协会"等抗日救亡组织。在这些组织带领下,菲华社会掀起了一系列声势浩大的抗日救亡运动,而此时的报刊,除了配合爱国运动、反映抗日信息之外,也刊登抗日诗、文等"抗日文学",如《前驱日报》、《华侨商报》等。前者的负责人兼主编王雨亭因为写《伟人歌》,揭露当时民国政府的不抵抗主义,被"召回"中国,之后该报就销声匿迹;后者也因为揭露事实、反映真相、传播抗日消息等蒙难。当时在菲的"报人"通常都是从中国过去的行家、文人等。王雨亭可说是"报人兼作者"甚至作家,这一时期比较重要的作者,还有来远甫、吴研因、钱抱器、王荣宣等人。由于广大作者的辛勤耕耘，勤奋学习，努力提高创作水平，有些菲华作者的作品还发表于国内的重要刊物，如叶向晨的诗刊发于方治发行的《中国文艺》，邝榕肇的散文发表于林语堂主办的《宇宙风》，施颖洲的《新诗与译诗》刊发于巴金主编的《烽火》等。福建泉州人王雨亭（1892～1967）堪称"老报人"。他1908年赴马来西亚谋生，1912～1946年先后加入同盟会、中国共产党、中国民主同盟等组织。曾受派运送武器回福建支援辛亥革命和讨伐袁世凯。1919年后任菲律宾《平民日报》、厦门《民钟日报》经理。1929年赴日本，进东京东亚学校学习。1937年后在菲律宾办《前驱日报》，任总编辑，并从事爱国抗日工作。除了报业工作，王雨亭早年还在中国香港等地担任中国民盟南方总支部工商委员，1949年陪同陈庚赴北京参加中国人民协商会议筹备会。新中国成立后，王雨亭历任中国国家侨委委员、司长，全国侨联秘书长，及第一至四届全国政协委员等职，主要作品有《东北印象记》、《日本研究》等。以中国公民身份在菲律宾创业，是早年华侨旅居海外的主要形式，如果王雨亭当时没有因诗文的"触犯"被召回，他可能一辈子在菲律宾做"老报人"。作为闽籍报人或文人兼为官者，他与郑健魂、庄铭渊、潘曜人等，有相似的经历。

菲律宾华人，闽籍为最，闽腔闽语、南音锦曲，是菲华文艺的依托或基本元素。而华报与华校，是菲华文艺的滋生环境。在当今菲律宾华文学校里，华文戏剧也作为巩固华文的教学手段。华文文学随着华报与华校的出现而产生，或者说，华文文学是在华文报刊与华文教育的基础上产生的。早期从中国去菲律宾办报办学且像王雨亭这样拿得起放得下、经历丰富的"饱学之士"，他们除了培育出一大批的文学骨干，自己在编务、业务、教务、课业等之余也"濡墨挥毫，赋诗作文"，他们的作品也大多登载于华文副刊，或向华文报纸商借发表版位。20世纪初期，菲律宾华文报纸所刊载的国际新闻与本岛时事，大多译自英文，所发表的文章亦均转载自祖国的报纸杂志。1923年时，华文报纸开始在综合副刊发表文艺作品，如俞啸川的两篇小说《了缘》、《蝴蝶魂》，几乎都发表在这一年的《华侨商报》上。此时的作品大多是风花雪月的言情小说，缺乏创造性。1928年，林籁余结束了在《小说丛刊》的业务后，应聘为《中西旧报》和《公理报》主编。在他的积极提倡和竭力扶持下，文艺作品源源不断刊发，无论是数量或质量都比此前有了很大的提高，深受读者的认可与喜爱，从而奠定并开始了现代意义上的菲华文学。当时办学、办报与办文艺刊物往往是同一个人或有关的同业者，如《前驱日报》的前身、三日刊《洪涛》，就是1933年，洪光学校校长杨静桐与王雨亭、卢家沛创办的。《洪涛》由深受周作人、俞平伯影响的新诗人许蔓任主编，内容以小品文、杂文、短评为主。经常在该刊发表作品者有林一萍、林健民、蒋江玉与高若啸等人。可惜《洪涛》只存活几个月，因为改办为《前驱日报》，就停刊了。在此期间，洪文炳创办《学生文坛》，发表学生文艺作品；王雁影、蔡远鹏、曾逸云创办《唯爱》旬刊，由曾逸云任主编，只谈风月，不论时事。然而，这两个刊物均仅出版数期就寿终正寝。《前驱日报》经过几年刻苦经营，成绩斐然，但也因经济困难于1936年被迫停刊。不过这一时期还有其他文艺园地，如林健民、李法西、林西谷、高若啸等人于1934年8~9月间创办的《天马》文艺刊物；卢家沛、蔡远鹏等人于1935年创办的《海风》综合文艺旬刊；1936年从厦门赴菲的蓝天民与王文廷一起向《公理报》商借版面出版的《前哨青年》等，包括其他华报副刊，如《华侨商报》的周刊《黑影文艺》等。随着文艺刊物的陆续出现与盛行，文艺团体也纷至沓来，最先打出旗号的是"黑影文艺社"该社于1933年成立，主要成员有林健民、李法西、林西谷、庄奕岩等人。他们积极开展文学创作活动，作品都在上官世璋主编的《华侨商报》的周刊发表。此时也有许多青年作者"转移阵地"投《新闻日报》、《民众周刊》等的有关文艺园地发表。此时前后（1919~1941）的菲华主要报纸都特有"个性"，《华侨商报》以弘扬民族气节为重；《建国报》以高举团结抗日旗帜首；福建晋江人李清泉于1925办的《新闻日报》以支援祖国家乡、建设新福建为己任，乍一看还以为是中国福建地方报纸。或者，把《新闻日报》看做是海外版的"闽报"更合适，无论从创办者或内容倾向都可以这么说。

晋江人李清泉不仅创办了《新闻日报》，还创办了《民众周刊》。

建设新福建是李清泉童年至青年时期的梦想,尽管他很小就离开家乡随父迁居菲律宾。勤奋好学的他刻苦攻读中、英文,钻研经营知识等,很快崭露才华。不久,主持了其父经营的木材厂;接着,又创办了规模宏大的福泉公司,后来发展为"李清泉父子公司"。1919 年,年仅 32 岁的他就当选为马尼拉中华商会第 16 届会长,是历届最年轻的领导人,且蝉联 6 届,成为菲华著名的商业巨擘和华侨领袖。事业有成、身居高位的李清泉时刻不忘当时正处于军阀混战,社会动荡,政治腐败,民不聊生的旧中国。他四处奔波,寻找救国救乡之路。他感到需兴办实业,建设一个新福建,才能使故乡人民摆脱苦难的深渊。1920 年 10 月,他与一些闽籍著名侨领在厦门鼓浪屿召开华侨救乡会议,商讨振兴福建大计,正式提出"福建自治"的救乡口号。1923 年,他与李文炳、李文秀、吴达三等人倡办"民办泉围汽车公司",以便逐步实现建设新福建的蓝图。1924 年 6 月,他在马尼拉主持召开了"南洋闽侨救乡会",决定把"闽侨救乡会"作为救国救乡的组织,以便与南洋各地华侨互通声气而合力救乡,全面推行振兴故乡、建设新福建的计划。但要推动这样的计划还必须要有一份相应的报纸,尤其是能激励福建乡亲全民投入建设新福建的宣传媒体,因为他意识到,振兴故乡、建设新福建,不是一个人的事,也不仅仅是南洋华侨的事,而是一件必须有全体福建人民都来参与的大事。要让所有福建人民都有这样的意识,才能让建设新福建的计划早日实现。于是,办报的想法逐渐在他的头脑中形成,他一边筹款,一边物色人才。刚好这时一个叫做吴半生(后改名为吴重生)的"报人"晋江同乡因《救国日报》案涉嫌而被宣布无罪开释后,正在寻找办新报的时机。于是两人合作,李清泉出钱,吴重生任社长。就这样,新报纸以"新闽"寓意为"建设新福建"取名为《新闽日报》,于 1925 年 5 月正式创刊了。而吴半生,就是因这份《新闽日报》获得"重生",改名为吴重生。《新闽日报》在华侨中产生很大的影响,销售量逐渐增加,是当时实力、经费、设备、人员均属于一流的华报。太平洋战争爆发后,《新闻日报》被迫停刊,战后得以复刊。1969 年日销量达 1 万份,仅次于《华侨商报》,在当时的 4 家华文报中名列第二。1972 年,马科斯政府实行军管后再次停刊,宣告《新闻日报》历史的结束。《救国日报》也是早期华报，晋江人吴半生（1906～1988）14岁前往菲律宾时被聘为该报记者。1923年吴半生在救国报上报道了一则《侨青痛恨×××（某富商名字）卖华婢，集友攻击》的新闻，引起了一场官司，《救国日报》被判停刊，他因此被拘禁。被宣告无罪之后，他决定重新奋斗。他认为，办报是神圣的工作，虽然艰难，却也不能坐视其自生自灭，这个停了，可以再办另一个。当时的《新闻日报》在他与李清泉的共同努力下办得很出色，报纸一出刊，立即拥有众多的读者，业务蒸蒸日上。为了适应读者需求，后来还分为早报、晚报，每日出版两刊。今日的菲华文艺、华报华刊、华文教育等也是这样，总有热心的、吴半生式的强者在前开道，闯出一条更合适的路。就现代菲华文艺的成就来说，已经是很了不起了。

老牛的十八乐章

——柬埔寨郑书平的《沧桑拾遗》

郑书平的《沧桑拾遗》如实地记录了中、法、柬、泰四国百年的"江山风雨情、悲欢离合、人事沧桑"等。全书分十八个部分，就像十八首乐章，其每章前的两行四字、七字引诗犹如前奏，将可歌可泣的四国百年风雨沧桑娓娓道来、缓缓唱出……

《沧桑拾遗》是老牛的随笔散记，其文体颇似中国的章回小说，诗文并茂，读来颇有《水浒》、《三国》或《儒林外史》等文风与意境。故事以"我"或"我老牛"为主线。每章的引诗既是前奏，也是尾声，使得篇篇首尾呼应、章章有袅袅余音。

作者郑书平，柬埔寨土生华人，笔名老牛，前柬埔寨《棉华日报》记者。郑书平的父辈于"九一八事变"后逃避战祸，漂洋过海来到当时的柬埔寨——高棉。柬埔寨是老牛的出生地与度过童年、少年、青年等各个时期的"第二故乡"。20世纪70年代的高棉内战摧毁了老牛的家庭，他孤身一人到泰国避难，在曼谷过了两年"非法移民"的艰难日子，最后在法兰西政府人道主义的帮助下，移居法国。巴黎是老牛的第三故乡，在那里他觉得自己"开始呼吸到'自由的空气'，真正领会了'民主的真谛'和'博爱的精神'"。让他无法想象与理解的是，这充满"民主"与"博爱"的第三故乡，怎么会是曾经奴役过自己第二故乡高棉（柬埔寨），乃至邻邦越南、老挝等所谓的"印支三邦"的宗主国。大国们对这些"印支"小国的轮番争夺，及至搅成烂摊子之后"甩手不管"的行径是老牛不能原谅的。

对于第二故乡高棉，老牛也是亦爱亦恨，每每想起总是让他"心潮起伏,百感交集"。那里曾经是他们家的"和平岛",是生养过他的地方,它哺育了老牛他们那一代人的成长,那里的一草一木,一砖一瓦都在他心中留下深刻的印象,在他"脑海里烙印了许多美丽的回忆"。他对它"感恩戴德"的同时"又对它刻骨仇恨",因为它造成他"骨肉离散、家破人亡"。对这样一个国家,他的心情"可以说是'情仇纠结,爱恨交织',剪不断,理还乱"。他一生中经历了多次磨难。这几十年,他见过形形色色的人,干过形形色色的事,在中法柬泰四个国家,留下他的足迹和踪影,往日的情景,历历在目,让他留下许多美好的回忆,也带给他不少的伤感。他当过布行杂役,杂货店"财副",夜校教师,报社资料员、校对、编辑,潮剧团宣传,饭店洗碗工,汽车厂装配工人,地铁小贩,最后自己开了一间小皮包店,做了20年的小商人。其间,老牛与《棉华日报》有"八年之缘",包括在棉华学校的学习与兼课。

  《棉华日报》创建于20世纪50年代初的中柬建交前夕,是由一批进步青年创办的爱国进步的中文报刊,它见证了柬华文化事业高度发展的辉煌时代,是"当年新时代的产物"。棉华报业成为当时高棉爱国进步人士的共同事业与"富有意义的工作",获得在棉各地侨胞的"热烈支持和拥护",包括首都金边至各省份,甚至僻远乡镇的侨胞都纷纷响应。《棉华日报》类似于中国《人民日报》海外版,是一份全面介绍新中国新面貌,弘扬中华文化,宣传爱国思想,促进中棉友谊,翔实报导侨居国面貌和华侨社会动态的新报刊。除了《棉华日报》,还有适应不同读者要求的《工商日报》、《湄江日报》、《生活午报》等华报,也很有特色。《棉华日报》是最出色的华报,无论是报道国际形势、祖国发展、中棉交往、侨社动态等等,都很尽力、独到,且很有见解。这些报业也办学校与组建球队,是推动华人文化与教育、体育赛事,包括培育国家级的体育选手的强大力量。而此时遍布各地的华校也是这一"新时代的产物",华报办华校,华人社团"五帮会馆"也办华校。华校不仅教华文,也教数理化等其他课程,分初、高中、补习班、夜校等。在这些华校里,不仅可以学到华文与中国文化,同时也可以感受到与新中国同样的文化气息与政治色彩,连班级名称都成为难忘的红色经典,如

"东方红班"、"朝阳班"、"群青班"等,包括以中国领导人名字命名的街道名称等,都成为人们记忆中"红色经典"。20世纪60年代末至70年代初的一场席卷高棉的政治风暴,卷走了所有华报与华校,包括红色街名。在华文报里,《棉华日报》是棉华人的"喉舌"与"精神食粮"乃至"推动侨社进步的积极力量"的进步报,可惜这样有力量的进步报连同其他华报统统被扼杀,取而代之的是一份当时"内容极其贫乏的《柬埔寨日报》"。可见棉华人那时的失落有多大。更大的失落是,流离失所、家园破碎。

中国是在棉华人的故土、文化源流地、祖国及第一故乡。20世纪五六十年代之前的中国是棉华人向往的"圣地",土生华人青年中的"有志之士"纷纷进华校、学华文,为"朝圣"或"北归"做准备,不少人舍弃生养自己的"第二故乡",踏上"北归"之路、奔入祖国的怀抱。《沧桑拾遗》,不仅仅是这段沧桑史实的拾遗、补漏或实录,而是宽视野的鸟瞰、思考与反思。

在文辞方面,《沧桑拾遗》给人的感觉是朴实无华,却也不乏韵味,尤其是以诗句开篇与用诗句结尾的、古色古香的中国章式。可见老牛的华文比中国当今的所谓"现代汉语"更纯、更正。也可见高棉那一"新时代"的华文教育很成功。

"越南华文文学"的脚步与视野

在东南亚华文阵营"亚细安"里,《越南华文文学》是个后起之秀,却不乏个性与特点,尤其是具有更开阔的视野,不仅是本土华文作家的园地,也是全球华文展示台。

《越南华文文学》从无到有,在新老越华作家的共同努力下,于2007年"鸣锣登场",创刊以来已昂首阔步走过四个年头。它那简朴的装帧,让人想到天水相映、树荫环抱的简易小木桥,及走在这爿小桥上的头戴尖顶箬笠的纯美村姑。读了几篇之后,总想把它读完,尤其是"诗广场"中那些意境深远的诗篇,或"微型诗"里的精致短句。你不仅能读到越南华文作家、文学爱好者等作品,还可以领略到泰华、菲华、马华等"写作人"的风采与果实,甚至还能欣赏到中国、美国、加拿大、新西兰、比利时等国家的华文作品。《越南华文文学》可说是作者与读者教与学的共同园地,在其中耕耘开垦的本土作家里既有艺满越南文坛的刘为安、陈国正、尹玲等老园丁,也有"80后"的青年花工曾广健等。"诗广场"容量最大,这里每期都展示着大量精彩诗篇,之后是"诗人谈诗",再后边是"散文诗"、"散文谷"、"小说篇"、"微型诗"、"教与学"等,最后还有学生试验田"学生习作"栏目。封面也很有创意,图案有"榕树下"、"雄风万里"、"人牛同耕图"等,有的色彩艳丽如越南彩绣,有的素雅淡墨像中国国画。《越南华文文学》在没有"商贾注资"与"圈内人捧场"的情况下办起来,能走到今天,且越走越健朗,很不容易。《越南华文文学》可说是汉语文学的域外奇葩,除了对汉河的传承与发扬之外,其主要意义和作用不仅仅是交流或传播。

其实，越南更早的华文文学作品等都应该归之于越华文学，包括在《西贡解放日报》华文版副刊上发表的散篇及有关征文集子等，如 1985 年 5 月《西贡解放日报》报出版的征文选集《生活的激流》，乃至越华作家在世界华文文坛上发表的作品或个人作品集等。那么越华文学至少要上溯至有《越南华文文学》刊物之前的 35 年，或从《西贡解放日报》开始每年连续举办征文赛事的 1982 年算起。

《生活的激流》于 1985 年 5 月由胡志明市文艺出版社及解放日报社联合出版，共收录《西贡解放日报》报文友 1980 年至编辑出版时的部分作品 29 篇，文体有短篇小说、散文、报告文学、游记等。《西贡解放日报》报后来还经常举办征文赛事，虽然不是每年，但总时不时地给西堤华友们"充充电"。"西堤"是指"西贡"与"堤岸"的合称。西堤是华人的聚居地，早在明朝时期就有中国人陆续移居此地。那里街道纵横交错，华文招牌的店铺随处可见，街区里有很多中国式楼台屋宇及华人办的中文学校、医院、庙宇等。早期连堤岸五帮会馆都有自己的医院与学校，其他私立的学校也有十多家，华文报由最早的一两家到 20 世纪 70 年代初的 14 家。此外还有服务于华社各时节及业余娱乐的民间乐社、文社、武馆等文体活动组织与场所，及报社等均为薪传华人文化的摇篮。堤岸华人们在递嬗与发扬其祖先生活习俗的基础上形成了有双重本土气息的域外华人文化。不同会馆或武馆之名称，可说是不同方言与习俗的标志，如广东会馆、福建会馆、潮汕会馆及河洛武馆等。而其文化内涵，更是其本乡们心目中的故土本色。如春节前后各馆的舞狮队，就各有特色。还有各乐社的戏剧、文艺演出等，也是五彩缤纷，互为媲美。华人不仅带去中国文化，也带进有中国时代意义的文风，比如"五四"新文风、"文革"红色文风等，前者由"二战"前后中国沿海等地的文人带入，后者则由 20 世纪 60 年代~70 年代个别人士或宣传媒体传入。如胡志明等老一代领袖人物的汉语诗、文，或刘为安、尹玲等老作家们文学作品，就有"五四"文风的影子；20 世纪 70 年代河内出版的《西贡的历史时刻》、《保卫新政权》、《后江人民的欢乐》等，与中国当时出版的革命故事等读物就很接近，包括里面的插画风格，及河内或西贡街头宣传画也都是一致的"革命笔调"。

堤岸不仅是华人文化的摇篮，也是华文文学的摇篮，半个世纪以来，那里培育出很多华文创作人才，其中有些作者在学生时代就开始给当时的各华报文艺版写稿，从中得到锻炼与成长。如今世界各地华报华刊都有堤岸华人编辑的身影。早年堤岸华报有好几家，通过举办编写交流会、联欢会、征文比赛等方式，进行编者与作者的沟通及人才选拔等。20世纪60年代至70年代期间，堤岸光华文社、诗社就有8家，出版十七八种综合刊物，堪称越华文学果实多产期。1975年4月30日越南南方全部解放。但在"山河统一"的美好环境里，堤岸华人学府却因"客观"原因不得不停办，华文教育解散，华报停版。唯有由西贡堤岸与嘉定省合并的胡志明市党部的一份华文版《西贡解放日报》还能登载华人讯息。此为越华文学的"真空"期，及大部分华文人才的流失期，许多文化界华人多半出国定居。越华文学、教育等的"真空"或"蛰伏"期一直持续10年，直到1985年越南"国策维新、经济开放、外资引入"起始时，汉语又被重视起来，因为到越南投资办厂的多为中国大陆及港台企业家，或东南亚等国的投资者，"华文、华语"为其间的沟通与交流的首选语言，此时又正赶上华语刚被承认为"越南民族语文之一"的时候。其时，终于获准可以学华文了，国家准许华人子弟在学好越文的基础上可以兼学华文。于是华校又以华文中心的形式出现，至1990年时全市就有13家华文中心，同时还获准成立市华文教育辅助会，由该会配合市教育厅给各华文中心的教师进行两年的业余培训等。

随着社会环境的改善与政策的放宽，《西贡解放日报》于1990年6月开辟了《桂冠文艺》华文文学专版，鼓励读者参与写作投稿，同时还成立了"文友俱乐部"给"青黄不接"的越华土壤补水增肥，使之茁壮、结果。各华文中心的董事会纷纷抓住良好时机，鼓励学生写壁报，投稿给华文《西贡解放日报》的"少年版"及由市华文教育辅助会资助出版的少年丛书（后改为萌芽丛书）。此后，在市各民族文学艺术会的协助下，成立了华文文学会。越华文学艺术季刊的出版，带动了胡志明市邻近各省和九龙江平原各省的华文文友及华校师生参与写作、投稿，同时还通过华文《西贡解放日报》时而举办征诗联、征文比赛等，不断给华文写作鼓劲、加油，从而结束了越华文坛的"冬眠时期"，迎来了新曙光。如今在胡志明市各民族文学艺术会直辖下有华文文学会、古诗会、美术会、书法会、摄影会、龙狮会、文艺会、潮粤剧团、新旧乐社，均由堤岸华人组成。堤岸华人文化在市文学艺术联合会的关心、协助下，在保持传统的同时，不忘持续继承与发扬。可见堤岸华人文化与越华文学的重要关系，而《越南华文文学》的出现，从一定意义来说，是一种难得的"补白"，其对华文文学乃至华文汉字的传承与沿用均可起到承前启后的直接作用与促进作用，虽然这只是一群热心的华人作家的"行为"或"行动"。

缅甸新文学与海外华人的"文化融合"运动

在华文文学里,"缅甸新文学"或许可以理解为宽视野华文,或不拘泥、无须框框、不受束缚的现代华文,及至华文本土化等,这与海外华人的"文化融合"运动的宗旨颇为一致。文化融合运动,是指近年在北美推行的"海外华人新文化运动",即以文化为桥梁,沟通各族,融汇东西,弘扬儒学,凝聚智能,更新概念,大力创新,指明华人"落地生根","就地参政"等。其在文学上主要表现为,写本土、写身边的事与传播华人文化、继承中华民族优良品质相结合,让本土华文文化走向世界,让世界了解本土,等等。

"缅甸新文学",也是缅甸华文文学网站的名称,所有在此发表的华文作品,不分国别,一律冠有"缅甸新文学"的栏目"帽"。其中除了"文学板块"、"世界风情"、"亚细安华文文学"、"校府春秋"、"出版与文化活动资讯"、"小说"、"散文"、"诗歌"等固定栏目之外,任何华文"写作人"都可以在里边开辟个人"空间"。因此,"缅甸新文学",还可以理解为缅甸华文"写作人"开设的华文开放园地。在这个园地里,大树、小草一起成长,老园丁与小花工一同耕耘;文学大师与"写作人"新手通过发表习作与点评,进行畅所欲言的交流。想得到大师的点评,在那里开"空间"就可以了;想看大师的作品,只需关注首页,通常,被推为首页的都比较经典,其中不乏大师之作。至于文学名称,与其说是"缅甸新文学",还不如说是"现代华文新文学"、"东南亚华文新文学"或"南洋华文新文学",因为在"缅甸新文学"网上开"空间"、发作品的人,主要还是东南亚国家的"写作人",如新加

坡的怀鹰、高林、华英；柬埔寨的老牛（郑书平）；以"缅甸网"为总称的缅甸华人作者等。

怀旧与乡愁，是新华文抒发不尽的主题，如华英的《结霜桥之旧货市场》；秋海棠的《问北雁》；周辉旋的《三梦》；吴天娇的《今天我想说一个故事》；怀鹰的《故土，故人之久别重逢》；高天龙的译作《一个流浪汉的悲伤》；等等。结霜桥旧货市场是新加坡市民抹不去的记忆，这段记忆时间冻结在20世纪80年代初，这个市场遭灭顶的大火灾之前。那是有"牛车水"或"罗哩车轮"滚滚的、最富有生活气息的年代，也是人心更纯真、更善良的时代。旧货市场那林立的小店铺及店铺门口满街的旧货地摊，那叫卖声，那连喊带跑的躲"地牛（环境与卫生稽查官）"或"马打（警察）"的戏剧场面等，成为人们记忆中的亮点。在那个市场里合法店商与非法摊主和谐共处、相助相护，包括买者、市民或游人等都会不约而同地掩护摊贩，"地牛"一出现，总有人"通风报信"，让那些"讨生活"的贫苦摊贩闻风逃离。那里看似杂乱、闹哄哄，却彰显着自然与动感乃至欣欣向荣与异常活跃的生命力。那里成为市民或异国游人最爱逛、爱在里面吃东西的地方。那里也是文化与习俗的交会处，在以穿戴严实为得体的年代，捂得满街是汗味的人们连看一眼穿短裤短衫的男女"洋人"，都觉得是"犯罪"，直到自己也穿成那样子，可说是外来文化潜移默化的结果。怀旧是返朴归真意识的表现，乡愁总是与"无可奈何"相连。在寸土如金与纯真廉价的当今社会，怀旧也不过是文人们的干哭与无奈。正如华英《结霜桥》所述：

时间冻结/在铺着一街的旧记忆/暴晒在炎热的无情/为被抛弃的怨恨喘着气。

那一张张满脸的皱纹/无力把每段故事说尽/为了招徕第二个春天/把自己最后的岁月/卖的便宜。

在《问北雁》里，作者诗人秋海棠把旅居南洋的华人比作"北雁"，不管在南方生活多久都要北飞。诗人可没有"干哭"，他苦苦声声地问"北雁""为何选择北飞？""乡愁""北雁"淡淡地说。"可你在南方已度过二十寒暑。"诗人不解地追问。"那儿还有我亲亲的土地和亲人……"雁儿一字一顿地说。"北雁"不是"选择"北飞，而是回家，但作为在南洋落地生根的"北雁"们来说，雁儿的北飞是探亲或祭祖，它应该南归，因为南洋已经成为它们为之奋斗的国土与家园。"北雁"代表的是纯粹的乡愁或单乡愁，像这样的乡愁已经不多了，一般都是双乡愁或双重乡愁，即那些"正常"南来北往、两边住、两头牵挂的"北雁"们的乡愁。双重乡愁是乡愁之最，也是悲伤之极，缅甸作家奈奈笔下的《一个流浪汉的悲伤》，就是写这样的乡愁。这位中国流浪汉的悲伤是因为在国外闯荡、工作了20多年，去了20多个国家，却一直没有回国看望母亲，是"探究伟大的世界"还没有完成？是没有混出个人样？还是嫌见识还没有攒够？或许什么都有。走的路多了，地球村变小了，现代通信的便利缩短了流浪汉及所有游子与慈母的通话距离，这也是游子懒得归家的直接原因。以中国文化"八德"衡量，游子的行为属于"不孝"。但慈母总不希望把游子捆在身边，更希望孩儿"读万卷书，走万里路"。八德，即忠、孝、仁、爱、信、义、和、平，是孙中山在孔子的公、诚、仁、中、行"五德"的基础上演绎的通俗易懂易做的有中国文化特质的道德标准，是中华文化做人做事的基础。仁义道德与孔孟儒家学说是中国文化的主要精华，千百年来一直为世界各地学者推崇与顶礼膜拜，尤其在当今世界，更成为西方国家吸取、学习的经典。从这一点来说，文化融合运动或新文化运动，不仅是海外华人的运动方向，也是"地球村"上所有民族取长补短、自我完善的努力方向。

　　文化的融合，还应包括作家或"写作人"自身的融合文化与多元文化素质，包括异国生活或学习经历等，如身兼中、法、柬、泰四国文化的郑书平（笔名老牛），有英国与新加坡学习经历的文莱华人作家刘华源、王昭英，留过法的越南华人女作家尹玲等。在"缅甸新文学"网络园地里，柬埔寨老牛与新加坡怀鹰（李承璋），是这块园地里最勤快的老园丁，他们的成果总被推到首页之最。

品读越南西贡作家刘为安先生的华文

刘为安先生的华文作品读来犹如越南的水墨画，既有中国国画的墨韵笔法，又有汉诗的意境，且不乏哲理。其文辞文风颇似林语堂、梁实秋、胡适等，至今还是很纯的中国味。作为土生土长的老一代华人，刘先生在西贡生活了六七十年，那里的一草一木、一墙一屋、一河一桥都有华人的生活和劳作的影子，他的华文或越南文作品主要写身边的事，如《堤岸今昔》或其他发表在华文或越文报刊上文章都是这类题材，包括翻译作品也与身边事有关。

《堤岸今昔》有十来万字，分为一至四辑和拾遗、序等六个部分。起先以连载的方式在《西贡解放日报》华文版上刊载，后来汇集成书。主要篇目有：堤岸华人溯源，历史架构中的水陆枢纽，平东河岸风云，平西市场的飞跃年代，堤岸街名沧桑；50年来的华人文化，在时代递嬗中华人习俗，堤岸的粤曲粤剧，福建乐剧社的黄金年代，元宵节；半世纪来堤岸华人经济概念，华人传统小手工业，半世纪前的人力车，火烧中山门，表王风波，武林逸事，孔明井，三船之说；半世纪前堤岸华人教育，相递的华报，华校知多少，文化使者，新诗歌萌芽年代，时代新娇，堤岸今昔等。可说包罗万象，历史、人文、华社等尽在其中，可品可读、可鉴可赏。

刘为安，笔名"牖（yǒu）民"，他对文学有执著的爱好，有深厚的中国古典文学基础，对现代文学有新颖的认识与见解，在本土华人中有很高的知名度，早在20世纪50年代已驰骋于越华文坛，尤其是散文及短篇小说，至今已执笔40多年。他不仅执笔写文，也执教于颍川华文中心，与其文友陈国正等并肩于华文教育事业，他们有着共同生活经历,都"生逢战世的年代,曾经走过硝烟,从烽火绵绵中活出"。刘为安有一双犀利敏锐慧眼,他不仅"透视人间悲欢离合,写尽每个年代的变迁",连鸡、鸭、猫、狗都是他笔下的美丽篇章与动人故事。

　　作家与一般人最主要的区别是,更有情趣或善于捕捉情趣,越华作家刘为安先生的情趣还表现在与其周围事物的友好相处与亲切交往等。对他来说,身边的一切都有灵性,都可感悟,都能激起生活的涟漪。在《邻家的雄鸡》里,邻居阿肥家的几只公鸡飞上屋顶,窥视自家(刘家)母鸡的"姿色",对一般人来说,不值得理会。起先他还不明白公鸡们的意图,他以为它们仅仅想进行一次"高空之旅",他还想撒一些米引它们下来做客。就人或动物之常情来说,鸡的表现都在情理之中。阿肥家的公鸡平时只是飞到它们主人家的屋顶向隔壁作家刘为安先生家的母鸡俯瞰远眺,它们想方设法要接近"乌羽"和"美娘子",但都因为刘家的戒备森严而却步,只有"罗米欧"冒冒失失、慌慌张张地要空降进去,连飞都没飞稳就掉到刘家后院,以致成为狗儿们重点追打的"入侵者",在被解救之后落荒逃去。从那以后,阿肥家的公鸡连飞到自家屋顶观望邻家"小姐"也不敢了。如果没有"冒失鬼",情况又会不同。冒冒失失,几乎是所有公鸡的本性,此外就是不稳重、不知趣及自作多情等,一根稻草或一块小石子儿都会用嘴捡起来送给母鸡、向其献殷勤,母鸡连正眼都不看它、赶紧退,它却厚颜直追。

　　文化与传统的遗失或碰撞,乃至继承与批判,也是刘为安关切的主题,在他的译作《溯源》里越南出生的哥哥与美国出生的弟弟阿平两人的观念截然不同。前者与越南的亲友有很深的亲情关系,后者认为自己是美国人,连越南亲戚送给他的礼物都不屑一顾。阿平妈妈寄钱给越南家人作为他们外婆的生活费,其中可能还包括给家人的酬劳或补贴等。实际上越南亲友指靠着洋钱过日子,总去信诉苦要钱,而这位善良的母亲总是有求必应,因为这是越南的传统,谁找到钱,谁就要把家里人全管完,尽管她自己在美国也只是打小工及工余时间做点小买卖。更不幸的是,她回越南处理老父去世的后事时,她那辛辛苦苦花了多年时间才把贷款还清、才算买成的房子也被她丈夫趁机卖了。在这重要关头越南家里人还一个劲把她拖住不让回,连大儿子催她回来阻止卖房子的电报都被扣住。因为多扣一天，亲戚们就可以多享受一天由她埋单的日常开销，对他们来说，这是后事的尾巴，延续多久都应该由她一并"承包"到底的。传统也有糟粕或不合理的部分，这样的传统与文化会养出更多的懒汉、懒人、游手好闲者。阿平家的越南亲戚，除了伸手要钱之外，亲情还是很浓的，阿平妈回到美国之后，亲戚们知道他们家有困难还是纷纷写信慰问、寄礼物给他们等，包括老大的儿时伙伴阿鹏用一个月的工资给老二阿平买那时的紧俏礼物，如中国的游戏软件等。阿平还是被感动了，当他们母亲再次去越南探亲时，连他都想跟去见见从未谋面的亲戚。不过此时的阿平，早已不是从前的阿平，正如《溯源》的开头所云：他在美国出生，可说是地地道道的美国人，他有權自欺或否认与越南亲人的关系。但是他体内的越南血统不允许他否认越南是他的故乡，如果他没有越南亲人的温情，他也不过是一个异乡漂泊的人而已。阿平妈的事例，可代表所有移居国外的越侨对越南的亲情，包括刘为安的"姊姊"，总想回去看看，直到老得走不动时终于有机会回去省亲。对刘家来说，西贡毕竟是他们的第二故乡，是生养他们的地方。至于第一故乡中国，在他们心里简直成为麦加圣地与一直向往的"神州"，直到近年刘先生终于如愿以偿，去了一趟"神州行"，游转中国各地，包括香港与澳门，还写了《神州千里行》。在美国，阿平被同学们叫做"东洋孩子"，他哥哥喜欢读讲述越南警察的书，以自己是越南人感到自豪，当他们母亲选择"落叶归根"，要回越南开小店度余生时，当哥的老大也想随他妈妈去"归根"。可见"游子"都有漂泊感，只是程度不同罢了。

在刘为安的《姊姊》里，20年前举家定居美国的刘家姊姊对家人的思念，与阿平妈妈是一样的。姊姊总想着在越南的刘家人，子孙满堂了，大家都过得可以了的时候，一有人回越南，她还会把"小积蓄"捎给家人，以表牵挂。久别重逢的姊姊已佝偻着背，坐在轮椅上由子女推着，为弟的刘为安不禁一阵心酸，眼前的姊姊与他上中学时像母亲那样照顾他的青年姊姊或成家有儿女之后风华正茂的姊姊都对不上号。刘家姐弟的手足之情很深，就连刘先生家的淘气小鸭与小小的番荔枝树苗都成为他们家亲切的一员。在《番荔枝》里，当毛茸茸的可爱的小鸭

"蹂躏"小番荔枝树时,他没有把小鸭关起来,而是把番荔枝移栽到小鸭走不到的后院。在他的精心呵护下,小番荔长成枝繁叶茂的大树,成为鸟儿们的家园,也是作家先生晨练的好去处。一分耕耘一分收获,年年倍增的果实,不仅他自个儿品尝,还送予亲戚朋友一同分享番荔枝的甘甜芬芳。而他在文学园地里的果实,也是这样。文集《堤岸今昔》或其他散篇等,都有电子版,以方便世界各地的网络读者。像《番荔枝》这样的短小随笔,也好比小风景写意水彩画,文章开门见山,用"我家后院有一株番荔枝树,枝叶葳蕤、常年花果。是鹩鸰、麻雀跳跃追逐的地方"引出全文。引号中华文也是西贡(胡志明市)华文的基本形式,而不是河内与中国内地相同的简化汉字形式。

　　与刘家后院相对的是"一望无际的沼泽湖泊和丛丛的原始林野",其间有一道河水悠悠横跨,偶尔还能听到划破沉寂夜幕的轧轧机轮声。那是都市化后的当今西贡难能可贵的世外桃源,难得有这样一个地方"仍然保有自然生态"。那里更是鸟儿们的家园,那片林野中每年孵出不少生物,繁殖着一代代幼鹤、幼鹬,在丛林中还"穿插"着一些水鸟、黄鹂、鹩鸰、布谷、麻雀;"水里鱼儿、蛇儿、娃儿吸引不少到来垂钓捕捉的人"。那是作家视野中的后院的延伸,其中四季万物繁衍生机之图景尽收在他的笔下《后院春秋》中。有关自然生态与环保等,也是《堤岸今昔》的主题。刘为安也写汉诗,如他的微型汉诗《老骥伏枥》、《虎落平阳》、《人为环境》、《桥》等,也很精辟。《堤》涉及的有关事例、历史等都有实有据,很值得参考。在词语方面,刘为安也为我们提供不少新鲜词,如滑鼠(电脑鼠标)、蒙如(Bonjour,法语:你好,打招呼用语)、宾士(巴士)、公干(上班)等,若细读慢品,还有更多可比可鉴之处。

泰国华商司马攻的微型小说

泰国华文作家协会的司马攻，原名马君楚，出生于1933年，世代商家。祖籍广东潮阳。为五福染织厂、裕曼空房地产等有限公司的董事长、总经理，20世纪60年代开始创作，著有散文集《明月水中来》、《司马攻文选》，杂文集《冷热集》、《踏影集》，特写《泰国琐谈》、《湄江消夏录》，随笔《梦余暇笔》，微型小说集《独醒》、《演员》、《心壶》、《变形》等，散文诗、诗集《挥手》，文学评论集《泰华文学漫谈》、《司马攻序跋集》等。

司马攻的文笔明快、清丽、生动，自然流畅，对人物的描写引人入胜或出奇制胜。司马攻的微型小说有中、长、短等三种篇幅形式，中篇字数在500~800，长篇1000字左右。此外还有100字左右的"小小说"。小小说或百字小说很简洁，但不乏奇、妙与生动，如《塞车后果》，将孕妇挤出孩子、老伯挤得闷死过去的"后果"写得出奇制胜。在《慈善家》里，慈善家"老叔"做善事十万八万地捐钱，可员工"阿九"有难相求却连2000泰铢都不愿借。老叔的一句"你懂什么，我捐钱，报纸有报道。给他，谁知道？"终于让困惑、不解的"老婶"看清了老伴做善事的动机及其一毛不拔的另一面嘴脸。同样是小小说，富豪又是一番嘴脸，在《原来如此》里，一向冷眼待人的巴差先生，突然变得谦恭起来，对平时不瞧一眼的教书先生又行合十礼，又主动寒暄的，让人觉得奇怪、不解。后来书生看到路边竖立起一块大木牌写着"请选巴差·罗合罗为人民代表"，终于领会巴差先生的"良苦用心"。

从现实生活题材或对丑恶行为与不良现象的犀利抨击笔调来看，司马攻的微型小说很像中国的杂文，不同之处主要是个别词语或措辞的选用有别，如"行动电话"（移动电话）、"搭客"（乘客）、"观书"（看书）、"按金"（押金）、"隔邻"（隔壁、邻居）、"随身证"（身份证）、"出入口公司"（进出口公司）、"多两天"（过两天）、"礼佛"（拜佛）等。有些词语还是古汉语形式，如甫来、甫去、甫坐下，"甫"有"刚刚、才"的意思。礼佛，指顶礼于佛、拜佛，向佛礼拜、忏悔等，包括雕刻佛像、供养塔寺和佛菩萨塑像或图像、赞叹诸佛像的庄严、歌颂佛德，或以各种乐器演奏妙音，并合掌、低头鞠躬，跪拜等。该词语出自汉语文献，如《南史·张畅传》中"百姓有罪，使礼佛赎愆"，《新唐书·傅奕传》中"至有身陷恶逆，狱中礼佛，口诵梵言，以图偷免"。明代李贽《豫约》中"除挑水、舂米作务照常外，其余非礼佛即静坐也"。有些方言词或习惯说法，偶尔使用，或作为同义词用，如"目汁"（泪水、眼泪）、"唐山"（中国）。潮汕话把眼泪叫做"目汁"、开水称为"滚水"，如"水滚目汁流"就是一句流传于潮汕功夫茶区的俗语。"水滚"即"水开了"。全句的意思是"水开了，眼泪就流了出来"。形容从未喝过功夫茶的，不知道慢慢喝，第一次就喝怕了，后来一见锅里水开了就急得流泪。这句俗语用以指一些本来没能力承受的事，却勉强为之，反而承受不了，闹出笑话来。

在词语的活用上，司马先生有其独到之处，尤其是用于篇名的词语，犹如画龙点睛，如《经济》、《更上一层楼》、《本性》、《少个长字》、《幸得有此物》等。经济头脑用于歪门邪道上，必定导致投机取巧、弄虚作假或钻空子等，如《经济》中花10万元买得假博士文凭的父亲说儿子6年时间花了他几百万元读得博士不合算，不懂经济。这是"经济"的滥用、曲解与亵渎。在《更上一层楼》里，赌徒玩起股票以为自己戒了赌，其实是"更上一层楼"。词语被滥用，现代文明被滥用，甚至现代交流、通信工具等被滥用，这是现代人比较普遍的通病及可悲之处，更可悲的是不知道可悲所在，或没有忧患意识乃至责任感等。《幸得有此物》就是写这样的人，一个一边开车一边打手机电话，导致交通事故，还庆幸说"好得有行动电话"，他想到的只是用"此物"可以很快叫到保险公司来处理事故。至于责任、教训、改进方法等，就是想不到。

写作也是责任，责任感是写作人身上退不掉的"刺青"。有正义感的作家把赞扬真、善、美与谴责假、丑、恶视为己任。这也是像司马先生、马君楚这样的成功华商为什么还会想到写作，尤其是在异国他乡用母语华文坚持创作。马先生的写作生涯始于20世纪60年代，他把自己的写作活动戏说为"精神分裂症"，成功地将自己一分为二，"以马君楚的名字照常经商，而用司马攻的笔名从事文学创作"。当时正值中国文学的"荒漠"时期，泰国的创作环境也非常恶劣；用华文写作更是冒险。有的作家还因此被抓捕、囚禁，甚至被驱逐出境，中文报社也常遭封闭。为了安全，司马先生用了十几个笔名以分散目标。写散文，有时也写诗，是那段时间司马先生的主要文学创作活动。20世纪80年代中泰邦交，泰国政治气候变得晴朗开明，"泰华的文艺花圃百花齐放"。从那以后司马先生开始写六七百字的"微型杂文"，7年时间写了300多篇，结了三个杂文集。这个微型杂文，也就是微型小说，杂文与小小说在某些时候界限是不分明的，且杂文早就有，微型小说是个比较新的概念，近20年比较流行。泰国华文微型小说创作起始于20世纪60年代，当时称为"掌型小说"或"掌篇小说"，由方思若先生主编的《曼谷新闻周刊》首次刊登；20世纪70年代在泰国各种华文报刊上偶尔见之。司马攻被誉为泰国华文微型小说"鸣锣开道的热心人"，他连续发表的40多篇小巧、精彩且寓意深刻的微型小说，为泰国微型小说起到抛砖引玉的作用，深受赞赏与好评，他的小说引领并激起创作热潮，将泰国华文微型小说推向东南亚前沿。

司马攻的微型小说和杂文反映了社会与生活方方面面，如观球赛以及贫困人家的跑当铺、假郎中、水货骗售等。老一代华人的"中国心"在《观球赛》里表达得淋漓尽致。李思国一家祖孙三代人在电视机面前观看在北京举行的第十一届亚运会，李思国认为中国队一定会胜泰国队，他特地叫子孙们陪他一起看中泰足球比赛。老先生捧着茶水，满面春风地盯着屏幕，中国队起先占上风，但"临门一脚失去准头"，急得老爷子直喊："为什么没有踢进去？为什么射不进去？"过一会儿，孙子阿义、阿信大声叫起来："进去了，踢进去啦，泰国队赢了……"小孙子提拉猜兴奋得跳起来向他爷爷说："公公！中国队输了……""没……没关系,仅是一球,等一下你们就知道……"李思国苦着脸说。中国队开始大力反攻,泰国队步步为营,双方在坚持着,急得老先生老看墙上的挂钟。"再过十多分钟,就要完场了,泰国队胜定啦。"孙子阿义他们也时不时看着挂钟,嚷嚷说。"别噪!静!"李思国板起了脸说:"这个裁判是哪一国籍的?太不公正,太不公正啦!这个球该是中国的呀……"球赛在哨子声中结束,阿义、阿信等都跳起来,大声地说:"泰国队胜了,泰国队胜了哟……"气得李思国大喊:"别噪!别噪!把电视的声音放低一些。"老先生闷闷不乐,直到电视报道中国得的金牌数才又笑了。两天后李思国又与孙子们一起在电视机前看足球赛,这次是泰国队对朝鲜。这回三代人都为泰国队打气,朝鲜射入一球,剩下时间不多了,看着泰国队要输的样子,李思国气愤地说"这个裁判他偏袒朝鲜,常常罚泰国队的球……朝鲜今天踢来粗过泰国!本来今天这场球泰国是会胜的……"李思国心目中有两个国,一个是祖国,一个居住国,首先想到的是祖国,然后才是后者。至于他的第二代、第三代这样的华裔,一般都把居住国或成长地视为祖国。这一家人都"思国",老先生李思国"思"的是双重国,且主次分明,他还希望子孙们也像他那样爱祖国,尤其是祖先们的祖国乃至华文文化,包括起中文名字等。从小孙子的泰式名字来看,老爷子已经管不了儿孙们了。"李思国"这个名字很切入主题,主要人物的名字与次要人物名字的恰当、合理设计是文章成败的关键。司马攻善于运用人名,设计人名,如《花落花开》里的朱一评、朱柏乐、朱先悠,《恐龙蛋》里的洪添宝,《古装片》里的父亲史有凭、儿子史密、母亲白胜男等。

　　用"古装片"作为篇名,可说是一箭双雕。在6岁小男孩眼里,父亲史有凭在古装照片里穿长衫、套马褂、戴瓜皮帽,就是泰国鬼片里僵尸的打扮。为父的说,那是祭拜祖宗,儿子对拜祖宗为什么不能穿平常的衣服,而要穿"僵尸服"感到困惑。史有凭也解释不了,他没有理顺,为什么僵尸的装束刚好是中国古人的打扮,或泰国鬼魅题材影片中的人物怎么会穿中国古装。鬼片的装束可说是泰国深受中华服饰文化影响的有力表现与充分证明,只是史有凭联系不起来罢了。可见,把这个人物叫做"史有凭",也够讽刺的。汉字字形的妙用,也是司马先生的一绝,在《变形》里,柳春风在发达之前,连头带肩看起来像一个"小"字,发迹之后肩头变得往上翘,连头带肩像个"出"字,而且胸膛越挺越高,如同"一只球胸鸽"。发达起来的柳春风成为巷子里邻居们羡慕的大人物,尤其是阿猪、阿牛一家,更是羡慕得不得了,见到他总是"春风兄"、"春风兄"地打招呼。柳春风驾车飞快,横冲直撞,进巷子也不减速,还故意摁响喇叭,直到自己家门口才"哑"的一声把车刹住。后来这位"柳兄"开空头支票犯事,连肩带头又变回原来的"小"字。最后从小巷里彻底消失。

故事新编,也是司马攻的创作形式,他的微型小说《蛇乎人乎》可说是泰国版的《白蛇传》。在《蛇》里,书生许仙反而是蛇妖、黑蛇精。白素贞成为受蒙骗的痴情"小三",最后被黑蛇精之妻黄蛇精变的和尚法海镇在塔下。司马攻既是成功华商,也是成功的多产作家,他从20世纪60年代开始从事华文创作的30年来先后以投稿的方式耕耘于《中华日报》、《东南日报》、《新中原报》、《泰华文学》、《星暹日报》、《京华日报》、《亚洲日报》等,他所写的作品有90%发表在这些华文日报副刊上。他把自己写的"文字"比作生长在副刊园地里的"寄生草"。作为篇名,"寄生草"是司马先生的"果园"《人妖·古船》文集里的一株劲草,像这样的劲草或壮树乃至树上的硕果,在马老先生的其他果园里还有很多,很多。

文莱华文现状、前景与回顾

文莱华文犹如山涧清泉，逢山开道、遇石绕路，将清澈、鲜活的泉水源源不断地注入小溪、汇进江河。文莱华文在"亚细安"华文阵营里，是一股涓涓细流，虽小但不乏闯劲。

文莱华文作家难能可贵的是默默奉献与不断传承。文莱华人不多，从事华文创作的均为业余"写作人"，没有像新加坡、马来西亚、印度尼西亚等国一样，有大批来自中国南方的文化人，更形成不了所谓的与华人有关的"侨民文学"。20世纪60年代中期（1964年11月），几位留学中国台湾地区的文艺爱好者在台湾地区创办了《婆罗乃青年》期刊，后来正其名为《汶莱青年》。20世纪60年代末70年代初，一些爱好文艺的文莱华人借邻国马来西亚砂拉越（沙捞越）州《美里日报》的版面编辑了《火炬》与《文苑》的文艺副刊。《火炬》维持几年，停刊后，文莱华文写作活动止息了五六年，直到1978年《油城文艺》创刊。

20世纪80年代末附属于"汶莱留台同学会"的"写作组"成立后，文莱有了第一个没有注册的华文文学团体，全称为"文莱留学同学会写作组"。作为文莱华文作家协会的前身，该写作组肩负起团结华文作家、推动华文文学发展的重任，直至2004年3月文莱华文作家协会正式成立。文华作协第一届理事会成员包括教师、新闻工作者、律师、保险业者及商人等。文莱华文作家协会的成立虽说只有六七年，却有20多年的活动"历史"，包括与新加坡、泰国、菲律宾、马来西亚、印度尼西亚等六国作为东盟创立国成员组成东南亚国家华文联盟"亚细安文艺营"；主办20世纪盛大活动"亚细安华文作家文艺营"；举办主题为"世界走进汶莱,汶莱走向世界"的世界华文微型小说研究会,与厦门市东南亚华文文学研究会、集美大学中文系、华侨大学华文学院、泉州师范学院、漳州师院中文系等单位联办议题之一为"汶莱华文文学历程及特点"的第六届东南亚华文文学研讨会等。这些重要活动无论是在文华作协成立之前由写作组承办,还是成立之后由作协主办,都与写作组的前期工作基础或经验有关。写作组的华文文学工作,包括每月于《美里日报》、《诗华日报》、《国际时报》三家报社借版位出版"汶华文艺"与"思维集"副刊,十多年来从未间断。《思维集》为文莱华人写作爱好者"文华写作人"提供了"主要的耕耘园地",尤其在文华作协成立之前。写作组更突出的工作还有,编写文莱华文重要的"汶华"作品选集《汶华荟萃》,并于1999年出版,成为文华20年来重要活动之一。《汶萃》的出版引起华文文学世界的关注,该作品纵贯50年岁月,54位作者,囊括97篇作品,2篇序与1篇跋,是研究文莱华文文学与华文作家的重要文献。

　　《汶华荟萃》的问世,是文莱华文文学走向世界的开始。文华的成就给中国的"汉河"或世界华文文学大河注入一股新鲜的清泉。与《汶萃》出版的同年,中国厦门、汕头等地也在研究文莱华文文学。1999年8月鹭江出版社出版了汕头大学陈贤茂教授主编的《海外华文文学史》,其中第二卷第三章,就是有关文莱华文文学的"第一次"比较全面的探讨。1999年,厦门大学出版社出版、庄锺庆及陈育伦教授主编的《世纪之交的东南亚华文文学探视》收入文莱一凡(王昭英)在《香港文学》发表的文章《汶莱华文文学初探》。此外,还有中国文学评论家赵朕也在1999年于《世界华文文学论坛》发表了《路漫漫而修远的汶华文学:汶莱华文文学概观》;王丹红在2000年6月《厦门广播电视大学学报》第一期发表了《试论汶华文学特点》;李国正等撰的《东南亚华文文学语言研究》则收入杨子菁文《汶莱华文文学语言研究》;等等。

　　文莱华文作家协会于2004年3月成立以来,会员队伍虽然壮大很慢,成绩却相当可观,尤其是经常发表作品的梁友情、林岸松、傅文成、刘华源、一凡、煜煜、海庭等,以及有时发表作品的紫蔓、一粟、鹰、胡斐、樱桃、韩勉元、陈开舜等。写作人里最勤快的是梁友情与林岸松，两位的创作以诗为主，每期《汶华文艺》或《五属文苑》几乎都能读到他们的作品。有几位在20世纪相当活跃的写作人，如笔名为任翔、莫非、禾月等的沈仁祥、笔名无极人的罗国华、笔名朱喻的朱运利、笔名无肠的何少明、笔名山川的刘佑亮等人，不是封笔就是极少创作。文莱华文写作园地比较欠缺，近10年以来，文莱只有两个文艺副刊，而且还是借近邻马来砂拉越（沙捞越）的华文报版面出版的。这两个副刊，即"汶华作协"及其前身"汶莱留台同学会写作组"编辑的文艺副刊《思维集》（现改名为《汶华文艺》），及由文莱马来奕五属乡团联谊会文化组编的副刊《五属文苑》。《五属》自1999年6月5日创刊至2005年2月为止，总共出了70期。为了纪念《五属文苑》创刊5周年，编委会已将这5年来在《五属文苑》发表的大部分作品结集出版。这本文集是研究21世纪文华文学的重要资料。而文莱华文作家刘华源、王昭英合著的《双飞集》则是研究文莱跨世纪华人生活与奋斗乃至华文创作的宝贵资料。

《双飞集》是文莱华文诗人、散文家王昭英与其夫婿刘华源的共同成果，该书为二十开本彩色封面合集，由新加坡《创意圈出版社》出版，全书334页。文集分为"王昭英文集"与"刘华源文集"两个部分。其中第一部分的"王昭英文集"共收录作品42篇，分作五辑。辑目（栏目）有"青山不老绿水长流"、"另一种乡愁"、"留得残竹听风声"、"美丽的人文风景"、"喜闻卧虎又长啸"。第二部分的"刘华源文集"共收录作品53篇作，分为八辑。栏目有"七十年前的马来奕埠"、"春风化雨的一生"、"汶莱华人社团是一股稳定的力量"、"我的天啊"、"在变化中的汶莱华文文学生态"、"面目可憎的独霸"、"母亲你在何方？"、"风"等，八个辑子。

刘华源，笔名柳浪、梁友、慕沙，以散文见称。祖籍中国福建莆田，生于砂拉越美里，长在汶莱马来奕。20世纪60年代先后毕业于新加坡南洋大学工商管理学系、英国林肯律师学院。20世纪60年代末返回文莱从事律师业，至20世纪80年代末投入文莱石油及天然气工程承包业多年。他曾经担任文莱马来奕中华中学董事长十年，现为该校永久名誉董事长。他也是马来奕海南公会、文莱广惠肇公会、大埔同乡会法律顾问、文莱福建会馆会务顾问及新加坡《新世纪学刊》法律顾问。刘先生退休后以阅读、写作与练字自娱,并常与太太王昭英周游世界。他的作品散见于马来西亚各报章。刘老也醉心于学习电脑,现主持"马诗华人慈善会"网站。《双飞集》中的刘华源文集,从第一辑到第五辑都是理性的记事文与剖析性杂文,有勾勒他的故乡马来奕埠的沿革史的,有描绘春风化雨的人物的,有记录文莱华社的活动的,有叙写旅游见闻的,有评介文莱华文文学生态的。第六辑至第八辑是抒情性的新诗和散文。与刘华源相比,王昭英文的文章更显精美,更耐人寻味,两人有着一样的境遇,都"天生丽质难自弃"。

王昭英,笔名一凡、宁静,祖籍中国福建闽清,生于新加坡,长在马来西亚砂拉越州首府古晋,定居于文莱。20世纪60年代初先后毕业于新加坡南洋大学中文系、英国伦敦大学东方与非洲学院中文系。曾任马来西亚砂拉越州华文《美里日报》副刊《思维集》编辑,主编过新加坡南洋理工大学《中华语言文化中心》出版的《东南亚华文文学选集·汶莱卷》等。现任新加坡《新世纪学刊》编辑顾问、《世界华文微型小说》期刊顾问、东马华文报艺文版《五属文苑》编委、《世界华文文学家协会》副会长、《亚洲华文作家文艺基金会》董事等,是《海外华文女作家协会》会员,也是《世界福州十邑同乡会》第五届冰心文学奖评审。作为文莱与亚洲华文领军人物曾多次受邀出席各项文学会议及研讨会。作品被收入区域性的文集及个人编选的选集。《双飞集》是王昭英与刘华源这对夫妇退休之后勤于文学耕耘活动的丰满果实。在此之前,王昭英曾以"一凡"为笔名出版过诗集《洒向人间都是爱》和散文集《跨越时空的旅程》。在父爱母慈的家庭中长大的王昭英,对父爱与母爱有极深的感受,这感受在她有关怀念母亲的作品《洒向人间都是爱》及《与父亲握手》里有感人的细致表现。这感受也一直温暖着她闯过风风雨雨的大时代,走过千山万水的大半辈子。在扎根本土的同时,始终不忘心中的中华文化根基与明灯。在文莱,她虽深居于世外桃源的马来奕,但她的"观竹丛、看海浪、聆竹韵、听涛声"没有让她忘记"写作人"的使命与时代精神,反而观出清灵、悟出禅意与哲理,及至构思出有灵性的、不带俗气的美文篇章。这就是"一凡"的文体本色，无论是报导、议论文，或游记、杂感、怀旧之作乃至思乡之文，都不例外。

母亲、父亲、故乡乃至自己的经历，都是王昭英笔下的题材。而母爱、爱母以及爱国、爱乡土与自己的中华文化寻根求源等，则是《双飞集》的共同主题。母爱不仅仅对家人，也扩展到博爱、爱心、怜悯、眷恋等，在王昭英的《洒向人间都是爱》里，她已故的母亲就有这样宽阔的"母爱"胸怀。亲情、寻根、对乡土的歌颂与眷恋，包括对文莱山河与历史的反映或赞颂，也是所有文莱"文华写作人"笔下的共同主题，如一凡（王昭英）的《第二故乡》、《我们寻根去》；刘华源的《哀中华》、《母亲你在何方》、《神舟腾飞》；或文莱其他华文"写作人"那些反映文莱社会、历史或风土人情等的诗作，如写文莱风光的《文莱水乡》、反映作为石油王国的文莱的国泰民安的《火炬，燃亮和平之乡》、描写富有文莱特色集市《花伞市场》、反映华人在文莱处境的《小草》等。文莱水乡素有"东方威尼斯"之称，《文莱水乡》、《水乡河上图》及《烟雨水乡》将水乡文莱的悠久历史与丰富文化等鲜活亮丽地呈现在读者面前。

写身边的事，是"文华写作人"跨入21世纪的基本心态的一致表现，即"本土化倾向"或"本土文学"。所谓本土文学，是指反映生活、环境及身边所发生的事情的一切文学作品。"本土化倾向"不是文莱华文文学的风格或传统，只是"心态"或随意罢了，因为文华的"正史"不长，更因为文莱不曾变的"特殊国情"与有了变化的"本土意识较20世纪强"的"作者心态"，具体表现为将写作聚焦点转移到"吾民、吾国、吾土"上，如刘华源以笔名发表的诗作《石油的话》、《因为我已经爱上了你》等，就是反映本土或本土情怀的诗文。散文本土化如刘华源的《吾王万岁》、《七十年前的马来奕》、《春风化雨的一生》、《为什么开斋节是穆斯林的最大节日》、《和平终于来了》；一凡的《梦里不知身是客》、《油城无处不飞花》、《仙鹤飞翔》；紫曼的《从请柬谈起》、《他的朋友》；等等。一凡的《第二故乡》也是这类题材，作品被选入"第一届冰心文学奖参赛文选"，这"第二故乡"就是文莱一个叫做"马来奕"的小镇,是作者定居 20 年的家。作者以深情、细腻的笔调,生动地刻画与描述了小镇马来奕的风光、风情等。小镇马来奕虽然"地不灵,人不杰",且"没有什么山川气势",但不乏美丽,作者把这个小镇视为"第二故乡"、比作生养自己的母亲,"像儿女包容母亲的缺点一样,接受小镇的种种不完美"。马来奕是华人聚居区,许多"龙的传人"虽然都已在那里落地生根,但还延续着中华民族的淳朴民风。那里宁静、淳朴、温馨,"街上不见'麦当劳少年',亦无浓脂艳抹的神女招摇过市,更不见酩酊大醉的酒鬼"。文莱小镇的宁静,文莱"华族"的淳朴民风,是作者乃至更多华人把文莱视为故土的主要情愫。由此可见,文莱写作人或文莱华人的"另一种"故土情结。就"寻根"而论,或许那里保留着更纯的中华文化根。

犀鸟的乡愁

——读马来华文作家沈庆旺的《哭乡的图腾》

沈庆旺先生的主题诗集《哭乡的图腾》读来如泣如诉、似乐章、如画卷。全诗分1461行，29章。作者以犀鸟的故乡砂拉越土著文化为背景，用诗歌的语言与绘画的笔调将伊班文化与伊班人的乡愁，娓娓道来。伊班人的乡愁，也是"犀鸟"们的共同的乡愁与困惑乃至某种失落。这"犀鸟"应该包括所有生活在这片热土上的生灵。马来西亚砂拉越（Sarawak，沙捞越）被称为"犀鸟之乡"，那里有灿烂的土著文化，尤其是伊班文化。但在现代文明的"感召"与"开发"下，土著们没有了世代相承的宁静乡野地，犹如犀鸟没有了往日的山林，人们不得不背井离乡，融入陌生的城市，过所谓的文明的没有民族特色的日子。民族文化成为文化村里的样品或旅游景区的亮点，甚至摇钱树，有些人还以为这是民族文化的延续方式与手段。民族文化的遗失是一种不可言状的悲哀，设个样品，也不过是多一座祭坛或一个牌位罢了。

融入现代都市生活的犀鸟们为传统的流失哀伤，文明与传统的矛盾是哀伤的起因。"民族与民族间的传统/部落与部落间的尊严/如鹅江底河沙/流失在南中国海"。文明来自传统，却不饮水思源，正如开篇《被遗忘的尊严》的起首两行所述"你们的江水/源自我的故乡"。文明的作用或许就是冲洗、同化、分割，甚至涂鸦或抹杀传统，"文明把我们的面具/给绘上浓浓底现代画"。文明是"下弦月/总在黑暗中分割/月"，尽管必须在黎明前逃之夭夭，却成功地拦阻了"那些沉积底/总想着把尊严再塑造"试图维护传统的精灵们的一次又一次的努力。那么，传统又是什么？"传统是古老的面具"。传统的作用是"让民族与民族之间/让部落与部落之间/深深匿藏"。文明很霸道，它容不下传统，诚然"与你共饮一江之水/除了伤感/还/是/伤/感"。这最后四个竖排字，犹如图腾柱子立在篇末，突出了"伤感"。像这样的图腾柱在其他篇幅里重叠重现，犹如长屋的柱脚，撑起层层诗章。

森林与长屋，对犀鸟或土著都是"过去式"，这是走出传统与抛弃习俗的悲哀。黑夜本是长屋的底色与深处，如今却成为故乡的代名词"漆黑的远方/有老掉牙的故事/和老汉白发苍苍的典故/在这一代以后/长屋是我们的根/将是传说的过去式/一个甩弃长长长屋束缚的/血缘神话"。与都市所有居民一样，"枯燥的生活/不再有新鲜的事/今天的话题是/谁家女儿回乡/谁家儿郎入城打工"。伊班人不再快乐，他们身在文明城市，心在故乡，骨子里认定自己还是山民。当这位山民"背着黄澄澄夕阳"朝家乡疾奔时，现实不断提醒他"别去了，那里早已是工厂、开发区、现代高楼"，另一个声音却在他心底一直坚持说，那"撑天长屋"，那"血缘汇集处"，"一定在，一定在，就在夕阳的前边"。行者默默赶路，"循着一列列颠簸的足迹/行/期望觅得最初最初的/那一步/而眼前仍是/一行行饥渴的痕迹/一路迤逦成/一条苍茫暮色的故乡路"。夕阳不知何时悄悄溜走，留下山民在黑乎乎的夜色里徘徊、遐想、沉思，他觉得"遥远天际那颗孤单晦暗的星"很像自己浑浊的泪，因为他不知所措。残酷的现实不得不让行者却步，往日的家乡已成为"山民不归的终点"，不是他不想归，而是没有家可归。困惑、迷茫、失落成为伊班人乃至世界所有走出乡野者之境遇。已经融入现代文明与都市生活的土著已不能回归部落社会，即使乡野还在，也不会有完整的部落。而回归群落，还有哪重哪轻的取舍问题，因为"都市的锁扣住了欲念"。然而，都市再多的诱惑也不曾激起山民心河中的涟漪，因为他不知道哪一城哪一市是自己"流连的梦"。只有田野、山林，才是山民或犀鸟流连的梦，因为那里是他们的家，即使把他们搬到皇宫，也不会快乐，何况今日城市的拥挤、污染及生存的激烈竞争等。或许这位思乡者不过是梦中走一遭故乡道，或醉酒时的幻觉罢了，因为这故乡早已迷失在暮色的尽头，所以连做梦都回不到。

以酒消愁，借酒走进梦里的故乡，成为伊班人的解脱方式乃至与祖先、族人交流或沟通的手段。彳亍前、徘徊后,"在一片茫茫中/渡过寒冷寒冷的来路和去路/将哭泣锁成一串/冰冻了的泪/悄悄渗入/浓浓酸酸涩涩的故乡酒/一/口/饮/尽"。望着月亮那失色的脸,不知"山林是否依旧寂寥如昔/思念的时候/斟上一杯/浓浓酸酸涩涩的/故乡酒/拒/绝/乡/愁"。指望"宿醉后/梦回根须截截纵断/自生长的地方残酷地镶入/你如饥如渴的乡愁/太熟太熟的故乡土/太醇太醇的故乡水/太亲太亲的故乡人/呵/我太亲太亲的故乡人/土地正在受难/天空正在受伤/是谁愿意别离/是谁愿意活在思念里/是谁愿意拥抱无奈的乡愁"。寂寥是山林的本色,"寂寞原是一首给祖先阴郁面孔协奏的挽歌",山民蹲踞在"那柱孤单顶端挖空心思搁置明朝的瓮中"研究寂寞,终于发觉"寂寞是/挂在窗口上那层/薄薄的/月亮/谁想狩猎/就必须用时间的等待/轻轻/轻轻巧巧地/剥弃思念以外底那片/哀伤/寂寞才会有存在的/存在结构"。寂寞也是民族魂魄存在的形式,"民族的魂魄/是默默默默/挺/立/在山峦在荒林的/一/柱/图/腾/一/柱/图/腾/那样孤单的/结构"。这样的结构,"从古早古早/叠生着苔菌/把伤痕结痂底/斑斓掩饰成/沉重沉重的进化史/像土地的龟裂/渐渐地/渐渐地把族群龟裂成/乡野和都市的皱纹/在脸额上/深深地/以一朵刺青"的形式永远漂浮在荒芜的被遗忘被抛弃的光秃秃的坎坎坷坷的山林。惊动这些魂魄或图腾都罪恶,"再说谁是一些些残旧/土锅陶片梦幻的解梦人/是谁因此而为祖先掘坟/是谁因此 而让历史考古/是谁因此而激怒了沉默的魂魄/是谁是谁/是谁因此而让荒野的孤魂/哀号/或许/当宁静消失或许/当原始绝迹或许/当山林消失或许/当乡土已没有乡土/我们将是谁/谁将是我们"。乡愁是民族的本性,"而冰冷的时代"总爱诱惑年壮的族人,与之碰撞出"没有乡愁没有图腾没有刺青没有开敞胸怀的快感"。

回归,是以瓮中山民为代表的伊班人心底永久的期盼与努力方向,尽管回归的路变得越来越渺茫。然而,为什么非得蹲在挂战利品骷髅的瓮上"眺望一条崎岖回乡的轨迹",是看得更清楚,还是顺便闭门思过?这"过"无非是离乡、背叛等不轨的"恣荡"行为,只有彻底忏悔、改过自新才能"期待恣荡以后/背着苍白荒漠岁月的子孙/归来/即使把年轻的躯体/典当在都市"。可这沾满繁华俗市尘埃的躯体,祖先还会接纳吗？于是"抚摩创伤了的传统"成为"唯一的期望"与行动，人们"演绎鬼节/把从年轻时背诵的声调/用喑哑的心情/像一个陌生人/在陌生的人群中/舒畅地与等待许久的/幽灵/细细诉说/现代的古代情绪/把彷徨在时间与时间之间/传统与传统之间/现代与现代之间的/魂魄/安送到巴当曼来"。故乡与回归之路总被涂上等待幽灵出没的暮色，及至与走入梦乡夜晚相连，因为"这里只有苍茫和暮色"，因为人们"满足于无奈的失落"，因为"思念也会疲倦"，因为"掌着千百年前的香火"走在"繁华的云雾里"太沉太累。"噢/祖先/您愿意时/就熄了灯吧/我将剖析你于幽暗"。

伊班人有很多图腾，瓮表面的龙图案也是他们的图腾。长屋的柱子也刻有表示图腾的花纹，此外还有单独的图腾柱子。而"达都（刺青）"可说是刻在伊班人身上的图腾，"当所有的族人/都褪下/兽皮战衣和'达都'/一切传统/将在我心中消逝/我结实的身体/再不会/散发黝黄的油光"。这没有达都的伊班人，好比一个没有挂战利品骷髅与没有镶嵌龙图案的瓮。当蹲瓮思过或苦求回乡归路的行为也成为难得一见的屹立于山间、乡野的古稀图腾石柱时，连伊班人的乡愁都可以算作他们的图腾了。

越华"80后"诗人曾广健

曾广健，笔名诗声，祖籍中国广东清远市，1981年出生于越南胡志明市。从事新闻工作，业余写作，以诗歌见长，亦写散文、小说等。作品散见于越南《西贡解放日报》华文版、《越华文学艺术》特刊，澳洲墨尔本《广告天下双周刊·风笛专辑》，美国亚利桑那州《亚省时报·风笛诗社凤凰专页》、休士顿《中南报》、洛杉矶《新大陆诗双月刊》，中国台湾《创世纪诗杂志》、《笠》诗刊、《台湾诗学》、《人间福报》等，中国北京《稻香湖》、《中华文艺家》、浙江《影子文学写作家》季刊，中国《人民日报》之《印尼国际华文文学会日报》，新加坡《创世纪文艺》等。其诗作被收入市华文文学会诗集《西贡河上的诗叶》（2006）、《诗的盛宴》（2009）等。最近越南文化、文艺出版社出版了他的诗集《美的岁月》（2011年6月12日）。

曾广健把《美的岁月》看做是他的"里程碑"，诗集分《憧憬》和《旅诗一束》两辑，收录他从初写至2011年4月的260多首诗以及附录诗评与有关照片等，共220多页。其中有他的"处男作"《花》和《蜡烛》，那时（1997年）他正读初中，这两首小诗在胡志明市华文文学会一次征诗比赛中荣获青年组第二名，给了他很大的鼓励。此后他曾有两三首诗刊登于越南唯一的华文报《西贡解放日报》，后来由于该报停刊，他曾几年没有发表园地，所写的诗只能在不定期出版的《越华文学艺术特刊》发表。这一时期，用他自己的话来说叫做"红红的诗心无法燃烧，一年才得写三几首"。直到2005年承蒙其恩师陈国正及诗人秋梦前辈的推荐加盟美国零疆界《风笛诗社》后，得到主编荷野（荣惠伦）前辈的赏识，给他开辟个人专页，从此，激发了他的诗兴，于是他更加努力,"默默写到今天"。后来,华文《西贡解放日报》及该报周刊又开辟了"文艺创作"版,他的诗作便有了多个发表园地。他说,那是给他打强心剂,令他越写越起劲。

曾广健从小是个吃苦耐劳的孩子,他生长在清贫家庭,但人贫志不短,他常常告诫自己:"少壮不努力,老大徒伤悲。"所以总是很自觉地努力学习,无论是华文还是其他功课,及至"踏出社会",立于工作岗位后都一直"力奋求进、自我充实",以至于得到同事和亲友们的"爱戴"。他很谦虚,从不沾沾自喜。令他欣慰的是,一切努力没有白费,"今天,总算能交出小小的成绩",可告慰亲人,尤其是他的启蒙老师、中小学培育他的母校——颍川华文中心的师长们,以及一直悉心栽培并为他的作品写序的陈国正恩师。颍川华文中心在堤岸(胡志明市西堤联区)是一所老华学,那里既是华文中小学校,也是培育华文作家的摇篮,陈国正、刘为安等越南华人老作家都在那里执教过,如今刘为安把自己的孙女也送到这里学华文。

名师出高徒,陈国正也是诗人,师徒俩的诗风比较接近,如陈国正的《下弦月》:

夜云把它割开半块

慢慢

下酒

全诗只有三句。而曾广健的《月缺》似乎有异曲同工的意境与效果,如:

破了口

把柔情斟满杯子

每呷一口

那么难以咽下

窗外哄来星星

把弄时

竟是粒粒透明的相思

两人"品"月的方式是相同的,只是品时的心情不一样。"品"或

"尝"可说是师徒俩共同常见诗笔,如陈国正的《乡音》:

一碟色香味俱全

加上半盏热泪腾腾

端出

六十年后才可品尝

原汁原味

甜滋滋的老家

高要

乡音

曾广健描写雨夜时的等待心情,也有异曲同工之笔,如《没糖的咖啡在心里泛滥》:

一个又一个

雨夜

独饮满杯的

等待

那杯没加糖的

咖啡在心里 一直

泛滥

"梦影"则是师徒俩的另一共同笔调与笔法,如曾广健的《海边月夜》:

两个影子

踩著月辉柔柔

走过诗梦的

沙滩

海潮带走

足迹

蓦然

一个影子

伫立眺望

偏远的

星

梦影，也是陈国正的笔名，他写了很多如梦似影的感悟诗，他刚刚出版的最新诗集就叫《梦的碎片》。曾广健的诗风笔调等，也奠定他的散文、小说等作品意境与风格，读来很有趣味与跳跃感乃至蒙太奇的镜头切换感觉等，如他的游记《上海行脚的变奏》，短篇小说《报应》、《真爱》，散文《海情之怀》、《当我重返母校时》、《从年轻与我说起》等。在同龄人里曾广健看起来最年轻，这也许与他的坦荡胸怀有关，乃至与他那跳跃的"诗心"和飞舞的"文肠"有关，他的座右铭是：

感激伤害你的人，因为他磨练了你的心志。

感激欺骗你的人，因为他增进了你的智慧。

感激中伤你的人，因为他砥砺了你的人格。

感激鞭打你的人，因为他激发了你的斗志。

感激遗弃你的人，因为他教导了你的独立。

感激绊倒你的人，因为他强化了你的双腿。

感激斥责你的人，因为他提醒了你的缺点。

感激所有使你坚强的人。

汉越文化林

圖書目錄

工尺谱间的乐章

——读越南古汉文献《鼓琴新旧集》

"伬工尺上四。伬工尺上四。工尺合工尺合四上。"是《鼓琴新舊集·行雲》三连曲首曲的起首三句,两个以近乎中音之最、唱名为"la"的"伬"为起音的重复起始句犹如角号吹响在山谷,领着乐句们到山崖之巅,继之从悬崖峭壁潜入山谷,及至跳宕漂浮在山腰树梢……

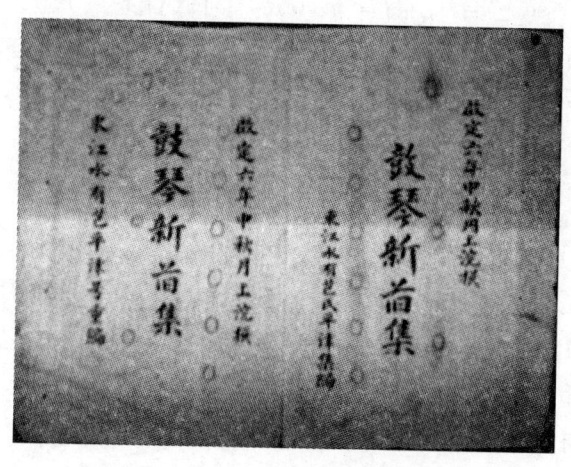

图1 鼓琴新舊集

《行雲》的飘逸或跌宕起伏,不仅在起音的高低之玄妙,也在于乐句与乐句之间的衔接之巧,如:尺上四上尺工。尺六六工尺。工尺上四合。四合上工尺。尺上尺六四上尺。合四合工尺上合。四工尺上四。工合工合四上。四工尺上合。六尺工六。伬工六工六五六。尺上四上尺工。六伬合伬伬工。伬六五六尺仩。伬反六反六五六。合四合工尺四上。尺上四上尺工。工尺四合尺上。这里的句号是根据原文上的读者红笔手注，但就相关意群看，应该是三小句为一大句，且全曲点注应改如下：

伵工尺上四，伵工尺上四，工尺合工尺合四上。

尺上四上尺工，尺六六工尺，工尺上四合。

四合上工尺，尺上尺六四上尺，合四合工尺上合。

四工尺上四，工合工合四上，四工尺上合。

六尺工六，伬工六工六五六，尺上四上尺工。

六伵合伵伬工，伬六五六尺仩，伵反六反六五六。

合四合工尺四上，尺上四上尺工，工尺四合尺上。

每一大句的起首音之组合似乎也是一乐句"伵尺四四六六合"，可看作是全曲的概括与总结。其中音 la（伵）或 la 的低音"四"时隐时现，始终贯串着全曲。第六大句起伏很大，可视为全曲的高潮，如"六（sol）"与低音 sol"合"，高音 re（伬）与低音 re（尺），都在八度之间跳跃，及曲首主音"伵"的反复弹跳或与半音阶 fa（反）的低度轻跳等，将云朵行于天边，踏于山间之绮丽飘渺图景与踪迹絮絮道来缓缓唱出。

其他有关行云主题的曲子也是跌宕起伏，如《行云流水》："合六合，六合尺上。共尺上合，尺四尺上。"或《行云旧曲》："五上衣，乙＊衣上五。五上衣，乙＊衣上五。"这里的"衣"可以看作是唱名为低音 ti（简谱：7）的"一"。上 = 中音 do，五 = 中音 la。乙，在中国工尺谱里指中音 ti，这里的原文为"派"字去"氵"去"厂"剩下的那个间于"衣"与"氏"之间的小字，此处以"乙＊"或"氏"暂替。后者与以上"伵"字起首的《行云》不同的是半音阶 ti 出现在首句，给整个曲子确定了既柔和又舒畅的格调。最柔和的是那些如歌如诉的《龍吟曲》、《龍勝曲》、《春鳥格》等，如："氏衣上，氏衣五。氏五，氏五五六"，"六五六五六共。尺合六五反六五。氏衣上五。仩五仩五仩六。五六仩五六朝五。六朝六朝五……五六共伬共六。存六存六。"这里的"朝"相当于两个"工"，即中音唱名 mi mi。"共"、"存"或"贡"可解读为高音 mi，如该文献首曲《十六起手北宫》、《十六流水格》等：

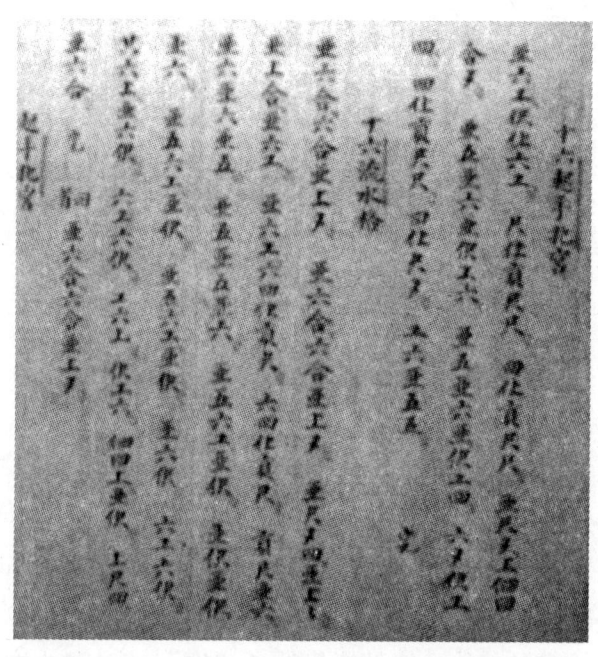

图2 十六起手北宫

《十六起手北宫》：

亚六工伬仕六工，尺仕貢尺尺，四仕貢尺尺。

亚尺又上伬四合又，亚五亚六亚伬工六。

亚五亚六亚伬尺工四，六又伬工四。

四仕貢尺尺，四仕尺又 工六亚五五

这里的"亚"，也是比较费解的，根据该字的越音"Á"及全曲的音律，大致可解读为中音 la，即"五"或低音 la"四"的升级形式。还有变形的"又"符号，在中国工尺谱里也是没有的，包括昆曲或粤剧里也不曾见，在此暂读如其前音的重复。《春鸟格》里除了"亚"，还有"羅"、"哶"、"些"、"呢"、"處"等，如：

工工四，上上工尺上。

六吽吽，吽工四上。

工四，工上，六六四上。

尺工上工，工尺上。

六六工，叮六四上。

亜四亜四，處乂四上合。

噝合六尺，六工工工尺，工尺上四。

些羅四上尺，工尺意噝叮六。

些羅合四上，尺上。

些羅四上尺，工尺四，六工噝合亜呢尺。

亜呢叮，亜呢尺。亜呢叮，合亜上。

亜上，四上，四上工尺上。

工尺上，工工上仈噝六噝尺，六工尺上噝四。

噝上處乂四上。

噝合反六尺。

这里的"叮"等于"貢"，亦即中国工尺谱指高音 mi 的"仜"。"處"或"事"的越音接近"四"，犹如粤式工尺谱把"四"写作"仕"；根据全曲的旋律可能是指代低音"四"的升高八度，即中音 la "伬"。《行雲》二与三里边就以"事"取代"四"，如"了事工尺上合"，"事工尺上合"等。"些羅"的越音为"ta la"，可以解读为 do la "仕五"或 ti la "乙五"。及至"亜"与"噝"，都可以看作是取代"伬"的中音"la"。该文献里还有更复杂的工尺谱，其中以"工符"之外的汉字包括汉喃为主。如"桑並桑並桑情。並桑情並桑。並桑情性精桑。並藏乂並藏藏……"（《南日格》）"天含冤，冤訴乂冤。皇天兮皇天。訴乂冤，裁鳬鷥。進衣江湖。每相歡相歡。幾秋隻鳳孤。不知郎君果在果在何兮……愁重來重來。泛江江流彼栢舟。不知……辛酸肺腑難分難分一依空房空房天訴冤。"（《征婦吟》）"賒隔賒情叙。吔貝年*辰。別包除迟特倘傷……"（无题）这里的"賒"被借为越南汉字形文字"汉喃"，意思是"远"，读作"xa"，相当于汉语"沙"的字音，"近"为"［貝斤（ğan）］组合字"；"吔（đã）"指"已经"，通常写作上"人"下"也"组合字；"年"的越音为"南"，一般写作［年南］或［南年］组合字。"貝"借作汉喃，有不同音义，此处为"mǎy"，与"每"同音，意思是"稀有"、"很少"。"包除"指"何时"、"几时"；"倘"指"人"，通常写作"碍"去"石"添"人"的组合字。

《南日格》与《征妇吟》可说是诗赋形式，无题的"赊……包除"等为汉喃诗形式。还有更特别的混合形式，如《龍虎會》：

長壽長　合四合　治民安

上四上　堯舜湯

尺上尺　四方康

六上六　八蠻降　四上上

長壽長　合四合　天下歡

合上四　國祿寧安

上四福永福進

也有诗谱相对的，如《伯牙挽子期》：

憶昔去年春　江邊曾會君　今日重相訪　不見知音人

但見一杯土　倘然傷我心　傷心傷又心　江上起愁雲

六工六尺上　尺上合四上　六工尺六工　六工工上尺

六工尺六工　尺上四尺上　尺上四尺上　上四合四上

《伯牙挽子期》的文体是一首工整的诗歌，其曲调既有中国江南竹丝芦歌的韵味，又有草原牧歌之豪情，可与中国的《紫竹调》或《苏武牧羊》等相比。从句式来看，《紫竹》的三字、七字、五字句颇像诗词中的"词"，而《伯牙》与《苏武》的工整字句则更像诗。

《紫竹调》：

六工六，五五六，

工五六工尺上尺，

六工六，尺工尺，

四尺上四火，工六五五六

工六五工六，六工六，五五六，

工尺上工尺，四上乙四火，工尺上工尺，四上乙四火（六）。

《苏武牧羊》：

六五六工尺，五六上工尺，

六工尺上工尺，四上乙四火，

五六上工尺工，六工六六上，

六尺工六上，六五上五六，

六五上上五上五,六工六五一六。

《紫竹调》是中国江南地区的民歌小曲、爱情小调,也是上海地方戏沪剧与滑稽戏的基本曲牌与常用曲调。因其如歌似唱,悦耳动听,轻松活泼,婉转流畅等特点,一直是上海不同时期的流行音乐。其朗朗上口又押韵的民歌词句,在工尺谱不为人知晓的当今似乎还兼有昔日古谱的作用,如"一根紫竹直苗苗,送也吾郎做管箫。箫儿对着口,口儿对着箫,箫中吹出鲜花调"。这与越南那些纯文字句的非工尺字样的曲谱有着异曲同工之效果。古人往往只记曲牌,不记谱。古以色列人也是这样,大卫的《诗篇》总不写谱,只提示"调用慕拉便"、"调用休要毁坏"、"调用朝鹿",或"用吹的乐器"、"用丝弦的乐器"、"用迦特乐器"等。曲牌或调名的不同,最明显的标志是乐句的字数排列不同,如《十六流水格》,一开始就是两个八字小句组成的十六字起始大句。而民歌《紫竹调》的无谱歌词则是七字、四字、五字、八等自由句。

越南民间音乐主要是民谣。民谣按其传统分类习惯为"说"、"吟"、"呼"、"唱"、"俚"、"歌"等六大类。其中,仅"唱"就包括"陶唱"、"娇唱"、"春唱"、"盲唱"、"单鼓"、"宫户"等数种。"宫户"中以"北宁宫户"为最,已成为越南现代音乐创作的重要源泉。民谣的演唱形式多为男女小组对唱。内容多为祭神、祭天、民间故事、爱情、劳动号子、摇篮曲等。越南工尺谱也很像佛教工尺谱,见下图。

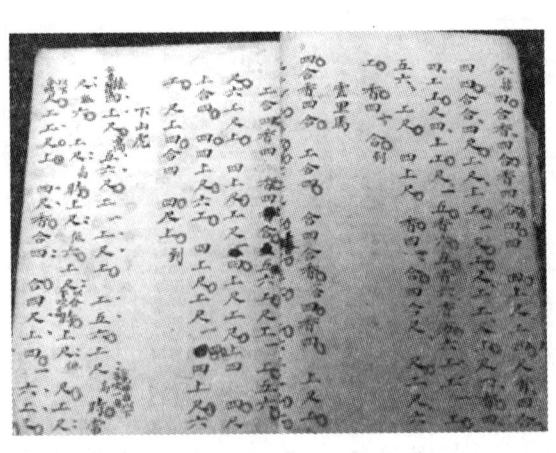

图3　佛教工尺谱

以上是中国佛教工尺谱，其印制及红笔点注形式与越南古汉文献《鼓琴新旧集》相同。中国工尺谱主要有两种形式，一是在诗词、歌词等旁边批注"上、工、尺"等音符，有时也包括转调或演奏技法等提示符号；另一种是无歌词的单独工尺谱曲（如佛教谱图）或先歌词后工尺谱。越南工尺谱就属于后一种形式，其中那些汉喃字谱则类似中国的减字谱。"减字"与喃字的共同点是字形或构字方法，不同之处是减字只是符号，喃字包括被借用的汉字却是越南汉字式文字。图4为中国减字谱式样：

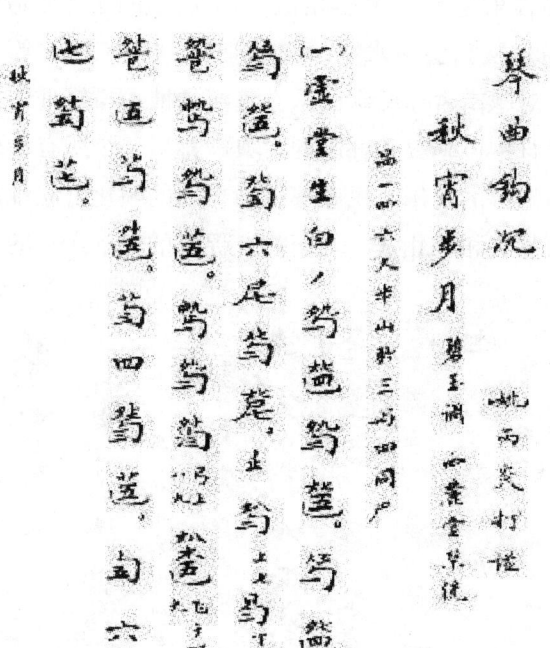

图4　中国减字谱

《鼓琴新旧集》编撰于越南阮朝启定（1916～1925）六年，是一本石印书，没有目录，每篇长短不一，短的只有两三行。全书76页，共有150多首曲子，包括几首接近当今简谱的纯数字谱，《十六起始北宫》为继封面之后的第一乐章（起始曲）。该书现存于越南河内国家图书馆，全书每篇都有读者红笔标注，包括句号与转音提示字词、数字、符号等。35 页之后为《南楽改良科》，其曲名如《春女》、《第一次春女》、《第二次春女》、《第三次春女》、《金钱》、《又金钱》《慢板》、《中板》等。

越南音乐源于中国，如中国的雅乐、儒家音乐，包括祭孔音乐、道教音乐，乃至从印度传入中国的佛教礼仪音乐，以及这些音乐的演奏方式和使用的乐器等，早在 10 世纪起就先后传入了越南。15～18 世纪时，中国的音律、音阶、调式、工尺谱等音乐理论，月琴、三弦、琵琶、二胡、筝、横笛等乐器传入越南，以至于越南的嘲剧等戏曲音乐、大鼓词等说唱音乐等都与中国相似。本文献里的《征婦吟》、《南哀曲》、《南春曲》、《行雲流水》、《金钱曲》、《龍虎吟》等用月琴和筝伴奏的古雅曲，对越南古今民歌民乐有直接的推动与促进作用。当今越南民乐、民歌及日本、朝鲜和韩国的古典歌舞里至今还有雅乐的影子，如越南顺化周边地区的民乐、民歌等，与再现的顺化宫廷雅乐就有融合与共同之处，可见其相辅相成，乃至相互促进的关系还在继续着。

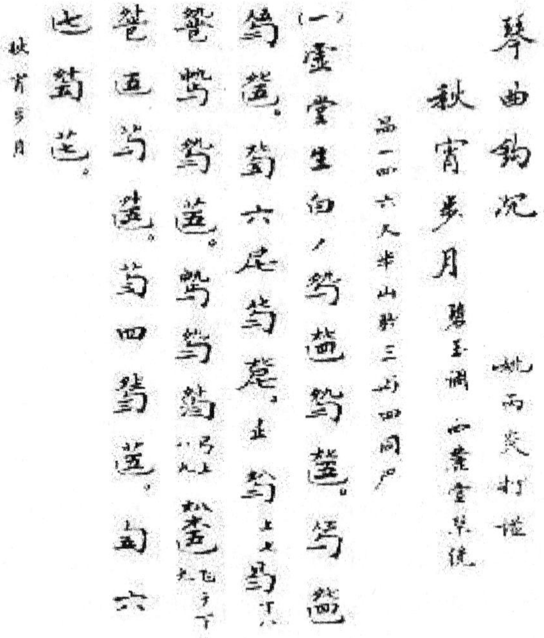

图5　中国琵琶记工尺谱

读《鼓琴新旧集》也是这样，为什么读来与本国的古曲及民歌那么接近？不仅仅因为那古老的共同谱式，更因为其中有着中国音乐的诸多元素，还因为其间有相似的音韵乐句，乃至其间有相互交融的音乐篇章！

汉喃《翘传》诗风与青心才人原作之词韵

汉喃长诗《翘传》（Truyện Kiều）是越南诗人阮攸（1765~1820）根据中国清代学子青心才人的章回小说《金云翘传》改写的长篇叙事诗，是越南家喻户晓的古典名著，其声誉可与中国的《红楼梦》齐名，被译成中、英、德、法、俄、日、捷克等多种文字，成为世界文学遗产。中译本有中国人民文学出版社1959年出的黄轶秋译著。《翘传》的诗风在于诗体语言的简练、明快，那字或词、那贯穿全诗的哀伤语气等，一开头就把人震住。青心的原著则词文并茂，委婉哀怨，如歌如诉。如青心的《金云翘传》开篇《词曰》及阮攸的《翘传》的开头两句（1866年版）：

词曰：薄命似桃花，悲来泥与沙，纵美不堪惜，虽香何足夸。东零西落，知是阿谁家。想到伤情，伤情眉懒画。只落数翻惆怅，几度咨嗟。呀呀，不索怨他。从来国色招人妒，一听天公断送咱。

《翘传》开头两句：

百（百林）年（南年）中（笔内）倘＊些字（字字）才字（字字）命窖罗恬饶

字音：Trăm năm trong cõi người ta. Chữ tài chữ mệnh khéo là ghét nhau.

握＊戈没局波＊樏仍調曨（笔望）睇＊（体見）吔＊忉痘弄（弄心）

字音：Trải qua một cuộc bể dâu, Những điều trông thấy đa đau đớn lòng.

其"百年"两字概括了人生的百年围棋规律；用"才"与"命"点出了才气与命运的互相憎恨、排斥（恬饶），却又纠缠在一起，以致演绎出一片跌宕起浮的沧海桑田（波欖），而目睹的事实（仍調矓睇）就已经伤透了胸怀（吔忉疸弄）。这开头两句可说是概括句，这"目睹的事实"尤其指主人公王翠翘因看到薄命才女刘淡仙的孤坟时所引发的愤慨与联想等。《翘传》往往被一些越南语学习者称为《金云翘传》，因此很容易与其母本——中国的《金云翘传》混为一谈。为了两者不混淆，且避免有关别名的困惑，本文的《翘传》专指越南阮攸这部作品。还有一点必须说明的是有关汉喃文字体系的认识问题，不了解者总认为纯汉喃（也称字＊喃、喃字，即被改造过的汉字）才是越南的汉字式文字"汉喃"或"字＊喃"（这里的"字"应该双写），一旦与汉字混合使用，就不知道是什么了，其实汉喃文字体系就包括大量借用的汉字，而《翘传》就是用这样文字体系写就的，其汉喃文本1866年、1670年、1871年、1872年、1902年等年版本在越南河内的汉喃遗产保护网上可读到。汉喃诗句括号内为原组合用字，带星号为可替代字。百，为"百"与"林"的组合字，可以上下或左右组合，原句是"百"上"林"下组合字。"中（trong）"的汉喃有多种形式，"中"是最基本形式，原句为"篭"与"内"组合字。"倘"表示"人"，但通常用"碍"去"石"加"人"的组合字。"trải"的汉喃形式为"厂、止、吏"组合字，现以可表达该字义且可输入与编排的"攊"字替代，这样的处理均为便于编印。"矓"有"看"或"望"的意思，但"篭"加"望"的组合更常见。"thấy"的汉喃形式，上"体"下"见"或左右组合字与粤语"睇"（tái）相同，都是"看"的意思。"波欖"指沧海桑田，"波"与"氵"旁的"彼"都指"海"，原句用后者。"吔（đã）"表示"已经"，在原句里是"施"字去掉了"方"之后的那一边，但"吔"的意思是一样的。"弄"与"弄"跟"心"的组合字同音，但后者只是表音，意思还是"心"。罗，在汉喃里表示"是"，读作"là"，通常以草书或正体"羅"的形式出现。罗，读作"là"，不仅在越南，泰国或日本等也都读如"la"，如日语的罗さん（らさん，罗先生、罗小姐、小罗等）、楽（らく，舒适，舒服），其中的"罗"与"楽"都是"la（ら）"；泰国当今总理"英拉"，即其中文名字"英乐"的翻版。

《翘传》有很多版本和名称，如《翘云记讬》、《金云翘》、《金云翘案》、《金云翘歌》、《金云翘合集》、《金云翘录》、《金云翘集传》、《金云翘新集》或《断肠新声》等。其中国原著《金云翘传》又名《双奇梦》，作品成书于清顺治与康熙年间，署名为青心才人，全书分4卷20回。其传本在中国近年才发现，日本有内阁文库藏本。有关作品主人公王翠翘的故事最早见于明嘉靖浙江总督胡宗宪属下茅坤的《纪剿除徐海本末》，清初余谈心作《王翠翘传》，可见，青心才人也是在原有的故事资料、作品等的基础上改编、改写的。1813年越南阮攸出使中国，回国之后他将青心才人编写的《金云翘传》改写成汉喃文诗体《翘传》。长诗作品出版后很受欢迎与好评，书名则随评注者时而更易。原著《金云翘传》得名于作品中3位主要人物，即书生金重及王员外家的两位千斤王翠云和王翠翘。《翘传》用六八体诗写成，分12卷，共3254行。作品主要叙述王翠翘一生坎坷的生活遭遇。有关《翘传》的汉喃文字体系及句式，可参阅以下版本页面（1866年版本的第2页）：

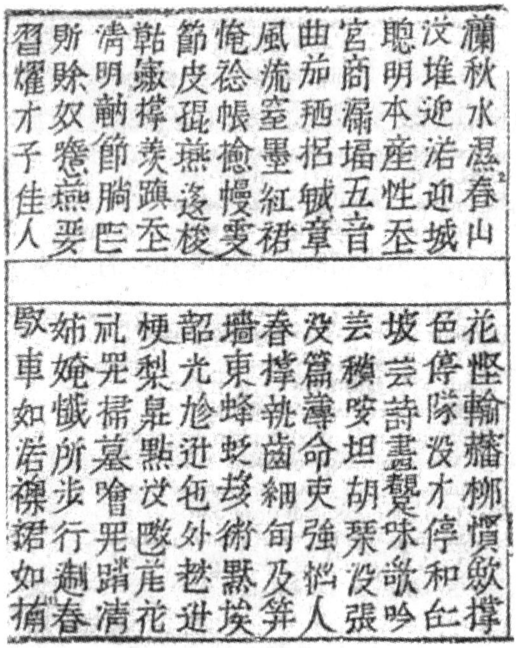

图1　《翘传》正体字版

与中国旧式书一样，汉喃《翘传》也都是竖式排列，句式为六八字，每页分上、下两部分，上、下算为两行，上、下又成为一句，没有任何标点符号。其版本差异主要是页面字体与每页字数的不同，字体的大小或正草致使版本总页数的不同，如1870年版就有233页，1866年版只有136页。两个版本的差异，除了字形、字体，还有个别用词的不同，如指"里面、里边、在……之中"的"'竜、内'组合字"与"'竜、中'组合字"表示"人"的"碍"去"石"加"人"与"亻"旁字、表判断"是"的草书"罗"与正体"羅"以及指"经过"或"经历"的"'厂、止、吏'组合字"与"'歷、吏'组合字"等。上"厂"下"止"组合字是"歷"的越式简体字。在汉喃文字体系里，正体汉字及其草书与越式简体和汉式简体并存，如"罗"的草书是"羅"的简体，越音均为"là"，包括它们与其他偏旁组合的字，如"邏"与其草书、"鵰"（điêu）与"鵰"等。用词不同、意义有别的如"吔（đã，已经）"与"麻"（mà），后者在"仍調……"句中相当于"为……所"或"因……而"，起到前因后果的作用，如"仍調矓（竜望）睇＊（体见）麻忉疸弄（弄心）"，即为目睹的事实所伤心；因目睹的事实而伤心。汉喃还有一词多字或借词不统一的，比如汉字"没"的粤音"mộ"与越南语表示"一"的một几乎一样，这可能是"没"被借代为"一"的缘由，但在1872年版本里却以上"蔑"取代，这也说明这两个汉字的越音或越音白读都是"một"，或者它们的古汉音就不是现在的"mò、méi"与"miè"。《翘传》的魅力在于字里行间的音韵，而不拘于个别字词的异同。就书体来说，就算那些鹤立鸡群的纯汉喃字也同样具有汉字的书法美，与正楷文本相比，草书或手写体的版本即使上、下行以及字里行间加了注者涂涂改改，也比正体字版本美观，见图2。

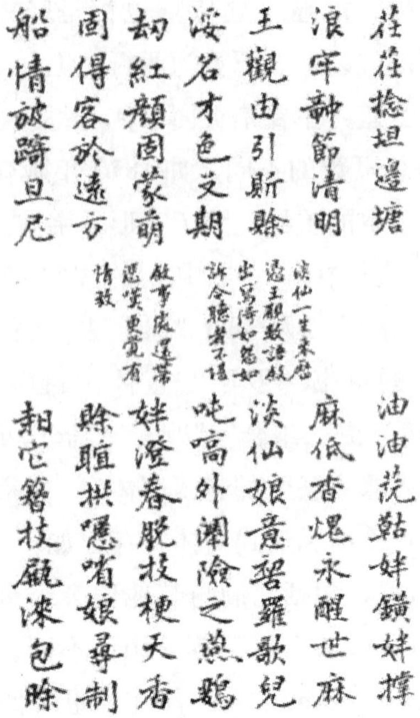

图2　《翘传》手写版

《翘传》里有很多朗朗上口的佳句与巧妙对仗用词，如1866年版第2页的：

澜秋水濕春山（Làn thu thuỷ, thấp xuân sơn,）

花悭输審（赤審）柳恨（忄賢）歛撑（Hoa ghen thua thắm, liễu hờ'n kém xanh.）

……

坡芸詩畫覩(上"覩"下"足"组合字)味歌吟（Pha nghề thi hoạ, đủ mùi ca ngâm.）

……

宫商漏塌五音（Cung thương lầu bậc ngũ âm,）

……

这里的"曲茄手＊揣成＊章（Khúc nhà tay lựa nên chương,'手'为'手'、'西'组合字，'成'为'成'、'年'组合字）"句，尤其是该版本第3页中的"斜斜奉＊我衛＊西（Tà tà bóng ngả về tây, 意思是路上的影子慢悠悠地往西走回,'奉'原为'月'、'奉'组合字,意为'影子';衛,原句为'行'中添'米'字)",及至"油油阮*草*姅鐄姅撑（Dàu dàu ngọn cỏ nửa vàng nửa xanh,意思是枯枯的草尖半黄半绿（姅鐄姅撑）；这里，'阮'为艹字头下一个阮字，'草'是'草'、'古'组合，'古'为字音)"等。这样的诗句及其中的双音字"斜斜"（tà tà）与"茌茌"（Sè sè）与"清清"（thanh thanh）、"孬孬"（nao nao,原句为上"少"下"兔"组合字）与"油油"（dàu dàu）等,不仅很押韵、很有意趣,而且还有汉诗的意境和韵味,读来如歌似画,颇有《诗经》的意韵。这段诗以"奉*我"（路影）引出下行"姉奄（奄,为女字旁）他矧攔手（手、西组合字）出（'罗'之草体与'出'组合字）衛*（Chị em thơ thần dan tay ra về,姊姐妹俩牵着手,恍恍惚惚地往回走)",同时也给下面几行诗定调或作铺垫。这西归的影子,就是主人公王翠翘与王翠云的身影。"出*衛*"（ra về）,即"回去","罗"与"出"的组合字有"出去"之意。"衛"为"回",多以"行"中加"米"的形式出现,而其前者组合原本就有"外出归来"之意。这"西归"的方位,或住处或栖身之地,其格调就已经很悲凉,它与青心才人《金云翘传》中的《薄命怨》有异曲同工之笔。如:

怀故国兮,叹那参商；悲沦亡兮,玉容何祥。姐妹固宠兮,一朝俱死；来昏不令兮,奉先灭亡。侯门似海兮,萧郎陌路；失身非类兮,茂林争光。为郎憔悴兮,及尔同死；离魂情重兮,浅唱低觞。死负父尸兮,生代父死；宠哀纳扇兮,尔生不昌。有始无终兮,悲乎失侣；门前冷落兮,老大谁将。今古红颜兮,莫不薄命；红颜薄命兮,莫不断肠。我本怨人兮,乃为怨曲；谁闻怨曲兮,谁不悲伤！

为姐的王翠翘经常把《薄命怨》谱入胡琴,曲调哀怨凄清。她把自己比作其中的女子,把《薄命怨》曲拉奏得催人泪下。要不"姉奄*"（Chị em,姐妹）俩出来扫墓兼踏青散心怎么会"他矧"（thơ thẩn,怅然,心神恍惚）呢？这影子也是姐妹俩一生坎坷的缩影,这西归的路"衮昂堀埬矯*蓮*"（Ngồn ngang gò đống kéo lên）,意思是堆垛狼藉遍布、突显。"挢"原为"扌"旁添个"挢"字,"莲"是上"升"下"連"组合字。而这"西"(tây)又与几乎同音的"手"、"西"组合字"tay,手"联系在一起。正因为太多的堆垛磕磕绊绊的,姐妹俩必须牵手"攔手*"(dan tay)并行、踮起脚尖沿着小溪慢慢移步"北*寅蹺阮小溪"(Bước dần theo ngọn tiểu khê,北,为[足、北]组合字,阮是艹字头的)。而这"衛*西"(về tây)到底是去哪里?莫非是追寻孤坟后边的"西风"?这荒野中,最清新的美景是小溪边那座有树荫怀抱的旧墓,那里"山黛列眉,树烟绾髻",适才墓主刘淡仙就是借西风的形象与王翠翘会面的,不仅会了面,还给对方写了祭诗。难怪翘诗说她们神情恍恍惚惚呢,按常人来看,此时的翠翘就如同被死鬼慑了魂。这是在清明节,姐妹俩原本是跟家人出来扫墓,之后又顺便踏青的,此时她们是走散了还是故意避开家人?此间她们还偶遇了才子金重,他是来祭刘淡仙的,或借祭孤坟之故拜会王翠翘的。就此时大翠的心境犹如小风吹动溪水,微微流动,或似那桥尾横跨湍濑之北的小孔桥"攃*橋儒乳*"(Nhịp cầu nho nhỏ cuối,攃*,应'木'字旁;'乳*'为'乳'、'小'组合字)有展有望、有希望与期盼,或如塘边那被浪花一把把抓起的沙土"茌茌捻坦邊塘"(Sè sè nắm nạt bên đàng,塘边细土被浪头卷得沙沙作响)那样对自己的未来有所把握,或者只是那半黄半绿、枯了尖尖顶的野草,从此将自己比作刘淡仙,抑或比作其胡琴曲《薄命怨》中的人物。这不由得给其难得的美景蒙上一层阴气与愁云,读者本以为美景里的才子与佳人相遇会是一段佳话,会给小女子俩一丝希望与慰藉,会与姐妹俩步履的踌躇与艰辛或境遇的悲凉与心情的惆怅成鲜明的对照或突破乃至冲击或"冲喜"……

　　读到这里,无论是原著还是改编转写的,你已不是读,而是关注,甚至是同情,是爱怜,是悲愤,是感叹。总之,作品的凄凉与柔美乃至哀伤与哀愁在感动着你,感染了你,在你与主人公同叹共恨,甚至想扶其一把时,连你自己都走进了作品,或许这就是阮攸的《翘传》或其原著青心才人的《金云翘传》的共同风格与魅力所在。

汉字白读与越南语之思考

汉字白读，即用方言、本地语音读汉字，如汉字的日语音读与训读，朝、韩的吏读，中国的闽音、粤音、壮音，上海与苏州的吴音，绍兴等地的古越音，浙江温州等地的瓯越音，等等。本篇的汉字白读主要指汉字在越南的白读，包括音读与训读。汉字白读构成越南语的主体或骨架，把它弄清楚了，差不多学通越南语的百分之六七十。值得思考的是，汉字白读也与古汉音有关。

汉字的训读，是指中国周边的汉字文化圈国家或民族按照本土同义语汇的读音来认读汉字的方法。如"山"与"水"字的日语训读为やま（yama）、みず（midz）；音读为さん（san）；すい（sui）。"草"的越南音读为"Thảo"，训读是"cỏ"，于是就有［草古］组合的汉字式文字"汉喃"出现，以便于书写其本民族对植物"草"这个概念的指称。而"草案"、"草图"、"草原"等，还用原字及其字音；如有另外名称，则两种并用，如"草帽"（Thảo mạo）、"帽稤或帽簚"（Mũ rơm）。"家"字也是这样，被借用为喃字指"家"单用时，按照越南固有的指"家"的说法读作"nhà"，及把"茄"或"茹"归入与之同音通用于指"家"。而"家庭"、"家产"、"家乡"等的"家"等则又是音读"gia"。确切地说，音读就是读与原字类似音甚至变调或变味但与其字音还有联系的读法；训读即借义不借音的汉字本地读法。这两者相加，即所谓白读，加之越文语序、文法等，亦即越南语言文字的基本形式，如：

现代越南文：Sự Tích Bánh Chưng Bánh Dày（篇名：粽子和糍粑的传说）

中文逐字对译：事 迹 饼 蒸 饼 苔

汉喃：　　　事 迹 餅 蒸 餅 苔

越南语的文法最明显的特点是定语或修饰词后置，此外还有表达方式不同等，如：

现越：Vua Hùng có hai muời nguời con trai（雄王有二十个儿子）

汉喃：君 雄 固［台二］［辶什］倘 昆 仔*

中文逐字：王 雄 有 二 十 人 昆 仔

Vua Hùng，也称 Hùng Vuơng；前者按字面的意思即"雄君"，后者才是雄王。"Vua"的汉喃，也写作上"尹"下"巾"或上"巨"下"布"组合字。雄王即雒王，是传说中的越南始祖，据说"雄"为"雒"的误笔。"固"借为表示"有"的越南字音"có"，"固"与"有"的组合字为其汉喃之常见形式。"hai"通常为"台"与"二"的组合字，"十"以"辶"旁添"什"或"迈"与"十"等的组合字表示。"倘"指"人"，为"nguời"的汉喃形式，但常见的是"碍"去"石"添"人"的组合形式。"昆"（con）为典型的越南表达形式，也是汉文化有关"仲昆"的演绎与延伸。在汉喃里，"昆"被赋予"子"在含义，通常以"昆"或"子"与"昆"的组合字表示，既指人，也指事物，其用意远远超过其汉字本义及其在汉语里的用法。如：昆庶（con thứ，次子、仲子）、昆胞（con rạ 三胎以后的子女）、昆嫱（con rê，女婿）、昆［糸對］（con rối，木偶）、昆數（con số，数目、数字、预算数字）、昆滝（con sông，河流）等。有关"昆"在《越南的昆文化》篇里有专述。"trai"源于粤语文化表示"儿子"的表达形式"仔"（zai），此处借"仔"替代，其汉喃专有字为"男"与"來"或"來"与"男"的组合字。现代越南语源于古越语，这古越也包括中国绍兴等地的古越国。狭义的古越语可说是古汉语与古绍兴等地的本土语言的相结合而产生的语言，两者之间原本是相通的，从现代绍兴话、温州话或越南语的一些指称、物名等，还可以找到其相互联系的痕迹。如温州等地指鸟的"尖儿"（jei-n），即越南语的"chim"，其汉喃字为［占鳥]或[鳥占]组合字；其两者拼音"j"与"ch"的发音颇相似，拼出来的效果也很接近。又比如越语薯类的"Khoai"，其相应的汉喃为"垮、芋、荨"及"艹"字头与"虚"和"亏"组合字等。其中，"芋"在汉语词典里通"芋"；其越音来源于"荨"字在粤语读音"kwaal"，乃至古汉音。如古汉语中夸（khwraa）、瓜（kwraa）；其缅甸语同源词 kaa³（夸张）、kwraa³（吹嘘、炫耀、夸耀）、sa¹ khwaa³（黄瓜）。可见中国两广等地的粤语或当今越南语，都保留及至延续与继承了古汉语。

泷（sông），汉音"lóng"，古同"泷"；在汉喃里也写作"瀧"或"竜"与"河"的组合字等。在日语里"泷"读作"たき"（taki），也指河流、川或瀑布等，如：滝がかかっている（瀑布垂挂）。汉字"泷"的基本意思为雨滴的样子"泷泷"，急流的水"泷吼"，及急流中行驶的船"泷船"；也作为水的名，如山东孝妇河的古名"泷河"。泷的异体字"滝"在越南读作"sông"，源于该字的粤音"shuāng"。如广东地名"泷水"（shuāngshui 或 Shuang River），即今武水或武溪。越南语里的汉语词反映中国方方面面的古老文化或传统习俗、制度等，如科举制度、文化设施及机构名称等。越南科学院叫做翰林院（Viện Hàn lâm），其中的院士为翰林院士；博士叫进士（tiên sĩ），秀才指高中生，医院、图书馆为病院（Bệnh Viện）、书院（汉喃：書院，Thư Viện）。医院在日本也是"病院"（びよいん，biyoin），在马来西亚、印度尼西亚等国也把医院叫"老君厝"，那是受闽南词语文化的影响。中国过去的学校也有称书院的，如明代的"东林书院"。宋代有江西庐山的白鹿洞书院、湖南善化的岳麓书院、湖南衡阳的石鼓书院和河南商丘的应天府书院等著名四大书院。书院是唐宋至明清出现的一种独立的教育机构，为私人或官府所设的聚徒讲授、研究学问的场所，包括境外团体、教会等所办的学校、地方乡学等，如林语堂先生就读过的厦门浔源书院就是教会学校，也是另一种乡学。中国古代以"庠序"泛指乡学，越南则把所有的学校称作"塲"（Trường）。如，Trường Trung học（塲中學，中学）；Trường Trung học chuyên nghiệp（塲中學專業，中专）；

Trường Đại học（塲大學，大学）。塲，可以写作"场"。學，也可以写作"学"或"孝"等其他字形或字体，其字音"học"来自粤音"hok^6"或客家音"hok^8"等。

越南汉字则正简并存，其简体中也有与中国不同的越式简体，这是文献、古籍中的情况。目前越南汉字分为正、简两种，即以西贡（胡志明市）为代表的正体，及以河内为代表的、与中国内地一致的简体，如《西贡解放报》，《越南共产党电子报》，甚至连越南华文作家作品的字体也有这样的倾向，西贡作家刘为安、陈正国等，包括那里的年轻作家们都以正体汉文创作。

有关汉字白读的越音可查阅喃遗网上的《大越史记全书》里在线读的越音标注及喃网数字图书馆里的汉喃文献篇名的现代越音对照，如该书序的第三页开头两行及其他文献名称等，见图1。

图1 大越史纪全书

神（Thầ n）宗（Tông）渊（Uyên）皇（Hoàng）帝（Đê）增（tăng）入（nhập）國（quốc）史（sử），曰（viết）本（Bàn）紀（ki）

續（tục）編（biên），付（phó）諸（chư）刊（san）刻（khắc）十（thập）纔（tài）五（ngũ）六（lục）。以上便是喃遗网"History of Greater Vietnam"里的汉文《大越史记》的越音标注情况，包括标点符号，只是那里的标注逐段注于汉文之下，附有竖写的原文页面等。喃遗网是由越南古汉语及汉喃文献保护与整理机构"喃產遺存保會"开辟的在线浏览界面，"HGV"（大越史记）是那里的专门"窗口"，可看原文及越音注释的全书。查越音白读的另一去处为"Tale of Kieu"即《翘传》窗，那里可读不同版本的汉喃《翘》，如1870年版的第9页，见图2。

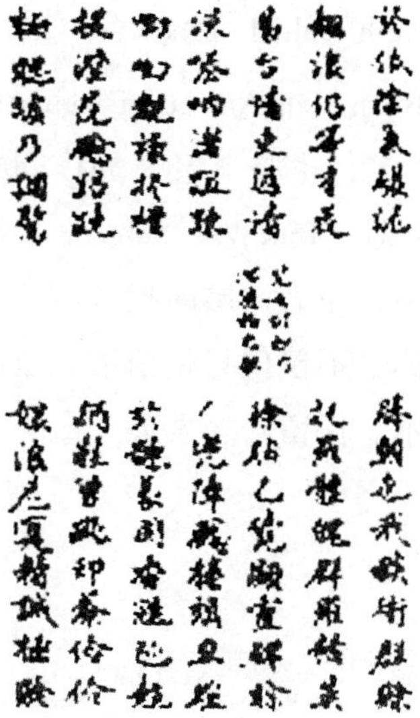

图2 翘传

以上的原文就是汉喃形式，网页上可看其旁边的越音对照页。其中不管是直接借用汉字还是改造汉字，均为越音白读，包括训读和音读。如第一行开头字"於"（ở）与"低"（đây）；前者训读，后者音读，两个字合起来意思是"在此"。及至"氣（khí）、[石曩]（nặng）、泥（nể）我（ngả）"等，也是音读。"於"读作"ở"，或"陰"读作"âm"，也可以看作是古汉音的保留与分化。如鸭子的"鸭"的温州话说如"阿"的第二声；亚洲的"亚"在越南成为"阿"的锐声"Á"。

至于词序"亚洲"说成"洲亚",听起来像变味的"粥啊",那又是另外的问题。这里《翘》诗中的"我"(ngả),与温州话表示"我的"时的"nga"及粤语的"我"(ngo),也可看作是古汉音的共同现象。

喃遗网的"Digital Library（数字图书馆）"也是查越音白读的好去处,那里虽然没有越音标注读物,但其中的"Classics"（经）、"History"（史）、"Philosophy"（哲）、"Literature"（文学）等的汉语古籍或汉喃文献等的书名都有汉越对照,即附有相当于白读的音译名,如爱州和正先生録（Ái châu hoà chính tiên sinh lục）、安南九龍歌（An Nam cửu long ca）、博學宏詞科文選（Bác học hoành từ khoa văn tuyển）、北寧省督學武魯庵塲文（Bắc Ninh tỉnh đốc học Vũ Lỗ Am trường văn）、白雲庵居士阮文達譜記（Bạch Vân Am cư sĩ Nguyễn Văn Đạt phả ký）等。这里的"北"、"白雲"等,也是粤音,如广州人说他们的"白云山"或南宁白话的"北京",即"Bak Van Sam"、"Bak'ging",这些都是保留古汉音的现象。其中,作为词尾的越音"c"与粤音"k",发音效果是一样的。可见,白读,不仅仅只是白读,也是古汉音及与古汉语有关的古越音之延续、继承、保留乃至发展。

喃遗网与越南古汉文献开发前景及研究意义

在越南开始使用拼音形式的现代越南文之前的几十年里的通用文字为汉文汉字，及至汉喃出现以后还是以汉文为主。此前越南的文、史、哲等各科文献均以汉文及少量的汉喃分别写就。汉喃虽说可以直接以越语表达方式书写，但还得要有汉文基础才能运用，包括读汉喃作品也得先会汉文。因此汉喃文献数量不如汉文的多，且小部头小册子等读物比较常见，其中最具影响的作品恐怕就是根据清代青心才人的章回小说《金云翘传》改写汉喃长诗《翘传》。

越南汉喃研究所，可说是国家级的汉喃唯一研究结构，但另一位于河内越南国家图书馆一个角落的"喃产遗存保會"才是做更多实事的汉喃研究单位，包括纯汉文献的整理与开发等，同时还出版研究论文月刊及组织有关汉喃的国际研讨会等。喃遗会可算是当今越南颇有成效的汉学组织，它成立于1999年，总部在美国，英文名称是"Vietnamese Nôm Preservation Foundation"。2007年4月11日该会与越南国家图书馆（Thư viện Quốc gia Việt Nam）签署协议，共同整理与开发有上千年历史的汉喃文献资料及纯汉文古籍等。具体措施是将汉文、汉喃资料文页扫描，做成电子图书分门别类地搬上喃遗网。那些长年堆积在书库里整天怕被虫子咬的汉文、汉喃书籍文献，特别是那些纸张薄如蝉翼、黄似草纸难以保存的古旧文本，在越图和喃遗会工作人员的努力下，短短的两三年里，已有很多资料被整理、抢救，并按经史、哲学、文学等类别陆续搬上喃遗网，使之与远近读者、学者、研究人员等相见于电脑屏幕。这些原本如冰封冻鱼的资料，如今可说是如鱼得水。网络也好比一种特殊的水,而喃遗会犹如一个港湾,其工作者在储水养鱼的同时却不忘把救活的鱼输入大海,让之畅游四方。

喃遗网数字图书馆"Digital Library"里的汉文、汉喃等文献已日渐增多,有些史籍、文学作品等资料还配有越语译文、越音白读注音或越语注释。此外还有多功能字喃查询系统,可以进行现代越南语与汉喃互查及用英语、汉语拼音、粤语字音、纯数字或编码及英文单词等查找字喃。这一系列的工作实际上几乎都是喃遗会的几位工作者在河内越南国家图书馆一个楼层的一间工作室里做出来的。笔者曾把这个工作地点,连同越图那个肃静的汉典书库及喃遗网比作杏花村,是因为那地方看似不起眼,但却做出了了不起的事,也因为这么一个好去处却不为人知,更因为当今的汉学似乎只是一些个别学者的零星挖掘,而不是民众自发自觉地对汉文的承继与运用,包括中国民众对古汉语的继承与应用更是做不到。杏花村"民"们的努力是让汉学走出杏花村、走向国际,其一系列整理开发工作,不仅有利于对越南汉字、汉文化的进一步研究,而且对中国古汉语文的探讨亦有帮助,如有些汉典、文献资料等,我们已失落,而他们那里还有,又比如古汉语音的样品,我们已经找不到了,可他们的"白读"里还可寻见。就现代越南语语音来说,汉字的越音白读占很多的比例,如《感應篇集註》(Cảm ứng thiên tập chú)、《周易歌訣》(Chu dịch ca quyết)、《周禮節要》(Chu lễ tiết yếu)等篇名越文对照,实际上等于白读音译。

现代越南拼音文字最大的欠缺是大多数给不出越南语中与汉字体系相同的同音异形、异义词语以不同词形。现代越南文与汉文"白读"的音译或意译有直接关系,而且音译更多于意译,无论是从《大越史记》的白读看,还是从喃遗电子书库的篇名目录的越译看都是这样。如《大越史记·外记全书》第一页第二段文句:

"古(Cổ)者(giả)列(Liệt)國(quốc)各(các)有(hữu)史(sử),如(như)魯(Lỗ)之(chi)春(Xuân)秋(Thu),晉(Tấn)之(chi)檮(Đào)杌(Ngột),楚(Sở)之(chi)乘(Thặng),是(thi)已(dĩ),大(Đại)越(Việt)居(cư)五(Ngũ)嶺

(Lĩnh)之（chi）南（Nam），乃（nãi）天（thiên）限（hạn）南（Nam）北（Bắc）也（dạ）。"文句的白读注释与篇名的音译加个别意译的相同之处是语序的一致，但前者不能直接作为越南文，后者可以，如《高駢奏書地稿》译作"Gao Biền tâu thư Dịa cảo"，《皇黎抑齊相公遺集》译为"Hoàng Lê ức Trai tướng công di tập"，《改良蒙學國史教科書》为"Cải lương mông học quốc sử giáo khoa thư"等。这里的"tướng"，既指"将"，也指"相"；công的拼读效果与汉语拼音"gong"相似。"齊"字音译为"trai"，是受粤音的影响，如在南宁菜市上总听到菜农说"优才"即"要齐"，是叫人全买了的意思。可见，汉字白读是可以直接写越南语的，包括越南的"岱语"，当然更包括可书写与"岱语"同一系列的泰语或中国的傣族语、壮语及其他民族语等。在汉文弃用的当今越南，别说会用汉字，连祖辈写的，子孙也看不懂、不会看，只能送进"杏花村"当遗产，作为极少数学者们研究的文献。

喃遗会最大的贡献是让"杏花村"里的文本、词句变得远近能看、可查，犹如把数字图书馆或整个"杏花村"搬到读者、研究人员的办公桌前。喃遗网上，除了能浏览不同题材的文献之外，多功能字喃（包括组成字喃体系的纯汉字）查询系统"Nôm Lookup Tool"更具特色，且每一项都很实用，比如"Cangjie"是用英语字母形状比作汉字或汉喃字型，如查"日"或"曰"字的越音，就输入"A"、找"月"打"B"、寻"山"键"U"等，即查到"日"的不同字音 nhật、nhặt、nhạt、nhụt，或"曰"（viết、vất、vết、vít），"月"（nguyệt、ngoạt），"山"（sơn、san）等。如按部首"Radical/Stroke count"，则与《新华字典》一样，如一部：一（nhứt、nhắt、nhất）、丁（đỉnh、đứa、đinh）、七（thất）、丈（trượng）、三（tam）、上（thượng）、下（hạ）万（vạn、muôn、vàn）、丐（gái、cái）、不（bất）、与（dư）、丑（sửu、sắu、xấu）、刃（giẩu）、丏（miện）、专（chuyên）等，与《新华字典》不同的是一字多音的，有几个越音就重复出几个汉字或字喃，而且还不集中排列，如"世"、"且"、"丕"、"丢"、"丞"、缺右腿的"其"字、"［巴三］组合字"等，夹杂在其他字的前前后后，如"与（dự）、与（đử）、世（thé）、丙（biếng）、丕（chẳng）、业（nghiệp）、丝（ti）、

且（vả）、缺左腿的"共"字（khạng）、丕（phi）、丗（thể）、丙（bính）、且（vạ）、丘（khâu）、丗（thế）、丕（phỉ）、丘（kheo）、东（đông）、丛（tòng）、丕（vây）、丗（thá）、丘（khưu）、丕（chăng）、丛（tùng）、且（thả）、丕（vậy）、丕（bậy）、丢（đâu）、丞（chảng）、丢（đốc）、丢（điêu）、丞（thừa）、两（lưỡng）、[下及]组合字(cụp)、[巴三]组合字（bọ）、两（lạng）、丧（tang）、丧（táng）、丽（lệ）、严（nghiêm）、[巴三]组合字（ba）、並（tịnh）"等。从字体看，缺腿"其"、[巴三]组合、[下及]组合字等，才像字喃，如"[丁多]（đúa）、[出下]（trụt）、上"以"下"下"（rả）、上"丗"下"代"（đòi）、是"下"下"吹"（xuôi）、[侖下]（luồn）、[者丁]（đúa）、[带下]（dưới）、[下會]（cúi）、[並咸]（gồm）、上"不"下"詐"（chả）、"[並兼]"（gồm）等有关组合字才是字喃。其实字喃的结构也是"汉式"的，或取音，或借义，或只借形，比如在粤语与越南语里同样读作"hạ"的"下"字，其组成的以上五个字喃，却没有一个读作"hạ"的，而"並"与不同的字组成的[並咸]与[並兼]却都读作"gồm"。

以字母A、B、C等字形系统"Cangjie"的特点是只出原字，如键入A，只出与A形有关的原字，如：

quốcngữ 国语/越南语	Nôm 字喃（汉喃）	Codepoint 编码	Radical 部首编码	English 英语	Mandarin 汉语拼音	Cantonese 粤语拼音
nhật	日	U+65e5	0072 nhật	sun; day; daytime	RI4	VAT6
viêt	曰	U+66fo	0073 viết	say; KangXi radical 73	YUE1	YEUK6 YUT6
nhăt	日	U+65e5	0072 nhật	sun; day; daytime	RI4	VAT6
vãt	曰	U+66fo	0073 viết	say; KangXi radical 73	YUE1	YEUK6 YUT6

vêt	曰	U+66fo	0073 viết	say; KangXi radical 73	YUE1	YEUK6 YUT6
vít	曰	U+66fo	0073 viết	say; KangXi radical 73	YUE1	YEUK6 YUT6
nhạt	日	U+65e5	0072 nhật	sun; day; daytime	RI4	VAT6
nhựt	日	U+65e5	0072 nhật	sun; day; daytime	RI4	VAT6

如按部首"Radical",则集中出"日(nhựt)、日(nhặt)、日(nhạt)、日(nhật)"等,日的不同读法及"日部"所有字,如"日、旦、旧、旦、旦、旮、旨、早、旯、旬、旭、旱、旳、旴、明、易、昆、昊、昂、昃、昄、時、晃、晉、晌、晁、晏、晄、晒、晉、晦、晚、晤、晡、晳 晤、晞、晨、晝、晴、暑、晰、景、晬、睜"等,但却不会有"曰"字,因为"曰"是另一个部首。Cangjie 的另一个特点是简单好记,通过它可以迅速切换到 Radical 等别的查阅方式,以便得到相关字、词或解释等。Nôm Lookup Tool 表式界面,共有 quốc ngữ、nôm、codepoint、radical、strokes、context、ref、English、Mandarin、Cantonese 等十列(上例略去 strokes、context、ref 等三列)。表中相对应的"quốc ngữ"(国语),实际上是该汉字或字喃的越音白读,因此 NLT 活页表也是汉—越语音及越—粤语音对照表,比如两广白话说的"介母雅"(介日,g'am yat,即今天)的"yat"(日),就显示在上表的 Cantonese 列中。光"日"字的越音白读,就值得琢磨,四个白读里,竟有两个是浙江瑞安地区的口音,如瑞安话"生日"[s'a nhặt] 瑞安丽岙、辛田等地话"生日"[S'a nh ật]。温州话也差不多,如"生日"[S'e nh ải]、"过生日"[g'u s'e nhải]"生日日"[S'e nhải n'ei]等。在那里只有生日的"日"才说到"nhải"、"nhặt"等,平时都说"n'ei",书面则读作"rai(温州市区)、ra(瑞安)、re(丽岙等地)"。类似情况还有从 T 查到的"廿"字的三种越音里,有一种"niệm"与瑞安音"nhee"也很相似。"niệm"虽然没有写作"nh ệm",但"ni"的发音效果却与

"nh"相同,因此都可以看作是古越语声母"nh",比如温州人把祖母叫做"娘娘"(或写作孃孃),这"娘"字既可以拼作"ni'y",也可以为"nh'y"。

越南古汉文献包括汉文与汉喃,要查阅这类原版资料,只要进"喃産遺存保會(VNPF:Vietnamese)"网的数字图书馆(Digital Library,在此缩写为DL)即可,那里是越南国家图书馆与喃遗会共同开发的在线汉喃资料库,其中包括大量的古汉文献。该网库在本文简称为汉喃网库 DL 或 HND。其字母简称的不同是前者代表网页"门户",后者强调库内作用,以便区分喃遗会主页上其他门户或窗口,如"Đại việt sử ký toàn thư·"(大越史记全书)、"Truyện Kiều"(翘传)、"Vietnam's Imperial Reigns"(越南王朝)等专著或专题入口。

进入 DL 之后,按"Kinh"(经)、"Sử"(史)、"Từ"(辞书、教育、哲学等)、"Tập"(文学集册等)等,点击进入。佛教经典多为寺院藏板(版)或祠庙藏板,如嗣德拾捌年(Tự Đức thập bát niên[1865])含龍寺藏板的慈光蘭若沙門釋瀍專律述義《報恩經註義》、玉山祠藏板的《救世寶經》与《妙經門》、山西玉社玉江祠藏板的《樂善國音真經》等。"Kinh"(经)内收藏的包括周易、周礼及药典等,如《易經》、《易經大全》(1715年,康熙五十四年)、《周易類編》、《周易國音歌》(1815年,昇隆)、《周禮節要》(作新堂、裴氏原本)、《禮記大全》(q.01,皇翰林校正)、《論語集註大全》、《羲經蠡測國音》(范先生著)、《勸孝書》(嗣德二十三年新镌、河城東美陳秀軒奉筆)、《保胎神效全書解音》(海上原本,嗣德捌年叁月新刊)等,这些文献的版本、收藏处及出版年代等,多数无标注可查,甚至没有封面。其中有些是手抄本,如開智進德會賞文《孔学精神論》或范廷琥的《蠡測問答》等,甚至还有手抄手画插图本的《供禮符咒》等。

通常,凡是名为《……解音》、《……国音》、《……歌诀》的文献资料,一般都是汉喃作品,如《周易歌訣》中的文句"巴*(原文'巴'与'三'组合)代麻本*(上'四'下'本'组合)聖人(P.3,意思是三代四位圣人)"或"乾羅象天*(上'天'下'上'组合)於高(乾是居于高处的天象,P.4)"。所谓的"解音"是指借汉字的越音白读与汉喃表注汉文或改写汉文，而这样改写的结果即"国音"文本，也就是按越南语音、语法及语序将汉字与汉喃糅合及重组成汉字式的越南文"汉喃文"版本。"汉喃"也是汉喃文的简称，包括汉喃文与汉喃字。因此，广义的"汉喃"包括"字喃（[字字（双写）]喃，也叫'喃字'）"及被借作为字喃用的汉字；狭义的"汉喃"仅指"喃字"。汉字的借用，除了用原形原字，也衍生出一字多形，如上例"学"字，就有四种，包括正体字"學"及"斈"等。汉字"喃用"之后大多有了"别体"，如"字"演化出："字"与"字"的组合、"宁"与"字"、"守"与"宁"、"字"与"宁"或"文"等组合字。汉字的越式别体或异字，也用于纯汉文的刻板，尤其是手抄本里，如"学"的变异字头与"字"的组合字作为"学"异体在《孔学精神论》中、"幽"的改造字在《安南一统志》中等。越南的纯汉文古籍也用汉字本身的异体字或古体字，如《報恩經註義》的封面，就用了"法"的古体字"灋"。该字从"水"、从"去"，寓意为"水平驱（去）不直"。许慎的《說文解字》十部上将"廌"部解释为："灋，刑也。平之如水，从水。廌所以触不直者去之，从[廌]去。"这"廌"即我国古代传说中的独角奇物神兽，言其秉性公正，能辨别曲直，见到不公正的人或事，会用独角去顶，据说黄帝曾用这一能明辨是非曲直的神兽来决断疑狱，可见，廌[zhì]字本身就有法律"秉公正义"的含义，其构成的"灋"也成为中国古代最早明文记载表示法律含义的字。越南古汉文好比汉字陈列窗，那里不仅能看到奥僻的古汉字，而且还能瞧见简体字及介于正体字与简体字之间的民间"自由体"，如"门"里加"开"作为"開"的简体在"～智進德會賞文"中的"智"，又如"辞书"的"辞"，除了"辝、辞、辤"之外，还有"台"与"辛"的组合字等。中国简体字还没有出台及出台之后的二十来年里，民间的"自由体"也是这样，"开"也是那样写；"停"简写作"[亻丁]"组合；宝盖头底下加一横就当宣传的"宣"等。汉喃里也有"[亻丁]"，不过意思不同，然而简写的手法与取音或取义的理念是相同或类似的。

在"Sử"（史）门的章回体小说里，汉字的越式"自由体"与中国的正体或古体字及"准简体字"同时出现在一处的情况比比皆是，如既像小说、又似传记的文言文《安南一統志》，其中第一回的开篇引诗"鄧宣妃寵冠後庭 王世子廢居［凵米］（幽）室"中以"凵"中添"米"取代"幽"字，及篇中正文第7~9行的"因與之私焉是漸見寵*（宝盖头下一个'竜'字）幸"与正文第4行的"爲人剛明英斷智彗（慧）过人"等，其中的"断"与"过"就是当今中国的简体字。"寵"与宝盖帽的"竜"可说是"宠"的中国正体字与越式正体或自由体的鲜明对照，而汉字"龍"的异体字"竜"作为构字部件，也影响相关字形汉字在越南的写法，如"襲"、"瀧"等，其中的"龍部件"习惯用"竜"或剪修过的"竜"；去尾"竜"与"衣"的组合字为"袭"字。有些字是得不到官方认可的，在喃遗会网主页的"Nôm Tool"里验证得到的都是越南汉字的通常写法。或许有两种可能，要么是汉字的古体，要么只是越南古时候民间随写、默认的流行字。所谓"准简体字"是指中国简体字还没有出台前出现的一些简写笔画的字且又刚好与现代中国的简体字吻合。可见，简体字还是古今汉字使用者的简笔习惯，只是今人将其规范化并固定下来罢了。《安南一統志》既可以当历史读，亦可以当小说看，其内容涉及政体、社会、人文，包括科举制度，甚至科考题目等，如该书第2页第5行的"是年鄉試三場御題以山川英毓河海秀鍾為題"。至于"鄉試"及其他等级的科考范文样本等，有专门的集子可查，如《河南鄉試文體》、《河南場鄉試文選》、《安南初學史》《河南學正探花武范咸集正文》、《河南文庙》等"Tập"门里的藏品。Tập门的英文名是"Literature（文学）"，其中有五花八门的诗文作品单本或集子，包括一些范文、日记，如《皇越詩選》、《皇越文選》、《會庭文選》、《古文合選》、《閱憑日記》、《葫樣詩集》、《葉程詩集》等，甚至还有请柬或贺词的样文《翰墨林》等。

Sử（史）里的大集子是以"皇"字打头的一系列古籍，如《皇越律例》、《皇越春秋》、《皇儲傳》等。以"安南"为名的，还有《安南初學史》、《安南地搞（稿）記》、《安南地理搞》等汉文手抄本或手稿。因此，《安南……》也可以作为一组文史系列看，尤其是《地稿記》那简洁的古汉文辞，那或云、或草或兽的古朴插图，连同那些有虫眼的宣纸页面，都显示着这类资料的难得与珍贵。其实，Sử（史）之外其他门里的古籍，也都是这样，不管是汉喃或汉文、刻印，还是手抄，多半是纸张发黄、页面破损。就文体而言，越南汉文古籍与中国的古书读起来没有什么不同，尤其是那些不设标点符号的文言文、断句与不断句的古汉诗乃至近代白话文等，读来都有一种亲切感，即便是汉喃作品，慢慢品着，也有同感。因此，读越南古汉文献，功在文辞内外与字体之间，或比或鉴，或圈或点……

以上只是"杏花村"的点点滴滴，甚至连喃遗网的数字图书馆（Digital Library）都还没有走遍。其中包括"史"在内的Classics、History、Literature、Philosophy等"书库"都值得进去精读细品。尤其是"History of Greater Vietnam"与"Truyện Kiều"，犹如展厅，是专门展示汉文越白《大越史记》及不同版本的汉喃《翘传》的。各库文献都很经典，给人耳目一新的感觉，如"Literature"里的《鼓琴新舊集》，"Philosophy"里的《幼學漢字新書》及汉文药诗《百症藥詩家傳經[馬卜（馬与卜组合字）]》等。《鼓琴》以中国的工尺谱记录越南古代各地的歌曲琴谱、弹法等，如《十六起手北宫》、《十六流水格》、《金錢曲》、《南高新格》等，是研究曲调、乐艺乃至记谱法等不可多得的宝贵资料。《幼學》为竖排书，单字联字课，兼字学、韵学、句学为一体。

> 天地日月　天上地下　日晝月夜
> 星雲風雨　星見雲飛　風吹雨降
> 寒暑温凉　冬寒夏暑　春温秋凉
> ……
> 父子夫妇　父慈子孝……

《幼學》课本的特点在于，既学到字的组词与组句等，又学到常识及孝道等做人的道理，值得我们国内小学启蒙课去借鉴。

《百症藥詩》的妙处在于其朗朗上口的养身经诗药汤方，尤其是以"效無疆"押茶方诗韵更耐人寻味，如：

補氣血纇（类）：

八珍湯

八珍湯分氣血方参苓术草他归良

更有川芎白芍阴阳俱損效無疆*（原文的"疆"为"土、弓、卜"组合字）

五阴煎

五阴煎分氣血亏芍茸苓地术参良

扁豆依山五味子睥阴虧損效無疆*

補氣纇（类）：

四君湯

四君湯氣補氣方参苓术耳枣生姜

元氣元阳脾胃損百般氣弱效無疆

——《百症藥詩家傳經［馬卜］》1~2页

《百症藥詩》为手抄本，草书，没有封面，根据纸张黄旧程度，不可能出自近代，但其中夹有简体字，如"亏"、"归"等，可能会被误认为是近代之手笔。然而，这"夹简"却是很多手抄古文献之常见情况，包括我们中国的也是这样，比如，言字旁简写成"讠"、"為"写作"为"等，也很常见。不过，把疆土的"疆"的右边换成"卜"，成为"土、弓、卜"组合字，及以"×"的双叠与"页"的组合作为"纇（类）"字，还有"馬"与"卜"的组合字等，这样的字体或写法很另类，在国内文献中是不会出现的，但在喃遗网馆各库里总能见到，这也是越南汉字与我国汉字的微妙差异。总之，"越式"汉文、汉字乃至书写习惯等，都值得探究。